KB072042

성공적인 노화 심리학

나이 듦의
이로움

성공적인 노화 심리학

나이 듦의
이로움

Alan D. Castel 지음 | 최원일 옮김

 GIST PRESS
광주과학기술원

내가 젊은 나이에
성공적인 노화에 대한 책을 쓰는 이유

난 어린 시절부터 노년기의 매력이 무엇인지 배웠다. 나의 할아버지는 본인의 생신을 기념하기 위해 큰 파티를 여셨고, 할머니는 늘 본인의 나이를 실제보다 더 낮게 말씀하셨다. 할아버지는 정말 거리낌이 없는 분이셨고, 나에게 재미난, 심지어 약간은 외설적인 농담들도 많이 하셨다. 그런 농담들은 지금까지도 기억이 난다. 나에게 우리 가족사를 가르쳐주셨고, 소포로 초콜릿을 보내주셨으며, 콜라를 이용해서 1페니 동전을 깨끗하게 만드는 법도 가르쳐주셨다. 이분들은 내 어린 시절을 형형색색의 경험들로 채워주셨다.

캐나다에서 어린 시절을 보낸 나는 겨울이 되면 따뜻한 플로리다 남부에 사시는 할아버지 댁으로 놀러갔고, 이렇게 혹독한 캐나다의 겨울로부터 벗어날 수 있었다. 내가 매년 겨울 머물렀던 곳은 미국 북부나 캐나다의 추위를 피하기 위해 은퇴한 분들이 모인 마을이었고, 나와 같은 아이들은 이분들에게 많은 사랑을 받았다. 여기에는 은퇴하신 내 친척들도 계셨는데, 이분들은 매일 산책을 하시고, 오렌지나무가 가득한 과수원에 놀러 가시고, 따뜻하고 습한 플로리다의 겨울 날씨에 경탄하고는 하셨다. 나에게 골프, 체스, 셔플보드 등의 게임을 가르쳐주셨고, 미식축구를 볼 때 언제 고함을 쳐야 하는지도 알려주셨다. 우리는 함께 호텔이나 박물관에 가기도 했고, 종종 이른 외식을 하고 아이스크림을 함께 먹기도 했다. 내 어린 시절 내가 본 노인의 삶은 꽤나 재미나게 보였고, 실제로 태양 아래서 즐기는 삶이었다.

나는 예전에 엄청난 기억력을 갖고 있었다. 고등학교 때는 주기율표에 있는 모든 원소기호를 다 외웠다. 대부분의 기호들은 전혀 의미가 없었기 때문에 노래까지 만들어서 외웠다. 이건 내가 화학을 잘해서였을까, 아니면 단지 기억력이 좋았던 것일까? 대학교에 와서 난 내가 외웠던 화학 교과의 내용들의 대부분을 빠르게 잊어버렸고, 내가 화학에 대한 깊이 있는 이해에는 큰 관심이 없다는 것을 깨달았다. 다행히도 대학교 1학년 때 들은 심리학 수업에서 배운 우리가 어떻게 배우고, 왜 망각을 하는지에 대한 내용에 관심이 생겼다. 나는 기억과 노화에 대한 과학적 연구들을 공부했고, 그 당시 막 '뜨는' 분야였던 노년학을 배웠다. 어린 시절에 가졌던 노인들과 노화에 대한 관심이 다시 불붙은 것이다.

우리의 기억은 우리의 정체성과 다름없다. 로스앤젤레스 소재 캘리포니아주립대학교 UCLA 에서 내가 하고 있는 연구가 바로 우리가 나이 듦에 따라 중요하다고 생각하는 것을 어떻게 기억하는지에 대한 것이다. 우리는 나이가 들어가면서 중요한 것이 무엇이고 기억해야 할 내용이 어떤 것인지를 분별하는 것을 점점 더 잘하게 되는 것 같다. 이런 일들을 대학생들은 종종 아주 힘들어한다. 뭔가 있어 보이지만 실제로는 쓸모없는 정보들로 넘쳐나는 세상에서 중요한 것을 기억하는 능력은 필수적이다. 사람들이 나이가 들면서 가장 많이 하는 걱정 중 하나가 바로 기억의 감퇴인 것처럼 기억과 노화는 손을 맞잡고 함께 간다. 그러나 기억 능력의 변화는 실제로 인생 전반에 걸쳐서 일어난다. 40대인 나 역시도 가끔 사람들의 이름을 기억해내려 애쓰고 지갑이나 선글라스를 어디에 두었는지 잊어버린다. 동시에 나는 아주 예전 기억들을 생생하게 회상하시고, 무엇이 그들에게 중요한 것인지를 기억하시는 많은 노인들이 계신 것에 놀라지 않을 수 없다. 물론 몇몇 이름들은 기억하지 못하시더라도 말이다.

사람들은 보통 노년기를 부정적인 관점에서 생각한다. 왜냐하면 여기저기가 아프고 고통스럽기 때문이다. 그러나 노년기는 도대체 언제 시작하는 걸까? 40세가 되기 몇 해 전 나는 집라인을 잘 못 타서 디스크에 손상이 왔고, 허리가 너무 아팠다. 아래쪽 허리에 찌르는 듯한 통증이 있었고, 발가락이 저리는 증상이 수개월 동안 지속되었다. 너무 아파 절뚝거리며 걸어야 했고, 때로는 등을 펼 수도 없었다. 사람들은 내가 늙어간다고 말했고, 내 머리카락 역시 얇아지고 있었다. 내 어린 딸은 "아빠, 왜 할아버지처럼 걸어요?"라고 말했고, 나는 아이들을 데리고 다니거나 카시트를 차에 장착하는 것, 무거운 것을 들어 올리는 일 모두가 힘들었다. 예전만큼 많이 운동을 할 수 없었고, 여기저기 아픈 곳에 대해 더 많이 불평하고 있었다. 도수 있는 선글라스를 너무 많이 잃어버려서 이제는 안경에 이름과 전화번호를 새겨 넣었다. 또 안타깝게도 갑자기 나의 가까운 친구들이 예상치 못한 죽음을 맞이했다. 이것들이 우리가 노년기에 기대하는 맛보기일까? 왜 우리는 내 어린 시절 따뜻한 플로리다 남부에서 내가 봤던 노인들처럼 늙어가지 못하는 걸까?

어떤 사람들은 당신이 느끼는 만큼만 늙은 것이라고 말한다. 나는 대학생이 되고 나서부터는 내가 늙었다고 느꼈는데, 사실 이때도 종종 아이처럼 행동하고는 했었다. 그로부터 조금 후 내가 허리 통증이 있을 때 사람들은 나에게 이제 늙어가는 것이라고 이야기했다. 아파트 대출금을 갚고 사는 요즘 나는 더 늙었다고 느낀다. 우리는 나이가 들어가면서 배운다. 성공적인 노화에 대해 내가 인터뷰했던 사람들로부터 나는 배우고 있고, UCLA에서 진행한 내 연구에 참여했던 학생들이나 노인들로부터 역시 배우고 있다. 롤 모델로 삼고 싶은 인상적인 노년기를 보내는 삶도 보았고, 나이 들어 힘들어하는 삶 역시 보고 있다. 수십 년 동안 노화에 대한 연구를 진행하면서 나는 노화의 효과에 대해 배우기에 너무 젊거나 너무 늙은 나이란 없다는 것을 깨닫는다.

만약 당신이 아직 노년기에 이르지 않았다면, 지금 노년이 되기 위한 훈련 중인 것이다. 노화에 대한 우리의 기대가 실제 우리가 나이 들어 무엇을 하는지를 결정하고 우리의 기대는 다른 사람들이 어떻게 늙어가는가를 관찰하는 것에 큰 영향을 받는다. 인생의 대부분이 오르막 전투가 아니라면 노화는 계속 내리막만 있는 것이 결코 아니다. 내려가는 것은 도전일 수 있지만 즐길 만한 여정이다. 프랭크 시나트라Frank Sinatra는 "최고는 아직 오지 않았다."라고 노래하며, 시인인 로버트 브라우닝Robert Browning 은 "아직 최고가 되지 않았다."라고 말한다. 이 책의 제목은 시간이 흐르며 점점 잘 익어가는 좋은 와인을 생각나게 할지도 모른다. 좋은 와인처럼 성공적인 노화는 시간의 흐름과 함께 성숙이 요구되는 능동적이고 복합적인 과정이다. 이 책이 우리의 삶이 어떻게 나이가 들며 더 좋아질 수 있고, 어떻게 노년기의 이로움을 즐길 수 있는지에 대한 한 가지 길을 보여주길 기대한다.

나이 듦의 이로움
그리고 성공적인 노화의 심리학

어떤 사람들은 나이는 단지 숫자에 불과하다고 말하지만, 실제 그것은 중요한 숫자이다. 나이는 선거권을 갖거나 술을 살 수 있는 시기를 결정하고, 결혼을 하고 아이를 낳고 은퇴를 해야 하는 때에 관하여 사회적으로 기대하는 연령 역시 존재한다. 그러나 대부분의 사람들은 그들의 실제 나이에 비해 자신이 젊다고 느낀다. 우리는 생일을 축하하면서 동시에 노화의 과정을 두려워하고 노화의 표식을 숨기기 위해 시간과 돈을 쓴다. 노화의 심리학은 우리가 어떻게 늙어가는가를 이해하는 것뿐만 아니라 노화에 대한 우리의 믿음이 무엇이고, 이러한 기대가 노화 과정에 어떤 영향을 미치는가를 연구하고자 한다.

우리가 나이 들어감에 따라 측정 가능한 변화들이 많이 있다. 예를 들어, 예전만큼 빠르지 않고, 사람들의 이름을 종종 까먹는 경향이 있다. 이제는 예전만큼 빠를 필요가 없는 환경에 적응하게 되고, 기억력의 문제를 보상하는 방법을 배우게 된다. 인지심리학자인 나는 수많은 실험을 통해 이러한 노화의 과정을 연구하고 있다. 나의 연구팀은 사람들의 반응 시간을 측정하고, 기억의 양과 기억의 요령과 방법들을 측정한다. 그리고 수많은 노인들이 잘 못하는 것들과 예상치 못하게 잘하는 것들을 밝힌다. 나는 또한 많은 노인들과 구조화된 인터뷰를 진행하면서 그들의 인생 이야기를 듣는다. 이 책에서 다루는 과학적인 연구들도 아주 유용하지만, 인터뷰를 통한 노인들의 실제 인생 이야기들도 역시 소개할 것이다. 나이가 들면서 느끼는 좌절과 어려움에 대한 것뿐만 아니라 무엇이 사람들을 더 행복하게 만들고, 나이가 들면서 어떻게 삶이 나아질 수 있는지에 대해 이야기할 것이다.

우리가 존경하고 찬사하는, 그리고 아주 좋게 나이 들어갔던 사람들을 생각해보면 이들의 삶은 우리에게 큰 영감을 주는 롤 모델이 될 수 있다. 이 책에는 마야 안젤로우 Maya Angelou, 워렌 버핏 Warren Buffett, 필리스 딜러 Phyllis Diller, 밥 뉴하트 Bob Newhart, 프랭크 게리 Frank Gehry, 데이브 브루벡 Dave Brubeck, 데이비드 레터맨 David Letterman, 빌 클린턴 Bill Clinton, 잭 라레인 Jack LaLanne, 재레드 다이아몬드 Jared Diamond, 카림 압둘 자바 Kareem Abdul- Jabbar, 존 글렌 John Glenn, 설리 설렌버거 Sully Sullenberger, 빈 스컬리 Vin Scully, 루스 웨스트하이머 박사 Dr. Ruth Westheimer 그리고 존 우든 John Wooden 등 많은 예들이 등장한다. 나는 이들 중 대부분과 인터뷰를 할 수 있었고, 여러분은 이 책에서 이들의 삶을 통한 통찰을 찾아볼 수 있다. 개인적인 인터뷰를 통해서 성공적인 노화에 대한 그들의 생각과 통찰을 함께 나눠준 이 뛰어난 분들께 감사한다. 사실 성공적인 노화에 대한 연구 수행의 백미는 이 놀랍도록 흥미로운 인물들과 상호작용하는 것이었다. 이러한 인물들의 리스트는 더 길어질 수도 있었다. 내가 이들에게 성공적인 노화에 대한 인터뷰를 한다고 말했을 때, 이들은 내가 꼭 인터뷰를 해야만 하는 사람을 재빨리 추천했다. 이를 보면 인상적인 노년기를 보내고 있는 사람들이 많다는 것을 알 수 있다.

나이 들어가는 것을 축하하고 또 두려워하는 유일한 종이 바로 인간일 것이다. 어떤 면에서 노년기는 우리 앞에 몰래 나타날 수 있다. 왜냐하면 대부분의 사람들이 '나이 든다는 것'을 현재 나이보다 더 멀리 떨어져 있는 것으로 생각하기 때문이다. 우리는 좋은 유전자를 갖고 있는지의 여부를 통제할 수는 없지만, 우리가 어떻게 생각하고 행동하는가는 노화의 과정에 상당한 영향을 미친다. 우리가 늙기 전에 잘 정립해놓은 습관, 루틴, 행동들은 지속될 수 있지만 또한 쉽게 수정 가능하기도 하다. 우리 삶의 식습관, 운동, 신앙, 사회적 상호작용, 호기심, 긍정심 그리고 목적의식 등은 노년기를 어떻게 경험하는가에 엄청난 영향을 준다. 고령에 대해 긍정적인 태도를 가지고 있는 사람들은 종종 성공적인 노년기를 보낸다. 노화에 대한 고정관념과 기대는 우리가 얼마나 잘 늙어갈 수 있는가에 영향을 미칠 수 있다. 사실 이 책을 읽게 되면 노화에 대해서 더 긍정적인 태도를 갖게 될 수 있을 것이다.

나는 최근에 생일 카드를 하나 받았는데, 겉면에는 "당신과 노인의 차이는 무엇입니까?"라고 적혀 있었다. 카드를 열자 나온 답은 내 생각을 자극하는 문구였다. "예전보다 훨씬 더 적습니다!" 이 책은 단지 노인들을 위한 책이 아니다. 왜냐하면 성공적인 노화는 머리가 희끗해지거나, 벗겨지거나, 은퇴를 하는 등 특정 나이에 시작하는 것이 아니기 때문이다. 당신이 젊든지 늙든지 혹은 중년이든지 아니면 나이에 대해 전혀 생각하지 않는다 하더라도 당신은 이미 이 여행을 시작했다. 오늘이야말로 나이 먹기에 딱 좋은 시간이다. 당신이 건강하다면 내일은 더 건강해질 수 있다. 사람들은 노화에 대해 부정적인 태도를 가지고 있지만 노화가 항상 내리막만 있는 것은 아니다. 노화의 심리학에 관한 최근 연구들은 나이 듦의 이로움에 대한 놀랄 만한 발견들을 보여주고 있다. 이 책은 그러한 이로움들을 소개하고 노화의 수많은 역설에 대해 이야기할 것이다. 성공적인 노화는 어느 연령에서도 시작할 수 있다. 그리고 나이 듦의 이로움을 즐기기 위해 지금 당신이 할 수 있는 일들은 너무나 많다.

목
차

성공적인 노화란
무엇인가?

성공적인 노화란
무엇인가?

난 절대 늙지 않을 것이다. 왜냐하면 나에게 노인이란 항상 지금 내
나이보다 15년 후를 의미하기 때문이다.

프란시스 베이컨 Francis Bacon 영국의 철학자, 과학자이자 작가

시중의 유명한 노화 관련 서적들은 어떻게 노화를 막고 피할 수 있는
지에 초점을 맞춘 내용들이 대부분이다. 실제로 사람들은 노화 aging 라
는 단어 대신에 장수 longevity 라는 단어를 더 많이 사용하는데, 이는 노화
라는 단어에는 감퇴라는 의미가 내포되어 있다고 생각하기 때문이다.
이러한 맥락에서 최근 수십 년 동안 '성공적인 노화'라는 문구가 관심을
받기 시작했다. 우리는 인생의 어떤 시점에 다다르면 노화에 대해서 걱
정하게 되고, 그때 무슨 일이 일어나며, 무엇을 피해야 하고, 또 어떻게
적응해야 하는지 알기를 원한다. 최근의 연구들은 우리가 노화에 대해
생각하고 있는 고정관념들과 실제 그 나이가 되었을 때 경험하는 것 사
이에 중요한 차이가 있다는 것을 보여주고 있다. 우리는 노화에 대해서

어떤 기대들을 가지고 있는데, 실제 그 나이가 되어보면 기대했던 것과 완전히 반대의 결과가 나타난다는 측면에서 역설적이다. 이 책에서는 그러한 몇몇 역설들에 대해 개관하고, 나이가 들어가면서 언제, 어떻게 그리고 왜 우리의 삶이 더 좋아질 수 있는지에 대해서 설명할 것이다.

노화는 기본적으로는 시간의 흐름에 따라 생존을 지속하는 것일 뿐이다. 그런데 우리는 나이가 들어감에 따라 나타나는 부정적인 결과에 집착하곤 한다. 당신이 만약 허리가 아프고 관절에 통증이 있거나 당신이 만나는 사람들의 이름을 기억하지 못하는 것에 대해 불평하기 시작한다면, 당장 '이제 내가 늙어가고 있구나'가 이유가 되고는 한다. 하지만 이러한 불평거리를 갖게 만드는 증상들은 어떤 나이에서도 시작될 수 있다. 나는 종종 나의 허리 통증에 대해 나이가 일흔인 내 동료에게 불평하지만, 사실 (나보다 나이가 훨씬 많은) 그는 전혀 허리 통증이 있지 않다. 나이가 들어가는 것 자체가 허리 및 관절 통증 혹은 기억 문제의 주요한 원인은 아니다. 만약 당신이 행복하고 적극적이며, 당신의 친구와 가족들과 즐거운 시간을 보내고 있어도 사람들은 "당신이 이제 늙어서 그렇습니다."라고는 절대 이야기하지 않는다.

당신이 성인이라면 늙어가는 것에 대해서 전혀 기뻐하지 않을 것이며, 심지어 지금 나이가 몇 살인지에 대해 이야기조차 하고 싶지 않을 것이다. 어떤 사람의 나이를 묻는 것조차도 젊음에 강박이 있는 우리 사회에서는 실례이다. 파티에서 대화 주제를 꺼낼 때 나이에 관한 것은 대부분의 사람들이 피하는 것이며 노화에 대한 주제가 선택된다면 그것을 막거나 늦추는 방법에 대한 것이 되고는 한다. 만약 아이들이 노는 놀이터에 가보면(내가 내 아이들과 자주 하는 일이다), 부모들이 자기 자녀의 나이를 정확하게 다른 사람에게 말하는 것을 볼 수 있다. 예를 들어, "제

아이는 이제 33개월이에요."라고 말하면 사람들은 "와, 나이에 비해 크네요(혹은 빠르네요, 힘이 세네요)."라고 반응을 하는 것을 볼 수 있다. 그러나 중년에 대해서는 이처럼 자발적으로 나이에 관한 이야기를 하는 경우는 거의 없다. 그래서 건강하고 활동적인 90세의 어르신을 보면 아주 놀라는데, 이는 역설적으로 노화에 따른 이러한 좋은 예를 찾기가 어렵기 때문이다.

생일이 또 돌아왔다고?

> 당신이 몇 살인지 몰랐을 정도라면 당신은 도대체 얼마나 늙은 건가?
>
> 사첼 페이지|Satchel Paige   프로야구 선수

페이지는 42세에 메이저리그에 데뷔했고 59세에 은퇴하였는데, 두 나이는 모두 메이저리그 역사상 가장 늦은 시작과 끝에 해당하는 나이다.

문구점에 진열되어 있는 생일 축하 카드의 문구에서는 나이 듦과 연관된 조소와 회한을 발견할 수 있다. 몇 가지 예를 들어보자. "생일 축하해! 이제 너도 늙었네." "너의 친구들과 함께 늙어서 좋은 점은 그들이 너의 모든 비밀을 잊어버리고 있다는 거야." 이러한 문구의 대부분은 나이가 드는 것에 대해서 우리가 할 수 있는 일이 없다는 것을 희화화하며 노화의 부정적인 측면만을 부각시킨다.[1] 이러한 문구 중 내가 본 최고의 문구는 어떻게 나이 듦을 즐길 수 있는지에 대한 지혜가 담긴 것들이다. 이 책의 제목처럼 어떤 문구는 "마치 훌륭한 와인처럼 우리는 나이가 들어갈수록 더 괜찮은 사람이 됩니다! 음, 적어도 와인 맛을 더 잘 음미하

기라도 하겠지요." 당신이 누군가의 생일 카드를 고르고, 카드의 문구를 어떻게 해석하는지는 우리가 노화에 대하여 어떻게 생각하는지를 말해준다.

생일을 통해 우리는 노화에 대해 생각하기도 하지만 우리 인생에서 중요한 일들을 하도록 하는 동기를 부여하기도 한다. 해마다 돌아오는 생일은 우리 인생 지도의 이정표들이다. 바로 이 생일 때문에 사람들은 마라톤을 하고, 긴 여행을 하거나 많은 친구들과 성대한 파티를 열기도 하는 것이다. 몇몇 연구들은 사람들이 새로운 10년을 여는 첫 생일(즉, 40, 50, 60세가 되는 기념할 만한 생일)을 맞게 되면 삶의 의미를 찾을 수 있는 어떤 일을 한다는 것을 보여준다.[2] 그들은 새 자동차를 사거나 체육관에 등록하거나 결혼을 하고, 온라인 데이트를 하거나 아니면 노화에 관한 책이라도 읽게 된다!

체력 단련을 위한 새로운 방법을 미국 전역에 제시했던 전설적인 피트니스 전문가 잭 라레인 Jack LaLanne 은 그의 생일들을 독특하고 인상적인 방법으로 기념했던 것으로 유명하다. 그의 45세 생일에는 1시간 22분 동안 1,000회의 팔 벌려 뛰기 Jumping Jacks (혹자는 이 운동이 그의 이름에서 유래했다고 한다)와 1,000회의 턱걸이를 했다. 60세 생일에는 손에는 수갑을 차고 발로는 약 450kg의 배를 끌며 샌프란시스코만의 알카트라즈 Alcatraz 부터 피셔맨 부두 Fisherman's Wharf 까지 수영을 했다. 70세 생일에는 팔에는 수갑을, 발에는 족쇄를 찬 채로 70명의 사람이 탄 70대의 보트를 끌며 약 2.4km를 수영했다! 50여 년 이상을 잭과 함께한 그의 부인 일라인 라레인 Elaine LaLanne 은 다음과 같이 말했다. "열정이 없이는 당신은 잭 옆에 있을 수 없어요. 그는 단지 늙었다는 이유 때문에 운동을 포기하거나 멈출 수 없다는 것을 사람들에게 보여주고 싶어 했어요. 늙었다고 해서 소파에 앉아서 텔레비전만 보고 있을 필요는 없시요. 그는 인생의 어떤 시점에서도 무엇이든 가능하다는 것을 증명하기 원했고, 바로 당신도 할 수 있다는 것을 보여주고 싶었죠."[3]

고령자를 대체 어떻게 불러야 하나?: 노인? 어르신? 이름을 불러주세요!

'고령'의 기준은 뭘까? 65세 이상의 노인들이 3,000명 가까이 참여한 대규모 조사연구에서 응답자들은 '평균적인 사람'들이 68세부터 고령자에 해당한다고 대답했다.[4] 그러나 이 숫자는 거짓말이다. 왜냐하면 같은 응답자들 자신은 언제 고령자로 분류될 수 있냐고 물으면 85세라고 대답했기 때문이다. 고령의 시점을 정확하게 규정하기 어려운 것은 대부분의 '노인들'이 실제로 그렇게 늙었다고 생각하지 않기 때문이다.

고령자의 명칭에 관련된 또 다른 쟁점은 이러한 명칭들, 베이비부머 세대, 연장자, 어르신, 노인네, 황금세대 (늙은이, 영감, 영감탱이를 포함해서) 등이 부정적인 의미를 함축한다는 것이다. 한 인구 집단을 묘사하는데 잘못된 단어를 사용하는 것은 그 집단의 구성원이나 개인을 소외시킬 수 있다. 60세 이상을 대상으로 한 어떤 여론조사에서 절반 이상의 응답자들이 자신들을 연장자 senior 라는 단어로 부르는 것에 불편하다고 느꼈으나, 베이비부머 boomer 라 불리는 것에는 괜찮다고 응답했다.[5] 요즘과 같은 인구 구조에서 이 베이비부머 세대는 연로하신 부모님을 모시고 있기에 자신들을 아직 연장자로 보지는 않는 것이다. 같은 조사에서 '노인들의 집단 거주지'를 가리키는 용어로 양로원이나 요양원 nursing home 이라는 단어는 싫어했지만 퇴직자 커뮤니티 retirement community 라는 단어는 좋아했다. 한 퇴직자 커뮤니티에서 일했던 젊은 직원에게 연장자들을 어떻게 불러드려야 좋아하시는지 묻자, "성함을 불러드리면 좋아하세요!"라고 대답했다.[6] 이 책에서 나는 노인 older adults 이라는 용어를 주로 사용하지만, 다른 다양한 용어들도 역시 사용할 것인데, 이는 단순히 젊거나 중년의 성인보다 더 늙었다는 의미를 넘어서는 경우를 나타낸다.

성공적인 노화? 정의하긴 어렵지만 딱 보면 안다!

1987년, 존 월리스 로우 John Wallis Rowe 와 로버트 칸 Robert Kahn 이라는 과학자들이 『성공적인 노화 Successful Aging』[7]라는 제목의 영향력 있는 저서를 출판했는데, 이 표현은 이때부터 유명세를 탔다. 로우와 칸은 노화의 다차원적 양상에 주목했다. 그들은 성공적인 노화가 세 가지 요인을 포함하고 있다고 말했는데, 첫째, 장애나 질병으로부터 자유롭고, 둘째, 높은 인지적·신체적 능력을 가지고 있으며, 마지막으로, 의미 있는 방식으로 다른 사람들과 상호작용하는 것이다. 그들은 또한 성공적인 노화가 그 사람의 유전과 같은 내부적 요인과 삶의 방식과 같은 환경적 요인이 모두 관련되어 있다고 인정했다. 식습관, 운동, 개인의 습관 그리고 심리사회적 측면과 같은 환경적 요인들이 노화에 미치는 영향은 종종 과소평가되는데, 노화가 유전정보에 의해 결정된다는 단순한 관점을 갖고 있는 경우에 특히 그렇다.

오늘날 성공적인 노화에 대한 정확한 정의를 내리는 것은 아직 논쟁 중이다. 심지어 노화가 과정인지 결과인지 역시 불분명하다. 연구자들은 성공적인 노화의 개념에 대해 80가지 이상의 서로 다른 조작적 정의를 제시해왔는데, 어떤 정의에 따르면 단 1%의 사람들만이 성공적인 노화를 달성했다고 추정했고, 다른 정의를 사용하면 그 수치가 거의 90%에 가까워진다고 추정했다.[8] 이러한 불일치에도 불구하고, 대부분의 사람들은 어떤 사람이 성공적인 노화의 삶을 보여주고 있는지를 쉽게 알아차릴 수 있다. 물론 이를 위해 의학적인 검사나 심리적인 평가와 같은 것들은 전혀 필요치 않다. 즉, 성공적인 노화란 우리가 '딱 보면 아는' 그런 것이다.

많은 사람들은 워렌 버핏 Warren Buffett 이 직업적으로 엄청난 성공을 거두었다고 생각한다. 그는 억만장자면서 자선 사업가이며, 현재 86세이다. 그러면 그는 성공적인 노화의 모델일까? 워렌 버핏이 성공적인 노화의 모델이 된 비밀은 무엇일까? 그는 자신이 열렬한 코카콜라의 팬이라고 말하며(하루에 다섯 캔을 마신다고 한다), "내 몸의 사분의 일이 코카콜라이다."라고까지 이야기한다. 또한 '물과 브로콜리'를 먹는 식단으로 바꾼다고 더 쉽게 100살까지 살 수 있다는 증거를 아직 찾지 못했다고 한다. 당연히 버핏의 식습관은 성공적인 노화로 가는 길은 아닐 것이다. 그러나 그는 자신의 성공 요인 한 가지를 말했는데, 그것은 바로 열광적인 독서이다. 그는 보통 자기 시간의 80%를 책을 읽는 데 할애한다. 버핏은 독서는 우리 인생의 어떤 시점에서도 누구나 할 수 있는 활동이며, 특히 인생의 후반부에는 더욱 그렇다고 말하면서, 그렇지만 실제 충분한 독서를 하는 사람들은 거의 없다는 것 역시 지적한다.[9] 버핏은 아직 은퇴 계획이 없고, 자신의 일을 사랑한다. 그는 분명히 직업적으로 성공했고, 행복한 것이 분명하다. 그러나 단순히 많은 돈을 벌거나 노인이 되어 부유하게 사는 것이 성공적인 노화를 개념화하는 유일한 길은 아니다.

나이 듦의 이로움

1875년 태어나서 122년 동안 살아서 공식적인 최장수 기록을 가지고 있는 프랑스 여성 잔 루이즈 칼망Jeanne Louis Calment은 어떠한가? 그녀는 자신의 장수 비결로 올리브오일이 풍부한 식단을 꼽을 수 있다고 말했지만, 실제로 포르투 와인도 마셨고, 아주 많은 양의 초콜릿도 먹었으며, 20세 이후로는 하루에 몇 개비씩 담배도 피웠다. 그녀가 이야기한 또 하나의 장수 비결은 차분한 삶을 살았다는 것이다(칼망은 "이것이 바로 사람들이 나를 칼망Calment*이라고 부른 이유예요."라고 말했다). 칼망은 그녀의 딸과 손자보다 몇십 년 더 살았다. 전하는 바에 따르면 그녀는 1997년 122세에 죽을 때까지도 정신적으로 명민함을 유지하고 있었으며, "나는 모든 것에 관심이 있지만 아무것도 아닌 것에도 열정이 있어요."라고 말하기도 하였다.[10]

서구의 문화에서는 건강과 장수를 위한 숨겨진 비밀을, 이상적으로는 알약이나 병에 든 약과 같은 것을 찾으며 노화를 '의학화medicalize'하는 경향이 있다. 즉, 건강은 생물학적 상태로 바라보며, '좋거나 나쁜' 노화를 우리의 의학적 혹은 생리학적 상태의 결과물로 생각한다. 그러나 사람들은 이러한 상태를 변화시킬 수 있고, 노화의 행동적 측면(먹고 운동하고 생각하고 다른 사람들과 교류하는)에 대한 거의 완벽한 통제력을 가지고 있다. 이러한 측면이 우리의 생물학적 건강에 강한 영향을 미친다. 성공적인 노화는 어린 시절에 시작될 수 있다. 왜냐하면 이때부터 사람들은 습관과 직업윤리를 발전시키고, 운동하는 법과 잘 먹는 법을 배우기 때문이다. 사람들은 나이가 들면서 자신의 신체적 건강에 집중하게 되고 심리적 건강은 자연스럽게 따라온다고 가정한다. 신체적 건

---

*   역자 주: calment의 프랑스어 뜻은 '가라앉히다', '잔잔해지다'이다.

강과 심리직 건강이 관련되어 있긴 하지만, 단지 신체적인 건강만 유지하는 것이 인생의 다는 아니다. 노인들은 종종 성공적인 노화는 생산적이고, 정신적으로 건강하며, 가장 중요한 측면인 의미 있는 인생을 살고 있는지와 관련된다고 말한다.

퓰리처상을 수상한 작가인 재레드 다이아몬드 Jared Diamond 는 자신에게 성공적인 노화는 인생을 즐기고, 생산적인 활동을 하며, 자신이 잘할 수 있는 일을 계속 하는 것이라고 말한다. 그는 70세가 그의 인생의 최고의 순간 중 한때라고 내게 말해주었다. 그의 아버지는 의사셨는데, 93세까지 진료를 계속하셨다고 한다. 요즈음 다이아몬드는 자신의 일과 가족들과 함께 하는 활동들 사이에 균형을 갖는 방법을 찾고 있다. 지금 80세인 그는 현재 자신의 일곱 번째 책의 집필을 하고 있고, 가족들과 함께 여행할 시간을 더 갖기 위해 노력하고 있다. 그가 말하길 자신의 가장 가까운 직장 동료이자 멘토는 바로 생물학자인 에른스트 마이어 Ernst Mayr 인데, 그는 자신의 100세 생일에 스물한 번째 책을 출판했다. 다이아몬드 교수의 롤 모델이라 할 만하다. 이렇듯 성공적인 노화는 자신에게 중요한 것에 집중하고 고령에도 자신이 원하는 것을 할 수 있는 것과 관련되어 있다.

물론 성공적인 노화라는 개념이 우리가 얼마나 잘 나이를 먹는가를 설명하는 한 가지 방법일 수 있지만, '의미 있는 노화' 역시 어떻게 잘 늙는가에 관해 생각할 때 중요한 개념이다. 의미 있는 노화는 건강이나 장수의 관점에서 승자나 패자를 나누기보다는 노년기에 자신에게 가장 의미 있는 것에 초점을 맞출 수 있는가와 관련되어 있다. 때로는 의미 있는 노화는 적극적인 삶을 위해 뭔가를 더 하기보다는 덜 하는 것과, 우리의 삶에 대한 통제감을 포기하는 것과, 다른 사람의 삶에 좀 더 관심을 갖는 것 그리고 용서하고 잊어버릴 필요가 있다는 것을 인식하는 것과 더 관련되어 있다. 이는 우리 삶에서 의미와 평화를 찾도록 장려하고, 이러한 훈련은 나이를 먹으며 성공적인 노화의 한 형태로 이끌도록 하는 데 효과가 있다. 건강한 노화, 생산적인 노화, 즐거운 노화와 같은 용어들 역시 성공적인 노화의 더 포괄적인 표현과 연결된 개념들을 담고 있다.

죽기엔 너무 어린: 성공하지 못한 노화의 사례

이 책은 분명 성공적인 혹은 의미 있는 노화, 그리고 늙어가는 것의 이로움들에 확실한 강조점을 두고 있다. 성공적인 노화에 초점을 맞추고, 이러한 인생을 산 많은 사람들과 상호작용하고 인터뷰한 결과들을 담고 있지만, 어쩌면 이 사람들은 그들이 인생에서 성공했기 때문에 잘 늙어간다고 말할 수도 있다. 예를 들어, 미국의 대통령들은 대통령직을 수행하는 큰 스트레스에도 불구하고 미국의 평균 남성보다 오래 산다. 이는 식습관, 교육 정도, 사회적 지지 그리고 이들이 잘 살 수 있도록 돕는 재정적인 수단과 같은 몇몇 요인들 때문인 것처럼 보인다.[11] 그렇다면 성공적이지 못한 노화는 무엇일까? 가장 먼저 생각할 수 있는 것은 노년기까지 가지 못하고 죽는 것이다. 영국의 록밴드 더 후The Who 의 유명한 노래인 '나의 세대'에는 다음과 같은 가사가 나온다. "나는 늙기 전에 죽길 바라네." 재미나게도, 더 후의 보컬인 피트 타운센드Pete Townshend 가 이 가사에 대해서 말하길 자신이 이 가사를 20세 생일에 썼는데, '늙는다는 것'은 '아주 부유해지는 것'을 의미했다고 한다.[12]

채 늙지 못하고 죽게 만드는 불행한 범인 중 하나는 알코올, 마약, 약물 중독이다. 오늘날 아편과 같은 약물은 중년기 돌연사의 가장 주요한 원인 중 하나이다. 몇몇 개인들은 놀랄 만한 재능을 통해 환경을 극복하고 아주 낮은 확률로만 가능한 슈퍼스타나 전설이 되었지만, 자신들의 성공의 어두움에 굴복하고 만다. 이런 예는 마이클 잭슨 Michael Jackson, 커트 코베인 Kurt Cobain, 짐 모리슨 Jim Morrison, 프린스 Prince, 필립 세이모어 호프만 Philip Seymour Hoffman, 휘트니 휴스턴 Whitney Houston 그리고 에이미 와인하우스 Amy Winehouse 등이 있으며, 이 외에도 더 많이 있고 더욱 슬프게도 이 목록은 날마다 늘어나고 있다. 요즈음에는 중독성이 있는 진통제의 남용이 전 연령대에 만연되어 있다. 흥미로운 것은, 젊은이들은 마이클 잭슨, 프린스 혹은 휘트니 휴스턴과 같은 인물들을 성공한 인생이라고 생각하지만 참전용사나 홀로코스트의 생존자와 같은 사람들에게는 같은 수준의 존경을 표하지 않는다.

극도의 성공이 늘 성공적인 노화를 이끄는 것은 아니며, 몇몇 경우는 오히려 정반대의 방향으로 인생을 이끄는 것 같다. 노인들이 잘 살기 위해서는 어떤 습관들과 장애물들을 극복해야 하며, 노년의 이로움을 어떻게 스스로 평가할 수 있을까? 한 가지 방법은 어린 나이에 노화의 역설을 더 잘 이해하며, 그 이해를 바탕으로 성공적인 노화를 위한 삶의 방식을 만들어가는 것이다. 일단, 청년이나 중년들은 오래 사는 것이 성공적인 노화의 첫걸음이다. 어린 나이에 성공을 경험한 사람들은 중년의 나이까지 가는 도전에도 실패할 수도 있다. '중년'이라는 개념은 다시 중요한 질문을 가져온다. 우리는 청년, 중년 등을 나누는 기준을 어떻게 결정할까?

생활연령, 생물학적 연령 그리고 주관적 연령
: 얼마나 늙었다고 느끼세요?

당신은 몇 살입니까? 이 질문에 답하기 위해 당신의 출생증명서에 적힌 날짜를 찾아볼 수 있다. 이것은 당신의 객관적 생활연령을 통해서 한 답이다. 꼭 그럴 필요까지는 없지만, 조금 더 생물학적인 신호, 이를테면 '폐 나이가 50세이다' 또는 '최근 받은 골 단층촬영 검사에서 뼈 나이가 70세로 나왔다' 등을 통해 몸을 체크하기도 한다. 또는 두뇌 훈련 프로그램은 두뇌 게임의 점수에 대한 피드백을 통해 당신의 두뇌 나이를 말해주고, 심지어 이 나이를 더 젊게 만들 수 있다고 말하기까지 한다. 그러나 당신의 나이, 기대 수명 그리고 전반적인 건강에 대한 가장 좋은 표시는 당신이 몇 살이라고 느끼는가이다. 이것이 바로 주관적 연령이다. 연구 결과에 따르면, 생활연령보다는 주관적 연령(자신이 몇 살이라고 느끼는가)이 당신의 전반적인 건강상태, 기억 능력, 신체 강도 그리고 수명을 더 잘 예측한다고 한다.[13] 즉, '당신의 나이는 몇 세십니까(대부분의 사회적 상황에서 무례한 질문)?'보다는 '당신은 몇 세로 느끼십니까?'가 더 좋은 질문이다. 사람들은 종종 자신의 생활연령에 비해 5세에서 15세 정도 본인이 더 젊게 느낀다고 보고한다. 일반적으로 40세를 넘기면서부터 20% 정도 더 젊게 느낀다. 예를 들어, 40세는 32세로, 60세는 48세로 그리고 80세는 60세 정도로 느낀다.[14] 나이가 더 들면 들수록 더 젊게 느끼는 것은 참으로 역설적이다.[15]

젊음이나 노화 방지에 열광하는 문화에서는 '젊게 느낀다'는 개념은 오해를 불러일으킬 수도 있다. 사람들이 자신의 실제 생활연령에 비해 자신들의 주관적 연령을 젊다고 보고하는 것은 자신의 나이를 부정하거나 숨기는 것이 아니다. 그것은 단지 특정 나이에 기대되는 것보다 자신들이 더 건강하게 느낀다는 것이다. 스탠퍼드 장수 센터의 설립자이자 소장인 로라 카스텐센 박사Dr. Laura Carstensen의 연구에서 노인들에게 몇 살로 돌아가기 원하는지 물어봤을 때 현재 나이에서 약 10년 정도만 젊어지고 싶다고 대답하는 것을 발견했다. 80세 노인들은 70세로, 60세는 50세로 돌아가고 싶다고 했는데, 이는 자신들이 그 나이 때 더 건강했다고 느끼기 때문이었다. 흥미로운 점은 이 연구에 참여한 어떤 노인들도 20, 30대로 돌아가기는 원하지 않았는데, 이는 그 소중한 시절로 가는 것은 조금만 더 젊어지는 것에 비해 너무 큰 도전일 뿐만 아니라 그 세월이 반드시 다시 살아보고 싶은 시절도 아니기 때문이다.[16]

반드시 나이를 더 먹는 방향으로만 변할 수 있는 생활연령과는 달리 (우리는 결코 나이가 어려질 수 없다) 주관적 연령, 즉 우리가 몇 살처럼 느끼는지는 (양방향으로) 수정 가능하다. 만약 나보다 어린 사람들과 함께 생활한다면 조금 더 젊게 느낄 수 있다. 예를 들어, 86세인 영화배우 딕 반 다이크Dick Van Dyke는 40세인 알린 실버Arlene Silver와 결혼했다. 당신도 이러한 나이 차가 큰 결혼의 예들을 어렵지 않게 생각해낼 수 있을 것이다. 나이가 어린 사람과 결혼한 나이 많은 사람은 더 젊게 살 가능성이 높다. 반 다이크에 따르면 예전보다 더 많이 노래하고 춤춘다고 한다. 지금은 90세가 된 그는 "노래와 춤을 즐기는 아름답고 젊은 나의 아내 때문에 우리 둘이 집에서 함께 듀엣으로 노래를 하는 일이 많아졌다."라고 말했다.[17]

하버드대학교의 사회심리학자인 엘렌 랭어 박사Dr. Ellen Langer는 머리가 벗겨지거나 늦게 출산해서 나이에 비해 아이가 어린 것과 같이 나이를 짐작하게 만드는 단서들은 우리의 주관적 연령, 그리고 이와 연관된 결과에 영향을 줄 수 있다고 제안한다.[18] 예를 들어, 자신의 나이에 비해 어린 자녀가 있는 여성들은 자신보다 어린 나이와 연관된 단서들(젊은 어머니들)로 둘러싸인다. 그 결과, 이 늙은 어머니들은 어린 나이에 아이가 있는 여성들에 비해 기대 수명이 더 높다. 배우자와 나이 차가 큰 경우는 '나이와 불일치하는 암시'가 될 수 있다. 예를 들어, 나이가 아주 많은 남성과 함께 사는 여성은 자신보다 나이 많은 사람들을 가까이서 더 자주 보게 되고, 이는 자신이 더 늙었다고 느끼게 만든다. 이런 경우 더 일찍 죽는 경향이 있고, 반대로 함께 사는 늙은 배우자는 더 오래 사는 경향이 있다. 물론 이 관계에서 어떤 인과적 요인을 찾는다는 것은 매우 어렵다. 요점은 노화에 대해 상기하는 것은 우리의 주관적 연령을 변화시킬 수 있고, 젊게 느끼느냐, 늙게 느끼느냐는 우리 삶에 확연한 차이를 만든다는 것이다.

사람들은 젊게 보이고 싶어 한다. 흥미롭게도 이것은 단순한 허영심 때문이 아니라, 더 젊은 주관적 연령과 연관된 신체적 이로움이나 사회적 기대를 인정하기 때문이다. 더 젊게 느끼면 더 젊게 행동하는 것 같다. 랭어 박사는 한 연구에서 놀라운 발견을 했는데, 염색을 하거나 헤어스타일을 바꾼 뒤 자신이 더 어려보인다고 생각하는 여성들은 혈압이 떨어졌으며, 다른 사람들보다 더 젊어 보인다. 남성들의 경우 탈모는 고령으로 가고 있다고 생각하게 만드는 명백한 증거이다. 너무 일찍 탈모가 온 남성들은 거울에 비친 자기 모습을 더 늙게 보고, 더 '빨리 늙는다'고 생각하는 것 같다. 몇몇 연구들은 이들이 탈모가 없는 젊은 사람들보다 전립선암이나 심혈관 질환에 대해 과도한 위험을 갖고 있는 것을 보여준다. 정리하자면, 자신이 젊게 보일 때 더 젊게 느낀다고 확실하게 믿는 사람들에게는 가발이나 급성장 산업인 모발 재생 등을 통해 더 많은 머리카락을 갖는 것이 실제로 건강에 관한 이로움이 있을 수 있다.[19]

이것이 바로 우리가 거울에 비친 자신의 늙은 모습을 보고 자주 놀라는 한 가지 이유일 것이다.

20, 30년 전과 비교해서 현재 노인이 된다는 것은 어떤 의미를 가질까? 요즘 노인들은 대략 85세 정도부터 진짜 노인이라고 생각하는데, 20년 전과는 많이 다르다. 우리가 노인이 어떤 사람인지 생각해보면 보통 우리 부모님이나 조부모님 혹은 이와 비슷해 보이는 가족이나 친구들의 모습을 떠올린다. 그렇다면 이것은 우리가 더 나이가 들면 그렇게 된다는 것을 의미하는가? 2014년 베를린에서 한 대규모 연구가 수행되었는데,[20] 75세 이상을 대상으로 데이터를 수집하였고 연구자들은 1990년 수행된 유사한 연구 자료와의 비교를 통해 두 데이터 사이의 차이점을 면밀히 검토할 수 있었다. 이 비교 연구에서 인상 깊은 점은 '통계상의 쌍둥이(두 데이터 세트 각각에서 성별, 나이, 건강상태, 교육 정도가 유사한 쌍)'를 찾아내고 이들을 비교한 것이었다. 평균적으로 요즘 75세가 20년 전 75세에 비해 인지적으로 더 건강한데, 1990년 데이터상으로 55세 정도의 인지적 수행 능력을 보였다. 아울러 2014년 연구에서는 75세가 1990년 연구의 75세에 비해 삶의 질도 더 높았고, 긍정적인 정서 수준 역시 높았다. 연구자들은 25년 전에 비해 오늘날 노인들의 건강 상태가 개선되었고, 삶의 독립성 역시 증대되었기 때문에 이러한 결과가 나타났다고 제시한다. 실제로 마라톤이나 트라이애슬론의 기록이 지난 50년 동안 계속 빨라지고 있고, 이러한 지구력을 요하는 경주를 완주하는 연령대가 점점 높아지고 있다는 사실에 기초해서 우리가 점점 똑똑해지며, 강인해지고, 심지어 더 빨라지고 있는 것 같다는 생각이 대두되고 있는데, 이는 앞서 언급한 베를린 연구의 결과와도 일맥상통하는 주장이다.

성공적인 노화 연구의 시기와 방법

우리는 자신의 삶에서, 또 우리 가족의 삶에서 끊임없이 노화를 관찰한다. 우리는 모두 인생의 여정을 통해 자녀, 부모, 조부모를 따라가며 노화에 대해 배우는 학생들이다. 그들과 나 자신에게 일어나는 변화를 관찰하고 내가 더 늙으면 어떤 모습일까를 궁금해한다.[21] 나는 지난 수년간 내 기억이 변화해가는 모습(더 자주 기억의 실패를 경험하는 것)을 분명히 눈앞에서 보고 있다. 아마도 이것은 내 직업이 기억과 노화와 깊은 관련이 있기 때문일 것이다. 하지만 나는 또한 여전히 예리하고, 위트 넘치고, 현명한, 그래서 여러 부분에서 우리의 롤 모델이 되어주는 어르신들을 보면서 경탄해 마지않는다. 다양한 방식으로 늙어가는 이 어르신들과의 상호작용, 다양한 연령대에 계시는 이분들로부터 성공적인 노화에 대해 배울 수 있는 것이 무엇인지 끊임없이 묻는 것, 바로 이것이 내가 이 책을 쓸 수 있는 동력이다. 그렇다면 우리는 어떻게 노화에 대한 과학적인 연구를 할 수 있을까?

노화 연구 수행 시의 제약과 제한점

인간 노화 연구에서는 다양한 이유 때문에 순수한 의미의 실험 그 자체를 수행하기가 어렵다. 타임머신이 존재하지 않기 때문에 어떤 변수의 효과로 생길 법한 결과를 관찰하는 데 시간의 제약을 받는다. 예를 들어, 어떤 변수나 중재 방법(블루베리를 더 먹거나 운동을 더 열심히 하는 것 등)이 노화와 관련된 변수(기억력의 증가나 수명 연장)에 미치는 영향을 보려고 한다면, 장기간의 효과를 관찰하기 위한 시간이 필요하다. 또한 결과로 나타난 건강상의 이로움이 그 변수 때문인지, 어떤 다른 일련의 사건 때문인지, 노화 과정에서 일어나는 행동의 변화 때문인지 알기 어렵다. 그 결과, 시간이나 노화가 중요한 역할을 한다는 가정하에, 변수들 사이의 연합이나 상관관계를 관찰하는 것에 의존하게 된다. 다른 변수의 영향을 최대한 배재하고 노화 그 자체의 영향을 연구하고, 노화 관련 변화나 연령에 따른 차이를 만드는 원인을 찾기 위해 연구자들은 두 가지 접근을 취하는데, 첫째는 인내심을 가지고 수년간 한 집단의 실험 참여자들을 추적하는 것(이를 '종단 연구'라 부른다)이고, 둘째는 조금 더 단순하게, 특정 시점에서 연령이 다른 두 집단을 비교하는 것이다(이를 '횡단 연구'라 부른다).

우리의 아이들이 자라나는 것이나 부모님이 늙어가는 것을 관찰하는 것이 바로 노화의 종단 연구의 일종이다. 우리와 자녀들을 비교하는 것은 더 횡단 연구의 성격을 갖는 것이고, 이 둘 모두 시간과 사람이 어떻게 변화를 겪는가를 보여준다. 물론 이러한 개인적인 사례 연구들도 유용한 통찰을 줄 수 있지만, 한 사례만으로는 확고한 결론을 내리기 어렵다. 이상적으로는 대규모 집단, 즉 수백에서 수천 명의 표본을 가진 연구가 일반화를 하기에 적합하다. 종종 일화적 연구들이 좀 더 큰 규모의 연구를 수행할 발판이 되거나,[22] 그 일화적 증거를 뒷받침하거나 반박할 수 있는 추후 연구를 위해 필요한 디딤돌 역할을 할 수 있다. 혹은 노화 과정에 대한 동물 연구도 이루어지는데, 이는 더 잘 통제된 연구를 수행할 수 있게 하고 연구의 기간도 더 줄일 수 있다. 예를 들어, 초파리의 평균수명은 몇 주나 몇 달에 지나지 않아서[23] 유전자를 조작하는 등의 연구를 이 짧은 수명 주기에 적용해서 중요한 발견을 할 수 있다. 이는 수년, 수십 년, 나아가 인간의 일생의 기간을 기다리지 않고도 수명 연장을 위한 결과를 얻을 수 있는 것이다.[24] 마지막으로, 과학자들은 노화에 관해 자신들이 중요하고 흥미롭다고 생각하는 문제를 찾아 연구를 수행하는데, 이 경우 실험을 시작하면서부터 잠재적인 편견이 생길 수도 있다. 즉, 연구가 연구자의 관심과 동기에 의해 주도될 수도 있는 것이다. 여기서 우리가 뇌를 연구하게 만드는 동기가 무엇인지에 관한 농담을 하나 소개한다. "나는 두뇌야말로 우리가 연구해야 할 가장 흥미로운 주제라고 생각했었어. 그런데 잠깐만, 누가 지금 나한테 이걸 말하고 있는 거지?"

대학생 집단과 연구를 좋아하고 '걱정이 많은' 노인 집단의 비교?

노화 연구에는 글자 그대로 시간이 많이 필요하다. 다행히도 실험 심리학*에는 사람이 늙어가는 것을 관찰하느라 수십 년을 기다리지 않고도 노화 연구를 하는 다양한 연구방법이 있다. 사실 대부분의 '노화' 연구는 집단 사이의 '연령 간' 차이를 보는 것이다. 이러한 횡단 연구는 특정 시점에서 청년과 노인 집단을 비교한다. 이 방법은 대체로 가장 편리하고 비용 대비 효율이 좋다. 그리고 연구가 보통 대학교 캠퍼스 안에서 이루어진다. 청년 집단은 대학생들이 실험에 참여하여 그에 대한 보상을 받는다. 노인 집단으로 실험에 참여하는 분들은 '걱정이 많고' 건강한 분들이다. 이분들은 보통 본인들의 기억력이 예전 같지 않아서 개선할 수 있는 방법이 있지 않을까 해서 연구에 참여한다. 이분들은 보통 캠퍼스 주변 지역 공동체에서 독립 생계를 유지하며 거주하는 분들이고, 역시 실험 참여에 대한 금전적 보상을 받지만, 보상 없이 실험에 참

---

* 역자 주: 인간 및 동물의 정보처리 과정을 연구할 때 실험적인 방법론을 이용하는 심리학적 접근으로서, 지각, 인지, 정서, 학습, 기억, 동기, 발달 등 매우 다양한 심리학 분야에 이용된다.

여하거나, 그 돈을 기부하기도 한다. 이분들이 실험에 참여하는 동기는 계속 명민함을 유지하고 싶고, 최신 연구에 참여하고 싶으며 그리고 자신의 기억에 관해 더 많이 배우고 싶기 때문이다.

한 가지 꼭 염두에 두어야 하는 점은 이러한 횡단 연구들에서는 서로 다른 두 연령 코호트 cohort *를 비교한다. 지금 노인들은 1950년대에 10대를 보냈을 것이고, 60년대에 대학생이었을 것이다. 이 노인들과 지금의 대학생들을 비교하면, 지금의 대학생들은 노인들이 대학생이었을 당시와는 너무나 다른 시대에 살고 있다. 또한 '그때 그 시절'의 대학 학위와 훨씬 더 많은 사람들이 대학교에 가는 요즘의 대학 학위 역시 다르다. 그러므로 이 두 집단은 연령 차이뿐만 아니라 코호트의 차이도 있고 이러한 차이가 세상을 지각하는 방식에 큰 영향을 끼칠 수 있다. 오늘날의 청년 집단과 전혀 다른 세상에서 자랐던 노인 집단을 비교할 때는 이코호트의 차이를 염두에 두는 것이 중요하다.

다시 오셔야 되는 거 잊지 마세요!: 노화의 종단 연구

노화 연구에 더 적합한 형태는 종단 설계를 통한 연구이다. 왜냐하면 이 설계는 동일한 집단의 사람들의 연령 증가에 따른 변화를 계속 추적하는 방식이기 때문이다. 이 설계를 이용한 연구는 긴 시간(보통 수십 년)과 자원(연구비 지원)이 요구된다. 연구에 참여한 사람들은 이사를 가거나 응답이 없거나 연구에 흥미를 잃거나 혹은 죽기 때문에 연구에 계속 참여할 수 없을 수도 있다. 결과적으로, 가장 건강하고, 연구에 흥미도

---

* 역자 주: 동일한 특징을 공유하는 집단이라는 의미로, 발달 연구에서는 동일한 시대와 환경에서 자란 사람들을 가리킨다.

있으며 헌신적인 실험 참여자들이 연구에 끝까지 참여하게 된다. 전 세계적으로 가장 유명한 종단 연구들은 베를린, 볼티모어, 빅토리아, 시애틀 그리고 스웨덴에서 이루어졌다. 또 하나의 유명한 종단 연구로 하버드 성인 발달 연구도 있다.

한 가지 흥미로운 것은 몇몇 종단 연구에서는 참여자들이 90대가 되어서도 기억, 추론, 어휘력 등의 검사에서 약간의 감퇴, 심지어 전혀 감퇴가 일어나지 않는 경우도 있다는 것이다.[25] 종단 연구 수행의 한 가지 어려운 점은 만약 당신이 참여자에게 해마다 같은 기억 검사를 실시할 때 그들이 같은 과제를 몇 번 반복해서 수행하기 때문에 '연습 효과'가 나타날 수 있다. 그러나 이러한 유형의 효과는 수업 시간에 끊임없이 기억 과제를 수행하는 대학생들에게도 나타날 수 있다. 스웨덴에서 수행된 한 종단 연구에서 연구자들은 규칙적으로 연구에 참여한 종단 연구 집단과 다양한 연령대의 집단 사이의 수행을 비교하였다. 그 결과, 이러한 연습 효과의 영향을 통제한 뒤에도 기억력은 약 60세가 되서야 약간만 떨어졌고, 언어 기억과 어휘력 검사에서는 감퇴의 정도가 훨씬 덜했다. 같은 연구에서 연구자들은 교육 수준이 횡단 연구들에서 나타나는 코호트 효과에 영향을 주었다는 것도 밝혔다.[26] 이러한 쟁점들을 감안하면, 노화에 따른 다양한 변화에 대한 온전한 설명은 측정치들과 관련된 다양한 문제들을 잘 해결할 수 있느냐에 달려 있다. 이것은 실제적으로도, 해석적인 이유로도 중요하다.

종단 설계를 이용한 한 특별한 종단 연구는 1910년 즈음에 태어난 아이들이 어렸을 때부터 80년 동안 추적 연구를 수행했다. 이 연구는 지능 연구로 유명한 루이스 터먼 Lewis Terman 이라는 스탠퍼드대학교의 심리학자가 수행하였다. 그는 1,500명의 영재성 있는 소년들과 소녀들을 선택하였다. 그는 어떤 특성이 성인이 되어 그 사람을 사회의 지도자로 만드는지에 대한 더 깊은 이해를 얻기 위해 다양한 유형의 과제를 준비했다. 수십 년 후의 분석 결과, 어렸을 때부터 재능을 드러낸 아이들이 그렇지 못했던 아이들보다 더 많은 성취를 했는지는 명확하지 않긴 하지만, 연구가 시작될 당시 아동의 각종 검사 결과는 이후 인생의 여러 가지 인상 깊은 업적들과 관련이 있었다. 이 연구에는 몇몇 놀라운 결과도 있었는데, 예를 들어 아동기의 읽기 능력은 이후 학업 성적과 연관이 있었지만, 생애 총 교육 연수와는 관련이 덜했고, 중년기 적응과 관련된 측정치와는 거의 상관이 없었다. 또한 학교 입학을 너무 일찍 한 아동들은 오히려 생애 총 교육 연수가 더 짧았고, 중년기 적응 역시 낮았으며, 사망 위험은 더 높았다.[27] 이 연구에 참여한 재능 있는 아동들 중 많은 이들이 건강하게 오래 살았다. 그러나 어린 시절 영재로 선택되지 않은 다른 사람들보다 더 오래 살았는지는 명확하지 않다. 터먼의 흰개미들 Terman's Termites 로 불린 이 영재들은 지금은 거의 다 유명을 달리했지만, 이들이 오랜 시간에 걸쳐 참여한 연구로부터 나온 자료와 이야기들은 보물 창고라 불리며 유산으로 남아 있다. 그렇다면 근래의 기술 기반 정보화 시대를 살아가는 세대는 향후 수십 년간 어떤 노화 과정을 겪을까? 또한 끊임없는 정보와의 접속은 어떻게 우리의 지식, 지혜, 삶의 질 그리고 노화에 영향을 미칠까? 추후 연구에서 반드시 다루어야 할 질문들이다.

시간이 지나면서 우리의 기억이 어떻게 변하는가와 관련해서 우리는 과학적인 실험을 하지 않고도 우리 자신의 개인적 일화에서 답을 찾기도 한다. "요즘 기억력은 괜찮으신가요?"라고 물을 때 중요한 것은 비교 대상이 무엇인가이다. 당신 자신의 20세 때와 비교하는 것인가. 아니면 요즘 대학생들과 비교하는 것인가? 타당한 결론을 내리기 위해서는 적절한 시기 그리고 집단과 우리 자신을 신중하게 비교할 필요가 있다. 흥미롭게도, 우리의 건강과 기억력 그리고 노화 과정에 대한 자신의 주관적 평가는 아주 정확할 수도 있다.[28] 또한 우리를 잘 아는 동료들이나 가까운 가족 구성원이 치매의 시작을 알리는 잠재적인 증상들에 대한 통찰을 제공해줄 수도 있다.[29] 즉, 우리는 인생을 살면서 자기 자신을 꽤 잘 알고, 나이를 먹으며 찾아오는 변화를 잘 알아차린다.

선택이 필요한 노년기: 노년기의 선택적 목표 이론들

나이가 들어가면서 심리적으로 어떤 일이 일어나는가에 대한 다양한 이론들이 있지만 대부분의 이론들은 감퇴되는 것들과 나빠지는 것들에 집중한다. 더 느려지고, 넘어지며, 수면의 질이 저하되고, 기억력에 문제가 생긴다. 주목할 만한 예외도 있는데, 몇몇 전 생애 발달 이론들이 그 예이다. 이 이론들은 나이가 들어가면서 감퇴되는 것에 집중하기보다는 여러 양상으로 나타나는 변화를 고찰하는데, 어떤 부분은 더 좋은 쪽으로, 다른 부분은 더 나쁜 쪽으로 변화하기도 한다. 이러한 맥락에서 노화에 관한 두 가지 뛰어난 질적 이론은 보상을 수반한 선택적 최적화 selective optimization with compensation 와 사회정서적 선택이론 socio-emotional selectivity theory 이다. 두 이론은 모두 우리가 나이가 들어가면서 서로 다른 활동, 정보, 목표에 선택적이고 전략적으로 집중한다고 말하고, 이것은 자신의 젊은 시절이나 다른 사람들로부터 단순히 멀어지는 것은 아니라고 주장한다.

나이가 들면서 우리는 무슨 활동을 좋아하는지, 시간을 어떻게 잘 분

배하는지, 노화에 수반되는 신체적 한계가 무엇인지에 대한 이해가 더 깊어진다. 노인들은 새로운 것을 시도할 때 시간을 사용하고 활동을 선택하는 데 신중한 전문가들인 것 같다. 목표는 나이와 함께 변하고 우리는 늙어가면서 무엇에 집중해야 하는가에 대해 더 선택적이다. 보통 가족이나 친구들과 시간을 보내는 것 혹은 다음 세대에 영향을 미칠 수 있는 일을 하는 것과 같은 정서적으로 의미 있는 목표를 선택하곤 한다.

보상을 수반한 선택적 최적화 이론

노화에 대한 지배적인 한 이론은 우리가 추구하는 것과 그것을 추구하는 방법에 관해 나이가 들수록 더 선택적이 된다고 말한다. 이 영향력 있는 이론은 폴 발테스 Paul Baltes 와 그의 동료들이 제안하였는데, 보상을 수반한 선택적 최적화 이론으로 알려져 있다. [30] 이 이론에 따르면 우리는 성취하고자 하는 목표나 활동을 선택하고, 그 목표를 달성할 수 있도록 시간과 능력을 최적화하여, 노화에 따른 감퇴나 부족한 점 등을 보상한다. 예를 하나 들어보자. 음악과 노래 부르는 것을 너무 좋아하는 한 노인이 있다. 이분의 시력이 점점 나빠지게 되자, 자신이 좋아하는 노래 부르기, 음악 감상, 심지어 합창단 가입과 같은 활동에 더 많은 시간을 투자하고 여기에 선택적으로 집중할 것이다. 동시에 이 분은 독서, 카드 놀이와 같은 시력에 크게 의존하는 활동들에 보내는 시간을 줄일 것이다.

위대한 피아니스트인 아르투르 루빈스타인 Arthur Rubinstein 은 80대 후반까지 연주 활동을 잘 했고, 95세까지 살았는데, 이러한 보상을 수반한 선택적 최적화의 아주 좋은 예이다. 나이가 들면서 그는 자신이 가장 사랑했던 곡들을 위주로 연습 곡 수를 줄이고, 이 곡들만 무대에 올렸다. 그는 또한 노년기에는 극도로 복잡한 작품들을 연주하는 것을 어떻게 멈추었는지도 설명하였다. 그러나 빠르고 복잡한 음악을 연주해야 할 때는 그 빠른 악장 바로 전 부분의 연주 속도를 늦춰서 두 부분의 속도의 대비가 크게 느껴지도록 하였다. [31] 나는 이러한 예를 세인트 루이스의 한 재즈 바인 '블루베리 힐'에서 전설적인 기타리스트 척 베리 Chuck Berry 가 연주했을 때에도 목격했다. 그가 80대에도 루빈스타인과 비슷한 전략을 썼는데, 다양한 템포를 사용하고, 가사를 대체하는 등 자신이 적합하다고 생각하는 대로 즉흥적인 변화를 주며 연주를 했다. 진정한 노년의 예술가다운 모습이었다.

습관을 깬다는 것이 쉬운 일은 아니지만, 노년기에는 수정할 수 있는 활동들이 무엇인지 재평가하는 것은 적응적인 행동일 수 있다. 만약 어떤 사람이 수년간 농구와 조깅을 해왔지만 최근 들어 무릎과 관절이 안 좋아지고 통증을 느낀다면 수영이나 걷기, 또는 들새 관찰 등으로 습관을 바꾸게 되는데, 이것은 보상을 수반한 선택적 최적화 이론과 일맥상통하는 것이다. 나이가 들어감에 따라 나이에 걸맞게, 예를 들어 라켓볼에서 골프로 운동을 대체하는 것은 적응적이다. 심지어 이러한 스포츠는 노후에 즐겁게 할 수 있는 취미가 된다는 것을 알고 조금 더 이른 나이에 변화를 주기도 한다. 우주 비행사이자 상원의원이었던 존 글렌 John Glenn 은 조깅을 규칙적으로 했었다. 그러나 그가 90대에 이르자 조깅 대신 걷기로 바꾸었다. 예전과는 다른 방식으로 운동을 한 것이었다. 퓰리처상을 수상한 작가인 재레드 다이아몬드는 과거에 아주 힘든 20마일 하이킹을 하곤 했지만, 요즘은 매일 아침 집 근처를 3마일 정도 산보하며 들새 보는 일을 즐긴다. 이를 종합하면, 이 이론은 노인들이 자신의 현재 자원과 능력에 기반하여 추구해야 하는 활동을 선택하고 합리적이고 의미 있는 목표를 정함으로 노화 과정을 능동적으로 대처해야 한다고 제시한다.

사회정서적 선택이론

위의 이론과 관계된 한 이론은 어떻게 우리 인생의 목표가 나이가 들어가면서 변화되는지를 설명한다. 대학 시절과 같이 젊을 때에는 지식이나 정보를 축적하는 것에 집중한다면, 노년기에는 정서적으로 의미있는 목표에 더 집중하곤 한다. 이러한 목표들은 가족 또는 더 광범위한 직업적 활동을 포함할 수 있는데, 이 세상에 더 큰 변화를 줄 수 있는 방법을 찾기 위해 길을 안내하고 조언하는 일, 다음 세대에 기여할 수 있는 일 등이다. 사회정서적 선택 이론으로 알려진 이러한 생각은 아주 영향력 있는 이론이다. 이 이론은 스탠퍼드대학교의 로라 카스텐센 교수와 동료들에 의해 제안되었고, 그녀의 유명한 책 『길고 멋진 미래 A Long Bright Future』에 윤곽이 잘 드러나 있다.[32] 이 이론에 따르면, 노인들은 자신의 삶이 얼마 남지 않았음을 잘 인식하고 있기 때문에 긍정적인 정보에, 정서적인 목표에 그리고 사랑하는 사람과 시간을 보내는 일에 더 집중하려 한다고 한다. 이에 반해 청년들은 생존에 필요한 부정적인 정보를, 지식을 축적하는 것을, 가족과 함께 보내는 시간을 희생하면서까지도 새로운 친구를 사귀고 인간관계를 확장하는 일을 더 중요하게 생각하는 것 같다.

가치 지향 기억: 정말 중요한 것들을 기억하기

내가 연구하고 있는 주제들은 앞에서 소개한 두 주요 이론을 확장한 것들이다. 이 연구들은 노인들은 더 많은 (잠재적인) 기억 관련 문제가 있음에도 불구하고 중요한 것을 선택하는 데 굉장히 능숙하다는 것을 보여준다. 그 이유는 이들이 많은 정보를 기억하는 것의 어려움에 대해서 인식하는 '메타 인지'*가 뛰어나기 때문이기도 하다. 나이가 들면서 무엇이 자신에게 더 중요한 것인지, 그래서 어떤 것을 기억하고 있어야 하는지에 대해 더 선택적이다. 긍정적인 정서, 중요한 이름들 그리고 흥미를 느꼈거나 호기심이 생겼던 일들에 더 집중한다는 것이다. 어린이들이나 손자·손녀들이 알레르기 반응을 일으켰던 음식이라든지, 자주 사 먹는 제품의 세일 가격이라든지, 만약 당신이 열렬한 조류 관찰자라면 새들의 이름 등을 기억하려 한다. 간단히 말해서, 나이가 들면서 어떤 것을 선택하는지, 무엇을 원하며 기억해야 하는지 그리고 시간을 어떻게 사용하고, 어떻게 행복해지는가에 대해 더 잘 알게 된다.

심술쟁이 노인네? 노인에 대한 편향된 고정관념

사회적 고정관념이나 문화적인 기대는 노화에 아주 큰 영향을 끼친다. 자, 노인 한 사람을 생각해보라. 마음속에 처음 떠오르는 생각은 무엇인가? 사람들은 하나의 집단으로서의 노인들을 긍정적인 혹은 부정적인 특징들과 연결시킨다. 물론 부정적인 특징들과의 연합이 더 강한 경향이 있긴 하다.[33] 이러한 연합 양상을 평가하는 한 가지 방법은 '전형적인' 노인을 상상할 때 마음속에 가장 먼저 떠오르는 단어 10개를 말하라고 요청하는 것이다. 지금 당신도 한번 해보라. 어떤 단어들이 떠오르

---

* 역자 주: 자신이 지금 아는 것이 무엇이고, 모르는 것이 무엇인지 정확하게 파악하는 능력.

는가?

　보통 사람들은 백발, 할아버지(할머니), 느린, 플로리다, 노쇠한, 치매, 심술궂은, 지팡이, 검소한, 주름살, 건망증이 있는, 지혜, 웅얼거리다, 약들, 은퇴한 등과 같은 단어들을 떠올린다. 많은 경우 텔레비전 광고나 대중매체에서 노화에 대해 부정적인 측면을 강조하기에 이러한 부정적 고정관념은 부분적으로라도 대중매체에 책임이 있을 수 있다. 실제로 한 연구는 사람들이 텔레비전을 더 많이 볼수록 노화에 대해서 더 부정적인 태도를 갖고 있는 것을 보여주었다.[34] 주름살이 생기거나 할아버지, 할머니가 된다는 등의 몇몇 고정관념은 확실히 타당하긴 하지만 노인들은 종종 다른 많은 부정적인 고정관념들에 대해서는 강하게 저항한다. 이들은 젊은이들이 노인에 대해 가지고 있는 고정관념들에 대해 확연히 다른 견해를 가지고 있는 듯하다. 그리고 젊은이들이 노인에 대해 가지고 있는 특정 태도와 의견들의 대부분은 부정확하거나, 노인들과의 제한된 상호작용에 기초해 있으며, 이 두 가지에 모두 해당하기도 한다. 이러한 상황은 매우 역설적인데, 우리가 어떻게 늙어가는가에 관해 우리가 견지하는 태도가 중요하기 때문이다.

　한 연구는 우리가 노화에 대해 견지하는 태도가 실제 어떻게 잘 늙어가느냐와 관련된다는 것을 보여준다. 심지어 이 태도가 노년으로 접어들기 전에 측정된 것이어도 말이다.[35] 노화에 대한 부정적 태도는 조기 치매 발병과 관련이 있을 뿐만 아니라 노년기에 나타나는 치매 관련 뇌질환의 정도와도 관계가 있는 것으로 나타났다.[36] 특히 노화에 대한 태도는 중년기에 가장 중요하다. 한 연구는 50세 이하의 젊고 건강한 사람들 중 노인에 대해 부정적 태도를 갖고 있는 사람들은 긍정적 태도를 갖고 있는 사람들보다 심혈관계 질환을 경험할 가능성이 더 높다는 것을 보여주었다.[37] 타인의 노화에 대한 우리가 갖는 태도는 본인 자신의 건강에 강한 영향을 줄 수 있다. 연구에 따르면 노년기에 자신의 능력에 대한 기대나 내적으로 자기 자신을 어떻게 느끼는가가 지금 생활연령이 얼마인가보다 자신의 건강, 행복, 심지어 수명에 훨씬 더 큰 영향을 미친다고 한다. 우리가 더 젊은 사람처럼 혹은 노인처럼 행동하는 데 물리적 환경 역시 영향을 미친다. 하버드대학교의 사회심리학자인 엘렌 랭어 박사는 자신의 책 『반시계 방향으로 Counterclockwise』[38]에서 자신이 1979년에 수행한 한 연구를 소개했다. 이 연구엔 70, 80대 노인들이 참여했다. 그들은 인테리어나 음악, 심지어 로비의 신문까지도 1959년(이 노인들이 중년이던 시절)으로 느껴지도록 리모델링된 모텔로 일주일간 야유회를 갔다. 랭어 박사는 이들을 두 집단으로 나누었다. 한 집단의 노인들에게는 20년 전 1959년의 추억을 떠올려 달라고 요청했고, 다른 집단의 노인들에게는 특별히 20년 전 추억을 떠올리지 말고 그저 20년 전처럼 행동해 달라고 요청하였다. 연구를 시작할 때만 해도 이 연구 참여자들은 이들에게 도움을 주는 친척들에게 매우 의존하는 모습을 보였지만, 연구가 끝날 때에는 두 집단의 참여자 모두 더 독립적으로 행동하는 것이 관찰되었고, 미식축구 공을 가지고 동료와 주고받는 등 다양한 활동을 능동적으로 수행하였다. 그리고 놀랍게도 청력, 기억, 근력 그리고 지능 검사의 일부 하위 검사의 점수 역시 좋아졌다. 20년 더 젊은 사람처럼 행동하라고 요청받은 집단의 실험 참여자들은 민첩성과 유연성이 더 좋아졌다. 또한 실험 참여 전후의 사진을 외부의 사람들에게 보여준 결과, 실험 후 사진이 더 젊어 보인다는 평가를 얻었다.

이 창의적이고 품이 많이 드는 연구는 후에 반복 검증되거나 다른 환경에서 다시 수행되지는 않았다. 하지만 당신이 고등학교 동창회에 가거나, 다녔던 대학교를 방문하거나(아마도 술을 많이 마시게 될 테지만), 오랜 친구들과 과거를 추억하거나 예전 젊은 시절에 했던 행동들을 체험하면 위의 실험과 유사한 회춘효과를 경험할지도 모른다. 노인들은 집을 자신들의 젊은 시절의 스타일로 리모델링하는 것만으로도 젊어지는 느낌을 가질 수 있다. 이러한 이유 때문에 노인들은 집을 떠나 은퇴 커뮤니티로 이사하는 것을 원하지 않는다. 이곳은 노화에 대한 생각을 더 나게 하고 더 늙게 느끼도록 만든다. 나 또한 딸의 농구팀(재능 있고 열정적인 7, 8세 아이들로 구성된다)의 코치를 할 때 내 실제 나이보다 내가 더 젊어진다고 (실제 그렇지는 않더라도) 느낀다. 내가 UCLA 티셔츠를 입고 있어서 대학생인 줄 알았다고 말했던 아이들도 있었다. 이 아이들은 실제 내 나이보다 나를 훨씬 더 젊게 본 것이다.

우리는 노화에 따른 감퇴는 자연스러운 과정이라고 생각할까? 이러한 감퇴는 허리가 안 좋아지는 것부터 시작해서 차를 어디에 주차했는지 또는 방금 만난 사람의 이름을 잊는 것 등이다. 청년들이 이런 것들을 잊으면 바쁘거나 뭔가에 정신이 팔려서 (이런 경우는 스마트폰 때문인 경우가 많다) 그랬다고 생각한다. 그러나 이런 망각이 중년이나 노인들에게 일어나면 우리는 이를 노화 때문이라고, 심지어 혹시 치매가 아닌가 걱정한다. 이러한 귀인歸因, attribution* 양상은 노화에 대한 부정적인 태도를 불러일으키고 찬동할 수 있다. 사람들은 누구나 망각한다. 문제는 우리가 어떻게 이것을 해석하느냐는 중대한 함의를 가질 수 있다는 것이다.

---

* 역자 주: 자신이나 타인의 행동에 대한 이유를 찾으려는 인간의 기본적인 동기를 나타내는 심리학 용어.

　　　　　　　　　　　　　　　나이 듦의 이로움

치매 걸린 뇌를 가진 치매가 아닌 수녀들

이 책은 노화에 대한 심리적인 측면의 강력한 영향을 다루고 있다. 물론 생물학적인 변수가 노화에 중요한 역할을 하는 것은 부인할 수 없다. 하지만 어떻게 우리의 행동이 생명 현상과 뇌를 변화시킬 수 있는가에 대해서 피력하는 것 또한 중요하다. 생물학적 노화와 심리적 기능은 밀접한 관계가 있지만 때로는 설명이 난처한 경우도 있다. 알츠하이머 질환의 가장 일반적인 생물학적 표지들 중 하나는 우리의 뇌에 특정 반점의 축적과 신경섬유 엉킴 현상이 일어나는 것이다. 물론 이것은 사후 부검을 통해서만 정확하게 진단될 수 있기는 하다. 노화 관련 종단 연구 중 아주 특별한 연구[39]가 노트르담 수녀학교의 수녀들을 대상으로 수행되었다. 이 집단은 종단 연구를 수행하기에 이상적인 집단이다. 수녀들은 공동체 안에서 헌신하기 때문에 수십 년 동안의 삶을 추적하는 연구를 하기에 용이하다. 연구에서 탈락되거나 이사를 갈 가능성 역시 거의 없다. 연구에 참여한 수녀들은 수년에 걸쳐 다양한 인지 기능 과제를 수행하였고, 이들이 사망한 후에는 알츠하이머 질환과 관련된 숨길 수 없는 생물학적 증거가 있는지를 조사하기 위해 뇌를 부검하였다.[40] 이 연구에서 가장 놀랍고 충격적인 발견은 대부분의 수녀들의 뇌에서 (위에서 언급한) 반점들과 신경섬유 엉킴을 볼 수 있었으나, 그들이 살아 있는 동안에는 알츠하이머 질환과 관련된 어떤 심리학적 증상을 보이지 않았다는 것이다. 기억 검사 결과도 훌륭했고, 적극적인 삶을 영위했으며, 그들의 행동의 어떤 부분에서도 치매와 연관된 증상을 찾아볼 수 없었다. 또한 이 수녀들이 젊은 시절 보여주었던 정신 활동의 수준은 부검 시 발견된 뇌의 이상 정도와 관련이 있었다. 즉, 젊은 시절 활력을 가져다주는 활동에 더 많이 참여할수록, 뇌에 나타난 반점들과 신경섬유 엉킴의 가능성이 줄어들었던 것이다.[41] 게다가 이 수녀들은 수많은 시간 동안 이루어진 마음챙김, 명상, 기도를 통해 뇌 건강에 이로움을 얻었을 텐데, 이 활동들은 인내의 힘을 이용하는 것과 관련되어 있는 듯하다. 태극권이나 요가와 같은 운동들도 비슷한 목적을 가지고 있다. 정리하면, 단지 치매와 관련된 생물학적 지표들인 반점들이나 신경섬유 엉킴이 있다고 해서 당신이 치매를 가진 사람처럼 행동하게 되는 것은 아니다. 고등교육을 받거나 평생 동안 계속 정신 활동을 하는 것이 보호 요인이 될 수 있다고 연구들은 제시한다.

최근 연구들은 노화에 따라 우리의 뇌가 작동하는 방식이 복잡하다는 것을 보여준다. 몇몇 연구들은 노인들은 청년들에 비해 어려운 기억 과제를 수행할 때 질적으로 다른 뇌 활동을 보인다는 것을 보여준다. 이것은 단순히 활동이 줄어들거나 혈류의 양이 적은 것이 아니다. 노인의 뇌와 청년의 뇌는 다른데, 어떤 주어진 과제 수행 시 더 적은 영역이 아니라, 서로 다른 뇌 영역이 활성화되는 것이다.[42] 단순한 감퇴나 위축이 아닌 뇌 활동의 질적인 차이가 있다는 것이 중요하게 생각할 점이다. 최근 흥미로운 연구들은 노화가 진행되면서 기억의 어려움에 대항하기 위해 우리는 어떤 형태의 인지적 저장고를 만들고,[43] 인지적 감퇴의 영향을 줄이기 위해 다른 형태의 신경 보호막을 세운다고 제안한다.[44]

또 하나의 잘 언급되지 않는 요인은 친구나 가족 간의 사회적 연결 혹은 종교 공동체를 통해 이루어지는 사회적 관계이다. 한 사람의 인간관계, 특히 그 관계의 질(단순한 페이스북 친구의 숫자가 아닌)은 이미 뇌의 병리적 정도가 높은 사람들을 보호하는 기능을 할 수 있다.[45] 파티를 하고, 노래하고 춤추는 일은 노인들에게 중요한 활동이다. 특히 치매를 가

나이 듦의 이로움

진 노인들에게는 더더욱 중요하다. 걷기와 같은 적절한 수준의 신체적 운동과 식습관 조절은 다양한 방식으로 우리의 몸과 뇌를 변화시키는 데 중요한 역할을 하며, 치매의 발병 가능성을 줄일 수 있다. 연구에 따르면 일주일에 몇 번씩 걷기 운동을 한 후 뇌 부피의 변화가 있었으며 기억력 향상도 가져왔다.[46] 즉, 뇌에는 병리적인 지표가 나타날 수 있지만 그것이 우리의 행동에 일대일로 영향을 미치지 않을 수도 있다. 이러한 사실은 심리적인 측면이 노화에 따른 뇌의 변화에 영향을 미칠 수 있는 중요한 방법을 제공할 수 있고 성공적인 노화를 경험하도록 도울 수 있다는 것을 의미한다.

성공적인 노화를 위한 롤 모델

당신은 부모, 조부모, 친척, 선생님, 코치, 자동차 기술자, 배관공 혹은 좋은 친구들과 같이 당신 주변의 인물들 중에서 노화의 긍정적인 측면을 많이 가진, 성공적인 노화를 경험하는 롤 모델이 있는가? 언젠가는 그 사람처럼 살고 싶은 그런 사람이 있는가? 내가 이 책을 쓰기 시작했을 때, 나는 많은 사람들이 마음속에 떠올랐다. 내가 성공적인 노화를 경험하는 사람들과의 인터뷰에 대해서 사람들에게 이야기하자, 사람들은 이런 삶을 사는 사람들을 여럿 추천하였다. 이런 사람들을 통해 얻은 통찰은 이롭다. 새로운 연구를 위한 문을 열기도 하며, 기존의 과학적 지식을 확증하기도 한다. 때로는 이러한 통찰은 성공적인 노화라고 우리가 기존에 생각하는 지식에 의문을 갖게 할 정도로 명백한 차이를 보이기도 한다. 또한 우리도 자신이 살아온 삶을 돌이켜볼 때 중요한 점들을 발견할 수 있다. 노화와 죽음에 대한 이러한 생각들은 인생에서 무엇이 가장 의미 있는 것인가에 대한 더 선명한 관점을 주기도 한다.

롤 모델은 우리의 태도와 신념을 바꿀 수 있다. 노년기의 롤 모델이 있고 그들의 삶을 보는 것을 통해 노화에 대한 태도가 바뀌면 노인들에 대해 가지고 있는 우리의 인상과 우리가 노인이 되어서 성취하기 원하는 것들도 바뀔 수 있다. 이 책에서는 노인들의 인상 깊은 활동들과 우버 Uber 나 홈 디포 The Home Depot 같은 회사에서 아르바이트를 하거나 테니스나 필라테스를 가르치는 것에 이르는 노인들의 다양한 삶의 모습들을 보여줄 것이다. 노년에 대한 많은 고정관념에 대항하기 위해 우주 조종사 존 글렌은 과학적 연구를 위해 77세의 나이에 우주로 나갔다. 이 연구는 우주여행이 노인의 생리적 기능에 어떤 영향을 주는지 알아보기 위한 것이었다. 건강하게 오래 사는 노인들이 많아지는 상황에서 앞으로 노인에 대한 태도가 어떻게 변하는지를 지켜보는 것은 흥미로운 일일 것이다. 건강하게 오래 사는 노인들의 숫자가 많아지고, 이들이 롤 모델이 되면서 더 젊은 세대는 그들 자신의 노년기에 대한, 그리고 그때 성취할 수 있는 것들에 대한 고정관념과 기대를 갱신할는지도 모른다.

이 장을 마치며

나는 이 책을 노년기의 이로움을 알리기 위해 썼다. 노화에 대한 초기 기본적인 연구들과 최신 연구들뿐만 아니라 성공적인 노화를 경험하는 롤 모델들과의 인터뷰를 통해서 노화라는 것이 계속 내리막만 있는 부정적인 것이 아니라는 것을 보여줄 것이다. 이는 이제 곧 노년기에 접어들 지금의 젊은 세대가 노화에 대해 새로운 통찰을 갖는 데 도움을 줄 것이다. 이 책은 노년기의 일화, 통찰 그리고 과학적인 연구 결과를 종합한 내용을 담고 있기 때문에 단지 현명한 노인들이 전해주는 삶의 지혜나 조언만을 이야기하지 않는다. 물론 이 조언들이 유용한 정보들이긴 하다.[47] 노인들과 대화하는 것은 큰 도움이다. 소크라테스 Socrates 는 "나는 노인들과 이야기하는 것을 좋아한다. 그들은 내가 아마도 여행하게 될 바로 그 길을 먼저 지나온 사람들이다. 우리는 그 길에 대해 그들로부터 배우는 것이 좋다."라고 말했다. 노인들과 함께하는 기쁨을 소크라테스만 얻는 것은 아니다. 노인 환자를 주로 보거나 노인들과 가깝게 일하는 의사들(주로 노인의학 전문의)은, 비록 돈은 가장 적게 벌더라도 의사들 중 가장 행복한 집단들 중 하나이다.[48] 이 책에서는 여전히 제대로 이해되지 못하거나 오랜 시간 동안 부정적인 것으로 여겨졌던 노화의 흥미로운 측면들에 대해 설명할 것이다. 이 편견들은 우리가 실제 나이를 먹으면서 일어나는 일들을 부정확하게 지각하도록 만든다.

Better with Age

02

행복

나이 들어가며 일어나는
흥미로운 일

행 복
나이 들어가며 일어나는 흥미로운 일

주름살이란 단지 미소를 머금었던 자리에 지나지 않는다.

마크 트웨인 Mark Twain 소설가

인생의 부정적인 면을 보는 것보다 긍정적인 면을 보는 것에 더 많은 시간이 필요한 것은 아니다.

지미 버핏 Jimmy Buffett 음악가

심술쟁이, 괴팍한 노인네, 영감탱이, … 노년과 연관된 수많은 부정적 고정관념들이 존재한다. 그리고 때로는 이를 피할 수 없는 경우도 있다. 그러나 여기에는 일정 수준 대중매체의 책임이 있는 것 같다. 한 연구 결과에 따르면 당신이 더 많은 시간 텔레비전을 볼수록 이 고정관념들이 더 몸에 배게 된다고 한다(당신의 연령과 관심사에 따라 '아치 벙커', '그램파 심슨', '골든 걸스', '그레이스와 프랭키' 등을 떠올려보라).[1] 대중매체에서는 젊음은 보통 기쁨, 평온한 삶 그리고 모험과 다양한 삶의 경험으로 가득 찬 모습과 함께 그려진다. 그러나 '좋았던 젊은 시절'에 관해 우리가 생각할 때 거의 강조하거나 주목하지 않는 점은 그 시절이 얼마나 온갖 갈등과 소용돌이 그리고 감정의 굴곡으로 얼룩져 있었냐는 점이다. 이에 반하여 노년기는 정서적 안정감, 더 큰 통제감 그리고 어떤 측면에서 더 많은 자유를 허락하는 것 같다. 사람들은 청년과 노인 시절 중 어느 때가 더 행복할까? 이 질문은 청년들이 대답하기 어려운 것일지도 모른다. 왜냐하면 이들의 평가는 자신의 삶에서 노년을 경험하지 않고, 기존의 고정관념이나 노인에 대한 제한된 사례에 기반할 수밖에 없기 때문이다. 대중매체는 노년기는 행복한 시간이 아니라고 수많은 고정관념을 제공하며 우리를 설득한다. 이들은 노화의 부정적인 측면에만 초점을 맞추고 노인들은 불행함이 틀림없다고 생각하도록 만든다. 그러나 사실 이것은 실제 노인들의 경험과는 정반대이다. 베카 레비 박사Dr. Becca Levy 의 연구에 따르면, 젊었을 때 노화에 대해 부정적인 신념을 견지하고 있던 사람은 실제로 늙어서 기억력이 더 좋지 않았으며, 노인성 청력 손실로 고통을 겪을 가능성도 더 높았다.[2] 게다가 노년기에 대한 기대가 낮으면 실제 노인이 되어서 운동을 덜 하게 된다. 노년기의 운동은 건강, 행복 그리고 수명에 깊은 관련이 있다.[3] 다시 말하면 노화의 긍정적인 면과 노인의 삶이 당신이 생각하는 것보다 실제로 얼마나 더 행복한가에 대해 배우는 것은 큰 이로움이 있다.

베티 데이비스Betty Davis, 아트 링크레터Art Linkletter 그리고 다른 많은 사람들은 나이가 많다는 것이 약한 것을 의미하지는 않는다고 말한다. 하지만 사실 우리가 노년기에 접어들면 명백한 신체적 신호와 증상들이 나타난다. 근육은 약해지고, 뼈도 더 약화되어 잘 부러지고, 주름살도 생기고 시력과 청력도 저하된다. 최근에 만났던 사람의 이름을 기억하기 어려워지고, 예전만큼 빨리 걷거나 뛸 수 없다. 예전에는 전혀 그렇지 않았던 몸 여기저기가 쑤시고 아프다. 자, 이러한 신체의 변화에도 불구하고 나이가 들면 도대체 왜 더 행복해질까?

행복과 삶의 만족도: 노년이 되면 잡게 되는 두 마리 토끼?

행복은 즐거움의 감정 그리고 전반적인 만족감 둘 다로 정의될 수 있다. 행복에 대해 논할 때는 이 둘을 구분하는 것이 중요하다. 즉, 지금 경험하거나 오늘 조금 전 혹은 어제와 같이 최근에 경험한 것과 같은 현재의 정서적 상태로서의 행복과 더 과거로부터의 삶을 돌아보며 느끼는 만족감으로서의 행복의 구분이다. 우리는 매일의 삶에서 즐거움을 추구하고 고통을 피하기 원한다. 이러한 형태의 행복은 쾌락적인 상태의 행복으로 알려져 있다. 반면 삶의 만족도는 한 사람의 인생 전반에 걸친 만족감을 나타낸다. 이것은 쾌락적인 행복감과는 근본적으로 다른 정서적 상태이다. 삶의 만족도는 자신의 인생 목적과 성취에 대한 반성적 사고와 관련되어 있으며 우리가 원하는 것을 이루었는지의 여부가 영향을 미친다.

그렇다면 이러한 삶의 만족감은 노년기에 가서야 얻을 수 있을까? 젊은 시절엔 때때로 좌절하기도 하지만, 현재 삶의 불만족이 동기부여가 되어 야망이 생기고 이것이 목표를 추구하기 위한 원동력이 된다. 1965년, '난 만족할 수 없어(I Can't Get No) Satisfaction'란 노래를 만들었던 젊은 시절 믹 재거 Mick Jagger 와 키스 리차드 Keith Richards 가 이를 잘 보여준다. 50여 년의 인상 깊은 음악 활동을 한 지금, 이들은 그때와 같은 생각을 갖고 있지는 않을 것이다. 참고로 이 둘은 이제 70대인데, 아직도 롤링 스톤즈 The Rolling Stones 로 활동하고 있다(이런 활동이 이들의 삶의 만족도에 어떤 영향을 미칠까?).

하루하루의 행복감을 연구자들은 어떻게 측정할까? 한 대규모 연구에서 연구자들은 다양한 연령대의 사람들에게 무선 호출기를 제공하였다.[4] 연구자들은 일주일 동안 매일 다섯 번 이 사람들에게 호출을 했다. 호출 시간은 임의적 random 이었다. 호출을 받으면 사람들은 분노, 슬픔, 즐거움, 지겨움, 기쁨과 같은 정서를 얼마나 느끼는지를 평가하는 설문지를 작성했다. 이 사람들은 같은 실험을 5년에 한 번씩 두 번을 더 했다. 실험 결과, 사람들은 나이가 들어갈수록 부정적인 감정에 대한 긍정적인 감정의 비율로 평가한 그들의 기분 점수가 꾸준하게 증가하는 것을 볼 수 있었다. 이 연구를 수행한 연구자이자『길고 멋진 미래 A Long Bright Future』의 저자인 로라 카스텐센 Laura Carstensen 은 "젊은 시절이 생애 최고의 순간이라는 일반적인 생각과는 달리, 정서적 만족도의 최고치는 70대가 되어서야 나타난다."라고 말했다.[5] 이 연구는 우리의 일상의 행복감은 나이가 들면서 상당한 변화를 겪는데, 이 변화는 우리가 젊었을 때 기대했던 것과는 다른 방향이라는 것을 말해준다.

행복과 정서적 만족도에 관한 대규모 연구들

바로 앞에서 소개한 무선 호출기 연구의 결론은 수많은 다른 대규모 연구들에서도 뒷받침되었다. 한 예는 2010년 미국에서 수행된 연구였는데, 삼십만 명 이상의 사람들이 자신의 일상의 정서적 경험에 대해 응답한 설문조사였다.[6] 아울러 이 연구에서는 '전반적 삶의 만족도' 역시 조사하였다. 각 사람들은 자신의 전반적 삶의 만족도를 10점 척도상에서 평가해야 했다. 이 평가는 그들의 나이와 인생의 업적을 생각나게 할 때나 생일 때와 같은 인생의 경험을 기반으로 이루어진다. 조사 결과 삶의 만족도는 청년기 때 가장 높고 40대 후반에서 50대에 가장 낮은 지점에 있다가 이후 노년기까지 다시 증가하는 것을 보여주었다.[7] 이러한 경향은 U자 형태 곡선으로 알려져 있는데, 이 모양이 연령대에 걸친 미묘한 미소처럼 보이는 것은 우연이 아닐는지도 모른다.

이 연구자들은 보다 즉시적인 정서적 상태에 관한 몇 가지 조사도 수행하였다. 그들은 사람들에게 다음과 같이 질문하였다. "어제 하루 대부분의 시간 동안 다음의 감정을 경험하였습니까?: 기쁨, 행복, 스트레스, 걱정, 분노, 슬픔." 연구 결과, 스트레스는 22세 이후 줄어들기 시작하여 85세가 되면 가장 낮은 지점에 도달한다는 것을 발견했다. 걱정은 50세까지는 안정적으로 유지되다가 그 이후 급격하게 감소한다. 분노는 18세 이후부터 계속 감소하고 슬픔은 50세까지는 계속 오르다가 75세까지는 떨어지고 다시 85세가 되면 조금 오른다. 기쁨과 행복은 변화의 추이가 유사하다. 50세까지는 점차적으로 감소하다가 50세 이후 25년 동안 꾸준히 증가하고 그 이후에는 약간 감소한다. 그러나 50대 초반의 지점까지는 결코 내려가지 않는다.

이 결과를 요약하면, 50대에서 70대 사이의 기간에는 긍정적인 정서는 증가하는 반면 부정적 정서는 감소한다. 젊은 세대와 비교해 노인들은 부정적 정서 경험에 대한 긍정적 정서 경험의 비율이 더 높다. 아직 50대가 되지 않았고 때때로 우울함을 느끼는 사람들은 앞으로 좋은 일이 일어날 것이라고 기대할 수 있다. 이제 당신은 늙을 일만 남았고 더 행복해질 일만 남은 것이다.

이러한 연구 결과와는 대조적으로, 당신이 젊건 늙건 젊은이들이 더 행복할 것이라고 생각할 가능성이 높다. 한 연구에서 30대와 70대 두 집단의 사람들에게 30대와 70대 두 집단 중 어디가 더 행복할 것 같은지 물어봤다. 두 집단 모두 30대의 사람들이 더 행복할 것이라고 대답했다. 그러나 자기 자신의 행복 정도에 대해 묻자, 70대 응답자들은 30대 응답자들에 비해 행복 지수가 높았다.[8] 이러한 행복에 대한 다른 믿음은 두 연령 집단 모두에게 해가 될 수 있다. 만약 젊은 사람들이 노년의 삶이 인생의 비참한 시기가 될 것이라고 부정확하게 예상하고 있다면 지금 자신의 삶을 아무렇게나 사는 등의 위험한 결정을 할 것이다. 왜냐하면 노년기가 되면 어차피 불행해질 것이라고 생각하기 때문이다.

긍정적인 면에 초점을 맞추는 노년기: 사회정서적 선택 이론

우리 사회는 자주 노년기를 부정적인 모습으로 묘사함에도 노인들은 왜 더 행복하다고 말할까? 한 이유는 노인들은 단지 행복하기로 선택하기 때문이다. 노인들은 긍정적인 사건과 긍정적인 사람들에게만 관심을 둔다. 물론 우리 삶 속엔 끔찍한 비극도 있고, 몇몇 사람들은 이 세상이 더 좋아지지 않을 것이라고 느끼겠지만, 보통 우리는 나이가 들면서 긍정적인 것들에 집중한다. 바로 이것이 스탠퍼드대학교의 로라 카스텐센 교수와 동료들이 제시한 영향력 있는 이론인 사회정서적 선택 이론의 주요한 주장이다. 카스텐센 교수는 이 이론에서 다음과 같이 주장한다. 젊은 시절 우리는 정보를 습득하고 미래지향적인 목표를 달성하는 것에 집중한다. 새로운 정보를 배우고 소비하며 직장을 찾고 배우자를 구하며 아주 많은 돈은 아니더라도 가족을 부양할 정도의 수입을 올릴 수 있는 보람된 경력을 쌓고 싶어 한다. 그러나 점점 나이가 들면서 우리는 점점 지금 이 순간에 집중하고 정서적으로 중요한 목표를 달성하는 데 초점을 맞춘다. 즉, 노인들은 현재의 긍정적이며, 정서적인 정보에 집중하고, 나중에는 이 정보를 기억하려 한다.

많은 연구들이 이 이론이 맞는지 검증하였다. 한 연구에 따르면 노인들은 슬프거나 화난 얼굴을 멀리하고 웃는 얼굴에 집중하며 웃는 얼굴을 나중에 더 잘 기억하는 것을 보여줬다.[9] 주로 긍정적인 정보를 기억하는 것은 더 긍정적인 기분과 행복감 그리고 정서적 만족을 느끼도록 하는 중요한 기제가 될 수 있다. 이 긍정성 자체가 하나의 목표나 심적 선택지가 되기도 한다. 노인들의 주의가 분산되거나 흩어지면 이들은 더 젊은 세대처럼 행동하고 부정적인 것에 집중한다. 게다가 정서적 정보를 처리하는 뇌 영역 편도체은 상대적으로 손상이 없고 능동적으로 활동한다. 정리하면, 노인들은 긍정적인 것에 주의를 쏟는 데 자신의 심적 자원을 사용한다. 또한 부정적인 것을 보는 것을 최소화하려 한다. 그 결과, 건강한 노인들은 젊은 사람들에 비해 실제로 더 행복하고 자신의 삶에 더 만족한다. 이들은 긍정적인 정서를 더 많이, 부정적인 정서는 더 적게 경험한다. 그리고 이 긍정적 정서 경험은 더 안정적이며 예측 불허의 변화, 우여곡절 그리고 일상의 부정적 성향과 스트레스 요인에 덜 민감하다.

사회정서적 선택 이론은 또한 우리가 나이 들면서 우리의 우선순위가 변한다고 제안한다. 노인이 되면 이제 남은 날이 많지 않다는 것을 인식하고 삶에 대한 조망을 근본적으로 바꾼다. 시간이 얼마 없기 때문에 보다 현재 지향적이며 인생에서 정말 중요한 것들에 (상대적으로 제한된) 시간과 노력을 투자한다. 이것은 단지 노인에게만 해당되는 것은 아니다. 질병으로 시한부 인생을 살거나 (9·11의 테러리스트의 공격과 같은) 엄청난 부정적 사건을 경험한 사람들에게도 이러한 태도가 나타난다. 인생이 얼마나 쉽게 부서질 수 있으며 이 땅에서 남은 시간이 많지 않다는 것을 인식하게 되면 새로운 사람을 만나거나 모험 또는 위험을 감수하는 일보다는 가장 의미 있는 관계에 우선순위를 두게 된다. 이 의미 있는 관계에 더 많은 정력을 쏟게 되고 자신에게 힘을 주지 않는 관계들과는 멀어지게 된다. 결국 갈등을 피하게 된다.

양보다 질: 좋은 관계는 외로움을 줄이고, 행복으로 이끈다

노인들이 더 행복한 이유 중 하나는 그들이 다른 사람과 맺는 관계의 양이 아닌, 관계의 질과 관련이 있다. 노인들은 많은 페이스북 친구들이 있는 젊은이들에 비해 더 작은 사회적 관계를 갖는 경향이 있지만, 이러한 친구의 수의 감소는 더 중요한 관계를 만들 수 있게 한다.[10] 몇몇 연구들에 따르면 나이가 들면서 우정이 깊어지며, 부부 관계가 좋아지고, 갈등으로 점철된 관계는 피하게 된다. 카렌 핑거만Karen Fingerman 교수는 노인들이 관계를 일구는 방법과 이것이 젊은이들과 어떻게 다른지를 연구한다. 그녀가 말하길, "노인들은 젊은이들에 비해 전형적으로 더 나은 결혼 생활, 더 지지받는 우정, 아이들과 자녀들과의 더 낮은 갈등 그리고 자신의 사회적 관계망 안의 사람들과 더 가까운 연결을 맺는다고 보고한다."[11] 그녀의 연구에 따르면 노인들은 젊은이들에 비해 대체로 더

친밀한 관계가 많고, 스트레스를 유발하는 문제 있고 갈등적인 관계는 더 적다고 한다.[12]

위와 관련된 로라 카스텐센과 동료들의 연구[13]에서는 10년간 사람들을 추적 관찰하였다. 연구자들은 사람들에게 자신의 친구와 친척들을 세 개의 범주로 분류해달라고 요청했다. 하나는 자신과 아주 가깝다고 느끼는 사람들로 구성된 내집단, 중요하지만 그렇게 가깝게 느껴지지는 않는 사람들로 구성된 중간 집단, 마지막으로 알긴 하지만 강하게 연결되어 있다고 느끼지 않는 외집단이다. 연구자들은 또한 몇 년마다 연구 참여자들에게 자신이 분류한 집단의 사람들에게 느끼는 긍정적 혹은 부정적 정서의 강도를 평가해 달라고 요청했다. 연구 결과, 50세까지는 관계의 크기가 증가하는 경향이 있지만, 바로 이 시점부터 친밀하다고 느끼지 않는 집단의 사람들과의 상호작용을 줄이며, 더 가까운 친구나 가족들과 더 많은 시간을 보내기 시작했다. 게다가 사람들은 이 친밀한 관계가 정서적으로 더 큰 만족감을 준다고 평가했다. 아마도 이것이 더 큰 삶의 만족도와 행복감을 느끼는 데 영향을 미치는 요인인 것 같다. 이 연구를 통해 카스텐센은 "이 사랑스러운 관계는 지금까지의 인생의 그 어떤 것보다 의미 있으며 외로움에 맞서는 보호막"이라고 말한다.[14] 그녀는 이것이 노인들에게 외로움은 문제가 아니라는 것을 말하는 것은 아니지만, 평균적으로 노인들이 젊은이들에 비해 덜 외롭다는 것을 나타낸다고 제안한다.

우리는 나이가 들면서 더 긍정적인 것에 집중하며, 이것이 우리의 삶을 더 큰 행복으로 이끈다. 사회정서적 선택 이론과 일치하는 한 가지 사실은 다음과 같다. 젊은이들이 많이 하는 한 가지는 바로 미래에 대해 생각하는 것이다. 미래의 직업, 미래의 배우자, 미래에 살 도시와 집,

미래 자녀들의 이름(그리고 언제 어떻게 이들을 갖게 될지). 그러나 이 미래 지향적 접근은 현재 일상의 행복을 가져다주지는 않는다. 야망에 차서 미래를 추구하며 현재를 생각하지 않기 때문이다. 반면에 노인들은 이러한 것들을 많이 성취했다. 그리고 그 결과로 더 큰 삶의 만족도를 가지고 있다. 그러므로 젊은이들과 노인들을 행복하게 만드는 경험의 유형은 다르다. 한 연구[15]에 따르면 젊은이들은 모험적인 여행(맞다, 나도 20대에는 잉카제국의 발자취를 따라 가고 싶어 했다), 한눈에 반하는 사랑 혹은 전율이 돋는 경험을 추구하는 경향이 있다. 이 경험들은 개인의 정체성을 더 잘 구축하도록 도울 수 있다. 하지만 노인들은 흥미로운 식당에 방문하는 것과 같은 더 일상적인 경험에 우선순위를 둔다. 또한 좋은 친구를 만나거나 가족들과 시간을 보내는 것과 같은 보통의 정서적 즐거움을 더 추구한다. 노인들은 이러한 유형의 경험으로부터 자신들의 정체성을 이끌어낸다.

사회정서적 선택 이론에 따르면, 인생의 후반전에는 몇 가지 중요한 방식으로 행복을 증진시킨다. 나이가 들면서 더 성숙해지고 사회적 기술이 향상됨과 더불어 이제 인생의 시간이 얼마 남지 않았다는 것을 알게 되면서 자신의 행복을 극대화하고 정서를 성공적으로 통제하도록 자신의 삶을 동기화한다(이는 정서적 지혜의 한 형태로, 4장에서 더 다룬다). 예를 들어, 기분이 가라앉거나 불안해지고 화가 날 때면 기분을 전환하기 위해 최선을 다할 것이다. 혹은 과거에 자신을 불행하게 만든 상황에 있거나 이런 사람과 시간을 보내는 일을 피하려고 노력할 것이다. 나이가 들면 만족, 평온, 기쁨, 친밀감 등의 감정을 유지하는 것이 더 쉽다. 왜냐하면 더 성숙한 사람들은 긍정적인 측면에 더 주의를 기울이고 기억하려는 경향이 있기 때문이다. 다시 말하면, 나이가 들수록 우리는 우리의 이웃의, 관계의, 자신의 과거의, 심지어 아무 관련 없는 정보의 긍정적 특징에 집중하고 이를 기억하려 하는 반면 부정적인 것들은 그냥 지나쳐버리려 한다. 이 긍정성 편향은 섬세한 정서 조절 전략의 결과일는지 모른다(예를 들어, 나이가 들면 우리는 자신을 향한 비판에 의식적으로 눈감으려 노력한다). 혹은 이 편향은 나이가 들면서 위축을 겪는 부정적 정서 관련 뇌 구조의 결과일 수도 있다. 그러나 인생의 후반전에 우리가 느끼는 행복은 비단 자기 자신뿐만 아니라 우리 주변에서 함께 상호작용하는 모든 사람들에게서도 그 원인을 찾을 수 있다. 결국, 자신에게 긍정적인 감정을 느끼게 할 만한 사람들로 둘러싸여 있는 노인들은 낙관적이고 쾌활해지고, 좋았던 옛 시절을 추억하는 것을 즐기게 된다.

전 생애에 걸쳐 행복을 평가한 자료들은 높은 수준의 행복감은 85세 이후와 같이 초고령기에도 잘 유지될 수 있다는 것을 보여준다. 물론 이 자료들을 주의 깊게 해석하는 것은 매우 중요하다. 초고령에 속하는 노인들은 젊은이들에 비해 더 높은 행복감과 삶의 만족도를 나타낼 수 있다. 하지만 이러한 결과는 비교적 질병으로부터 자유로운 건강한 노인을 대상으로 얻어진 것이라는 것을 염두에 두어야 한다. 그리고 이 노인들은 자신들이 활동적이고 사회적으로 다른 사람들과 잘 연결될 수 있는 주거지, 즉 자신의 집이나 자신들이 선호하는 공동거주공간에서 사는 경우가 대부분이다. 실제로 90세가 넘는 초고령의 노인들도 여전히 높은 전반적 행복감과 삶의 만족도를 가진다고 보고되지만 배우자를 잃거나, 친한 친구들을 떠나보내거나 다른 사람들에게 더 의존해야 할 때 슬퍼진다는 것 또한 염두에 두어야 한다.

높은 삶의 만족도를 가진 경우는 조금 다를 수도 있지만, 치매의 발생 가능성, 친구와의 이별, 가족들의 지지 부족 그리고 외로움, 이 모두가 행복감이 낮아지는 원인이 될 수 있다. 과학적인 연구들은 이러한 생각을 뒷받침하는데, 행복감이 낮아지는 원인들 중 일부는 치매나 다른 질병의 발생 가능성, 사회적 지지의 제한, 독립성의 상실 그리고 외로움의 감정이다.[16] 외로움은 종종 다른 사람들이 눈치 채지 못할 수도 있는데, 실제로는 '침묵의 살인자'라고 불릴 정도이다. 65세 이상 성인의 40%가 외로움을 경험한다고 추산된다.[17] 그러나 외로움은 노인에게만 해당되는 감정은 아니다. 이미 대학생 때부터 시작되고, 군대에 입대하거나 배우자와 헤어지는 경우에도 외로움을 경험한다.

행복에 가려진 정서들: 노년기의 슬픔, 후회 그리고 분노

노년기의 정서를 이야기할 때 우리는 행복 이외의 것은 관심을 두지 않는 경향이 있다. 다른 정서가 나이 들면서 어떻게 변화를 겪는지에 대해서는 별 생각을 하지 않는 것 같다. 역사적으로도 토마스 제퍼슨Thomas Jefferson 은 미국은 '행복 추구'에 미쳐 있는 나라라고 말했다.[18] 노년기에 슬픔, 분노 그리고 후회를 어떻게 다양한 형태로 경험하는지, 또한 이 감정들을 어떤 방식으로 다루는지를 생각해보는 것은 중요하다. 이것이 행복 수준에 영향을 미칠 수도 있기 때문이다.

슬 픔

노인들은 자신과 비슷한 연배의 친구들이나 가족들이 세상을 떠나는 것을 볼 때 슬픔을 느낀다고 보고한다. 특히 배우자와 같이 사랑하는 사람을 잃을 때 나타나는 슬픔은 오래 지속된다. 배우자를 잃고 혼자된 사람은 자신의 배우자를 '매일' 그리워한다고 종종 이야기한다. 오랫동안 UCLA에서 농구팀 감독을 하며 10번의 미국 대학 농구 대회 전국 챔피언을 거머쥐었던 존 우든 John Wooden 은 자신의 아내 넬 Nell 을 자신이 죽기 25년도 더 전에 잃었다. 그는 매달 그녀에게 편지를 썼으며, 그녀가 떠나간 지 수년 후에도 침대 옆에 그녀의 자리를 비워두었다. 사랑하는 사람을 잃는 것뿐만 아니라 사회적 지위, 신체적 건강, 주거 공간, 직장에서의 역할 상실 역시 슬픔을 야기할 수 있다. 이 모든 형태의 상실이 슬픔으로 이어진다면 그리고 이 상실은 인생에서는 반드시 맞닥뜨릴 사건이라면 대부분의 노인들은 슬플까? 몇몇 연구들은 노화가 일어나며 더 슬퍼진다고 보고하지만, 다른 연구들은 큰 변화가 없다는 결과를 나타낸다.[19] 보통 부모님이 돌아가시거나 친구나 배우자의 죽음과 같은 사건이 일어날 때가 슬픔이 최고조에 이를 때이다. 그러나 이러한 사건들은 나이가 들면서 보편적으로 누구나 겪는 사건이다. 형제간의 다툼과 같은 인간관계에서의 갈등에 대한 정서적 반응에 대해서는 젊은이들이나 노인들이 비슷한 수준의 슬픔을 보고한다.[20] 그러나 노인들은 젊은이들에 비해 죽음이나 치매와 연관된 영화를 보고 난 후 더 높은 수준의 슬픔을 표현하는데, 이는 젊은 사람들은 자신들의 가까운 미래에 일어날 법한 사건들이 아니기 때문일 것이다.[21] 슬픔은 더 많은 불행한 사건들과 죽음이 그들을 덮친다는 이유만으로 노인들에게는 더 쉽게 다가갈 수 있을지 모르지만, 이 슬픔에 대한 해석은 한 사람의 전체적인 기분과 매일의 행복과 슬픔의 균형에 영향을 미칠 수 있다.

후 회

몹시 개인적인 것이긴 하지만 노인들에게 하는 흥미로운 질문은 바로 이것이다. "인생에서 후회되는 것이 있습니까?" 이 질문은 아주 민감할 수도 있는데, 후회란 보통 과거 사건에 대해 갈등적인 감정이나 슬픔, 회환과 연관되어 있기 때문이다. 노인들은 젊은이들에 비해 더 많은 인생 경험이 있기 때문에 후회할 만한 일들이 더 많을 수도 있다. 과연 노인들이 젊은이들에 비해 더 많이 후회할까? 놀랍게도 더 많은 경험에도 불구하고 젊은이들에 비해 훨씬 덜 후회를 표현한다. 예를 들어, 한 연구[22]에서 40세에서 85세의 사람들에게 아래의 문장을 완성해보라고 하였다.

"내 인생을 되돌아보며 내가 후회되는 것은 ⋯."

이 질문을 처음 받으면 당신은 '자, 어디부터 시작해야 하지?'라고 생각할지도 모른다. 흥미롭게도, 아무것도 후회할 것이 없다고 보고한 비율은 노인들이 중년들에 비해 높았다. 더 넓은 연령 범위(19세에서 89세까지)를 갖는 또 다른 연구[23]에서는 노인들은 젊은이들에 비해 더 적은 후회를 보고할 뿐만 아니라 후회와 관련된 정서적 강도 역시 낮았고, 후회의 기간 역시 더 짧았다. 아마도 시간이 모든 상처를 치료해주는 것 같다.

실험실에서 이루어지는 연구에서는 후회라는 감정을 상상을 통해 만들 수도 있다. 예를 들어, 도박을 할 때 돈을 잃거나 따는 상황을 생각할 수 있다. 당신이 룰렛 테이블에 앉아서 돈을 잃고 있다고 상상해보라. 이러한 상황에서 건강한 노인들은 자신이 돈을 잃었던 판에 자신이 했던 결정에 덜 주의를 기울이고, 오히려 앞으로 얻을 수 있는 (아직 실현되지 않은) 이익의 가능성에 더 집중한다.[24] 유사한 연구로, 참여자들이 이익을 최대화하려는 모의 게임 연구에서 노인들은 자신들에게 돈을 줘야하는 사람들을 더 잘 기억하고 자신들이 돈을 줘야 하는 사람들은 잘 기억하지 못하는 경향이 있었다.[25] 흥미롭게도 우울증을 앓고 있는 노인들의 후회 수준은 우울하지 않은 청년들과 유사하다. 이는 노인들이 적극적으로 후회하지 않음으로 더 큰 행복을 느끼게 됨을 시사한다. 한 연구에 따르면[26] 변화시킬 수 없는 것을 그대로 수용하는 것은 이후 인생의 만족도를 예측하는 주요한 요인이라고 한다. 노인들이 후회를 경감시키는 한 가지 방법은 후회가 될 만한 상황에 대해 자신이 통제할 수 없다는 것을 인식하는 것이다. 이를 통해 그 상황에서 비록 부정적인 결과를 경험한다 해도 건강하고 비교적 행복한 상태가 될 수 있는 것이다. 이러한 연구 결과는 인지적인 전략이 후회를 방어하기 위해 사용된다는 것을 보여주는 증거이다.

분 노

우리는 더 큰 행복을 얻고 슬픔을 줄이려고 노력하지만 이러한 정서적 반응은 때때로 위험할 수 있기 때문에 조심해야 한다. 분노와 불안을 경험하고 표현하는 것은 실제로 우리 건강에 상당히 위험한데, 이러한 감정들이 심장 발작을 일으킬 수 있기 때문이다.[27] 노인들은 분노를 더 잘 다스릴까? 분노에 대한 자기 보고 설문 결과는 젊은 시절에는 분노가 증가하다가 나이가 들면서 감소한다는 것을 보여준다.[28] 나이가 들면서 더 차분한 태도를 보여주며, 부드러워지고 분노를 일으킬 만한 상황에서 벗어나는 것과 같은 책략을 사용하는 것 같다. 또한 젊은 사람들에게 더 일반적으로 나타나는 감정의 폭발을 피하려고 한다.[29] 노년기에 분노가 줄어들면서 나타나는 부산물은 참을성이 많아진다. 갈등 상황이나

나이 듦의 이로움

열띤 논쟁과 같은 인간관계에서도 잘 참고, 아이들에게 책을 읽어주거나 손자·손녀들과 놀아줄 때도 일을 서둘러 해치우지 않는다.

우리가 통제할 수 없는 결과와 연관된 분노는 나이가 들면서 사그라진다. 무엇이 우리의 통제력 안에 있고, 밖에 있는지 알면 더 행복감을 느끼고 우리 자신과 인생의 결과에 대해 더 나은 이해를 갖게 된다. 내가 인터뷰했던 많은 유명한 노인들이 한 가지 분명히 했던 것이 있다. 그들은 자신의 삶에 만족감이 있었고, 자신이 추구하는 목표와 관련된 불안과 함께 자신감이 있었다. 그래서 그들은 적극적으로 이미 확립된 목표와 새로운 목표를 추구해나갔다. 이러한 목표에는 라이브로 음악을 연주하거나, 스탠드업 코미디를 하거나, 평론가들에게 호평을 받을 새 건축물을 신축하거나, 새로운 언어를 배우는 활동 등이 포함된다. 각각의 목표를 달성하기 위해서는 일정 수준의 불안과 좌절이 있지만, 결국엔 즐거움이 있다. 즉, 내가 무엇을 통제할 수 있는지에 대한 인식과 더불어 균형 있는 감정을 갖고 있는 것은 나이가 들어감에 따라 우리를 도울 수 있다.

여전히 젊어지고 싶어요!

많은 사람들이 노화의 부정적 측면에 대해 걱정을 하면서 노화를 막을 수 있는 치료와 약을 찾고 있는데, 행복한 노인들에게서는 무엇인가 배울 수 있는 것이 있을지도 모른다. 젊은 사람들이 노인처럼 생각하고 인생을 평가하도록 할 수 있을까? 몇몇 연구는[30] 이 문제를 말기 질환을 겪거나 9·11 테러와 같은 개인사에서 슬픈 사건을 경험한 젊은이들이 어떻게 행동하는지에 대한 관찰을 통해 다룬다. 이 젊은이들은 가족과 더 많은 시간을 보내기 원한다든지, 인생의 유한성에 대해서 생각해보는 것처럼 노인이 보이는 행동을 하기 원한다. 하지만 이것은 지속되지 않는다. 6개월 정도 지나면 이들은 다시 젊은 사람들이 고민하는 이슈들에 대해 걱정하게 된다.

사람들은 여전히 노화의 징후를 피하려고 하는데, 특히 노화와 관련된 부정적인 고정관념을 고려하면 그렇다. 엘렌 랭어 Ellen Langer 교수는 한 연구에서 사람들이 머리카락을 염색하는 것과 같이 더 젊게 보이도록 하는 행동을 하면 더 젊게 느낀다는 것을 보여주었다. 반면에, 탈모가 진행되는 남성들은 자신이 더 빨리 늙는다고 생각했다.[31] 희극인인 필리스 딜러 Phyllis Diller 는 인생의 후반부에 노화에 대한 농담을 많이 했는데, 더 젊게 보이기 위하여, 그리고 더 젊은 연기를 하기 위하여 수많은 주름살 제거 수술을 받은 것을 솔직하게 이야기했다. 물론 그녀에게 젊은 연기가 무엇을 가져다주었는지는 분명하지 않다. 정리하면, 노년과 행복은 명백하게 연관되어 있고 대부분의 경우 노인들은 행복하다고 보고하는 것도 사실이지만, 여전히 일부 노인들은 노년의 행복을 감사하지 않거나 행복해 보일 수 있다는 것을 받아들이지 않으면서 젊어 보이거나 젊게 느끼고 싶어 한다.

10년 더 사는 비결: 웃음

어떻게 행복이 수명에 영향을 미칠 수 있는가에 대해 내가 가장 좋아하는 일련의 연구는 야구 선수의 기록 카드와 수녀들의 일기에 나타나는 웃음과 관련되어 있다. 이 연구들은 기록 보관소의 자료와 오래된 일기 자료를 나중에 재분석하여서 그 내용이 장수와 관련되어 있는지를 보았다는 점에서 특별하다.

웃음이 당신이 얼마나 행복한지 뿐만 아니라 얼마나 오래 살 수 있는지를 말해줄 수 있을까? 한 창의적인 연구에서는 사진 속 얼굴의 미소가 행복을 나타내는지, 그리고 미소의 정도가 강할수록 더 장수하는지를 조사하였다. 연구자들은 회고적인 연구 방법을 사용했는데, 미국 메이저리그 야구인 명부에 등록된 선수들 중에서 1950년 이전에 선수 생활을 시작한 선수들의 사진을 분석하였다.[32] 연구자들은 이 사진들을 세 집단으로 분류하였는데, (1) 전혀 웃음기가 없는 집단, (2) 약간의 미소만 있는 집단 그리고 (3) 치아가 보이게 활짝 웃고 있는 집단이다. 그 후 그 선수들이 세상을 떠난 시기를 조사하였더니, 웃음기가 없는 집단에 속한 선수들은 평균 약 72세를 살았고, 약간의 미소만 있었던 집단은 75세를, 그리고 활짝 웃고 있던 집단은 거의 80세를 살았다. 선수들의 사진에 나타난 웃음의 강도는 그들의 수명을 예측했다. 큰 웃음은 7년을 더 사는 것과 관련이 있었던 것이다.

행복과 수명의 관련성에 대한 또 다른 연구에서는 독특한 집단인 장수하는 천주교 수녀들을 연구했다. 연구자들은 수녀들이 20대였던 1930년대와 1940년대에 쓴 일기를 분석해서 그 시절 그녀들의 전반적 행복감의 수준을 얻었다.[33] 이 수녀들이 80세가 되는 해에 (50대 이후의 일기에 기초해서 측정된) 가장 활력 넘치는 수녀 집단은 생존율이 75%였던 반면에, 가장 기력이 부족한 집단의 생존율은 40%에 그쳤다. 또한 가장 행복한 수녀들은 가장 행복하지 않은 집단에 비해 10년을 더 살았다. 이 연구들 이후로 출판된 최근 개관 연구에서는[34] 행복이 우리의 수명을 4

년에서 10년까지 연장시키는 효과가 있다고 제안했다. 이 연구에 따르면 단순히 생명이 연장되는 것뿐만 아니라 이 기간은 노인들에게 행복한 시간이라고 한다.

사회생활의 윤활유: 웃음

모든 세대의 사람들이 노인들이 젊은이들에 비해 더 불행하다고 생각하는 한 가지 이유는 사람들이 행복을 보여주는 방식 때문일 수 있다. 우리는 행복이라 하면 미소, 웃음 그리고 아마도 쾌활함이나 유치함을 떠올린다. 아이들 역시 이러한 형태의 행동을 보인다. 어떤 연구에 따르면 아기들은 하루에 300회 정도 웃지만 어른들은 20회 정도만 웃는다.[35] 노인들은 정서적 안정감이나 정서 조절의 관점에서 행복을 표현하기 때문에 이 표현이 행복을 나타내는 명백한 징후와 항상 연결되지는 않는다. 그러나 많은 노인들은 사회적 관계 속에서 좋은 농담들을 듣고 함께 나누는 것을 즐기며, 그 농담들에 뒤따라 웃음꽃이 피기도 한다.[36]

좋은 농담으로부터 우리는 순전한 웃음을 얻는 것에 더해서 이 웃음은 건강상의 이로움 역시 가져다준다. 유명한 언론인이며 작가이자 UCLA의 교수인 노먼 커즌스 Norman Cousins 는 처음에 강직성 척추염으로 진단받은 후, 심장병과 반응성 관절염 때문에 생존 가능성이 거의 희박하다는 소식을 들었다. 상태가 더 악화되면서 그는 호텔에 투숙하며 다량의 비타민C 복용과 마르크스 형제의 영화들 그리고 TV 쇼 몰래 카메라, Candid Camera 를 시청하는 치료를 감행했다. 이 치료는 그를 엄청나게 웃게 했고, 그의 고통은 몇 시간 동안 누그러졌다. 몇 주 후에는 그의 질병

은, 믿을 수 없지만 차도가 있었다.[37]

　그러나 커즌스가 했던 치료가 꼭 충분히 웃을 수 있는 최선의 방법은 아니다. 많이 웃을 수 있는 또 다른 방법은 다른 사람과 함께 있는 것이다. 사람들은 자신의 친구들과 함께 있을 때 더 많이 웃는 경향이 있는데, 이는 웃음이 사회적인 요소가 강하다는 것을 말해준다. 웃음 연구자이자 『웃음: 과학적 연구 Laughter: A Scientific Investigation』라는 책의 저자인 로버트 프로바인 Robert Provine 교수는 웃음을 사회생활의 윤활유로 간주한다. 예를 들어, 우리는 다른 사람과 유대를 맺기 위해 웃음을 사용한다. 이러한 생각은 사람들이 방에 혼자 있을 때보다 다른 사람들과 함께 있을 때 30배나 더 자주 웃는다는 관찰에 의해 뒷받침된다. 흥미롭게도 이러한 생각은 또한 사람들이 혼자 있을 때 아산화질소 웃음 가스 를 흡입하면 웃음을 터뜨리지 않지만 방에 다른 사람들과 함께 있으면 큰 웃음을 터뜨리는 현상을 설명할 수 있다. 농담을 하거나 웃음 가스를 마시지 않아도, 단지 타인의 존재 자체만으로도 당신은 웃을 수 있다. 그리고 이 사실은 왜 노년기에 다른 사람들과 함께 있는 것이 중요한지를 알 수 있다. 그리고 웃기 위해서 개그 콘서트 녹화장에 갈 필요가 없다는 것을 말해준다. 웃음 요가는 여러 사람이 모여서 하는 요가 수업인데, 요가와 웃음을 결합한 형태다. 처음에는 웃음을 강요하지만, 나중에는 진정한 그리고 주체할 수 없는 웃음이 터지게 된다. 웃음 요가는 사회적 관계 속에서 웃음의 전염성과 그 건강상 이로움을 누릴 수 있는 좋은 방법이 될 수 있다.

늙어서도 잘 웃자

웃는 사람이 오래 산다.

메리 페티본 풀Mary Pettibone Poole   그리스의 작가

조지 번즈George Burns 와 밥 호프Bob Hope 는 둘 다 100세까지 살았다. 필리스 딜러는 95세에 세상을 떠났는데, 얼굴에 미소를 머금은 채 영면했다고 전해진다. 밥 뉴하트Bob Newhart 는 80대에도 여전히 적극적이고 즐거운 삶을 살고 있다. 이들의 공통점은 무엇일까? 그들은 웃는다는 것 그리고 다른 사람을 웃게 만든다는 것이다. 그것도 많이. 성공적인 노화의 하나의 열쇠가 좋은 유머 감각을 가지고 있는 것일까? 몇몇은 "예."라고 대답할 것이다. 무대 위에서 희극 연기를 하는 것이 그리우냐는 질문에 필리스 딜러는 다음과 같이 답한다. "저는 공연을 가기 위한 여행은 그리워하지 않습니다. 웃음이 그립습니다. 무대 위에 서 있는 그 시간 말이죠. 무대 위에서 내가 마약에 취해 있는 것처럼 보이는 걸 원하지는 않지만, 그 순간은 절정의 상태입니다. 그보다 더 좋은 것을 느낄 수는 없습니다. 경이로운, 정말 경이로운 행복감이요, 위대한 힘이죠."[38]

조지 번즈는 "만약 당신이 100세까지 산다면 당신은 해낸 겁니다. 왜냐하면 100세를 넘기고 죽는 사람은 거의 없으니까요."라고 농담을 했다. 그가 90대 후반일 때, 아직도 담배를 피우는 것을 주치의가 아는지 묻자, "당연히 모르죠. … 주치의가 죽었거든요."라고 대답했다.

당신은 잘 늙기 위해 웃어야만 하는 것이 아니다. 웃어야만 하기 때문에 웃는 것이다. 밥 뉴하트는 『메뚜기의 하루Day of the Locust』의 저자 나다니엘 웨스트Nathanial West 의 말, "우주가 우리를 대적할 때 우리의 유일한

나이 듦의 이로움

지적인 반응은 웃는 것뿐이다."를 인용하면서 다음과 같이 덧붙였다. "만약 당신이 이 상황을 극복하기 원한다면, 웃는 방법을 배워두는 게 좋다. 그렇지 않으면 끝이다!" 성공적으로 늙는 방법에 대한 질문에 대해서 뉴하트는 "웃으세요, 아니면 다른 사람을 웃기세요. 제가 한 졸업식 연설에서 다음과 같은 말로 연설을 마무리했습니다. 유머 감각을 잃지 마세요. 반드시 필요할 것입니다!"라고 대답했다.

인생의 부정적인 사건들

지금까지 긍정성과 행복에 집중하여 이야기했지만, 노인들은 부정적인 측면에서 과거를 이야기해야 할 때도 있다. 특히 미래 세대가 인생을 더 잘 이해하는 데 도움을 주기 원할 때는 더욱 그렇다. 예를 들어, 조부모나 부모들은 어린아이들에게 낯선 사람과 이야기하거나 혼자서 길을 건너는 것이 위험하다는 것을 알려준다. 또한 자신의 과거 경험을 포함하여 아주 심각한 상황에서 아이들에게 무슨 일이 일어났는지에 대해 자세히 설명한다.

할머니들은 풀 표면에 인쇄된 경고 문구인 풀이 눈에 들어가면 실명할 수도 있다는 내용을 어린 손자·손녀에게 읽어줄 필요가 있다고 느낄지도 모른다. 이 일은 실제 내 딸이 할머니가 그 아이를 돌보신 날 저녁에 내가 집에 돌아오자 나에게 해준 이야기였다. 의약품에 대한 경고 문구를 읽고 기억하는 것은 매우 중요할 수 있다. 왜냐하면 과거의 질병과 그 병의 선행 조건 그리고 다른 사람들이 병에 걸렸을 수 있는 것들을 상기할 수 있기 때문이다. 극단적인 예로, 홀로코스트의 생존자들은 그들의 경험을 절대로 잊지 못할 것이다. 그리고 몇몇은 그 경험들을 다시 이야기하며 기록할 것이다. 나의 할머니가 바로 그 일에 일생을 바쳤다.[39] 많은 생존자들은 정상적인 삶을 살기 위해 자신들의 경험담에서 오는 공포를 제한하려 할 것이다. 우리 가족의 친구이자 다하우 강제 수용소 Dachau concentration death camp 의 생존자인 90세 조슈아 카우프만 Joshua Kaufman 은 그 시기에 자신에게 무슨 일이 있었는지에 대해 그의 네 딸이 아주 어릴 때는 거의 이야기하지 않았다. 그러나 그의 딸들이 장성했을 때 그는 자신의 기억을 딸들이나 주변 사람들과 공유하였다. 노인들은 때때로 과거의 비극을 극복하기 위해 인생의 긍정적인 부분에만 초점을 맞추려고 노력하기도 한다. 하지만 그 비극들도 과거와의 중요한 연결 고리임은 분명하다.

아침형 인간의 이로움

행복한 사람은 하루를 어떻게 시작할까? 대답은 아마도 '일찍' 일 것이다.

분명 아침형 인간도 있고 올빼미족도 있다. 나이가 들면서 우리의 생체리듬도 변한다. 보통은 젊을 때는 올빼미족이었다가 나이가 들면 아침형 인간으로 바뀐다. 내가 대학원생 때는 밤의 고독을 즐기며 이른 새벽까지 일하곤 했었지만, 나이가 들고 일찍 일어나는 아이들이 생기면서 완벽한 아침형 인간으로 탈바꿈했다. 동네 식당이나 커피숍에서 아침 7시에 아침을 먹는 사람들을 조사해보면 누가 아침형 인간이고 누가 올빼미족인지 쉽게 알 수 있다. 일찍 일어나서 아침을 먹는 많은 노인들과 지난 밤 늦게까지 깨어 있었던 괴팍한 젊은 종업원들을 볼 수 있다. 한 연구는[40] 아침형 인간이 되는 것은 더 높은 정서적 안정성과 행복 수준과 관련이 있다고 제안한다. 이러한 결과는 (비록 그 수는 적지만) 청년 아침형 인간들과 (더 자연스럽게 일찍 눈이 떠지는) 노인 아침형 인간들 모두에게 해당된다. 게다가 이 연구에 따르면 일반적으로 아침형 인간들은 올빼미족에 비해 더 긍정적인 정서를 갖는 경향이 있다고 한다. 즉, 노인처럼 행동하는 것은 이로움이 있을 수 있다. 기억력과 관련해서도 노인들은 기억 과제를 하루 중 가장 컨디션이 좋은 시간, 주로 아침 시간에 수행할 때 더 잘한다. 반면에 대부분의 대학생들은 이른 아침 시간을 피하려 한다(내가 UCLA에서 아침 8시에 수업을 하면 출석률이 낮아진다).

이 장을 마치며

행복 추구는 나이가 들면서 생기는 주요한 동기 요인인 것 같다. 많은 연구들은 사람이 행복할 때 건강상의 이로움을 경험한다는 것을 보여준다. 우리가 젊을 때는 부정적인 정보에 관심을 기울일 만한 확실한 이유가 있다. 위험을 피하고 실수로부터 배우고 또 살아남기 위해서이다. 비록 나이가 들면 수반되는 다양한 신체적 도전들이 있지만 건강한 노인들은 높은 수준의 행복감과 삶의 만족도를 보여준다. 어떤 사람들은 이 현상을 '삶의 만족도의 역설'이라 말한다. 다양한 신체적·지각적·능력의 감퇴에도 불구하고 노인들은 삶의 긍정적인 정보와 기분에 집중하면서 높은 수준의 행복감과 삶의 만족도를 갖는 것이다. 행복감의 수준이 인생의 많은 영역의 성공을 예측하고[41] 어려운 상황에서 회복할 수 있는

능력을 발달시키도록 돕는다는 연구들이 보여주듯이[42] 이러한 역설에
는 적응적인 부분이 있다. 정리한다면, 노인들의 행복 추구는 신체적이
고 정신적인 건강의 측면에서 이로움이 있다.

기 억
노화와 함께 더
선택적이 되어가는 것

기 억
노화와 함께 더
선택적이 되어가는 것

노인들이 불필요한 것들을 망각하는 것은 인생의 승리임이 분명하다.
하지만 그들은 자신이 진짜 관심 있는 내용에 관해서는 웬만해서는
망각하지 않는다. 키케로는 이 사실을 단 한 번의 펜 놀림으로 표현했
다. "어떤 노인도 자신이 보물을 어디에 숨겼는지를 잊지는 않는다."

　　　　가브리엘 가르시아 마르퀴즈 Gabriel Garcia M rquez 작가, 1982년 노벨 문학상 수상자

　　우리가 나이를 먹으면서, 심지어 20세 이후부터는 우리의 기억이 많
은 측면에서 변화를 겪게 된다. 몇몇은 좋은 변화이지만, 다양한 유형의
기억력이 분명하게 그리고 걱정스러운 정도로 떨어진다.[1] 사람의 이름
을 까먹거나 체육관 탈의실 캐비닛의 자물쇠 번호가 기억나지 않거나
왜 지금 이 방에 들어왔는지를 잊는 것 등이다. 얼굴은 분명 익숙한데,
그 사람의 이름은 물론이거니와 어떻게 알게 되었는지를 기억해낼 수
없다. 기억에 관한 한 가지 주장은 일화 기억(과거의 특정한 사건을 회상하
는 능력)은 연령에 따라 감소하지만 의미 기억(프랑스의 수도와 같은 의미적

지식)은 나이가 들면서 실제로 더 좋아진다는 것이다. 우리의 어휘력은 나이가 들수록 계속 좋아진다. 이것이 아마도 노인들이 십자말풀이를 좋아하고 또 굉장히 잘하는 이유일 것이다. 그러나 의미 기억에 저장되어 있는 순수한 단어의 양은 많지만 노인들은 단어를 인출하는 데 어려움을 겪거나 설단 현상(무슨 단어를 말해야 하는지는 알지만 입안에서만 맴돌고 바로 말하지 못하는 현상)을 종종 경험한다. 의미적인 지식이 많은 노인들이 갖는 한 가지 이로움은 문징을 퇴고하는 데 능하다는 것인데, 이는 엄청난 독서 경험과 죽적된 어휘력에 부분적으로 기인한다.[2]* 기억력의 변화는 일반적으로 모든 연령대에서 걱정스러운 일이지만, 이것은 뇌에 (만약 여러 가지 일을 동시에 하고 있다면 지금 그 순간에) 너무 많은 정보를 가지고 있기에 나타나는 자연스러운 부산물일 수 있다. 이것은 마치 지저분한 다락방에는 많은 가치 있는 골동품뿐만 아니라 수년간 손도 대지 않는 쓸모없는 물건들도 함께 있는 것과 같다.

연령의 증가에 따른 기억의 감퇴에 대해서는 엄청난 양의 연구가 축적되고 있다. 나이가 들면서 기억력에 감퇴가 온다는 사실은 많은 사람들이 쉽게 납득할 수 있는 것이고 노화 연구에서 덜 흥미롭고 '따분한 가설'로 여겨질 수 있다.[3] 그러나 최근의 한 연구는 노년기의 기억이 단순히 손상되는 것이 아니라는 것을 보여준다. 노인들이 아주 잘 기억하는 많은 내용들이 있다.[4] 우리는 나이를 먹어도 40년 전에 살던 집의 주소와 전화번호나 비틀즈 The Beatles 의 노래 '예스터데이 Yesterday'의 가사 그리고 이 노래와 관련된 기억 혹은 자전거를 타거나 피아노를 연주하는 방법, 특히 이 기술들이 어린 시절 습득된 경우와 같이 많은 것을 거

---

* 역자 주: 만약 당신이 이 문장을 꼼꼼히 읽는다면 두 군데 철자 오류가 있다는 것을 발견하게 될 것이다. 틀린 철자는 '문징(문장)', '죽적된(축적된)'이다.

의 노력하지 않고도 기억해낼 수 있다. 이러한 현상은 인지 노화에 대한 단순 손상 모형에 의해서는 설명될 수 없는 것들이다.

우리들 대부분은 노화에 따라 기억이 감퇴된다는 신념 혹은 부정적 기대를 가지고 있다. 당신이 기대하는 것과 일치하게 수행이 나타난다는 '고정관념 위협'은 당신이 이 고정관념에 맞게 행동하도록 만들고 종종 수행을 더 못하도록 한다. 고정관념 위협에 관한 연구는 실험실에서 진행되는 다양한 기억 실험에서 실시되었는데, 이것이 노인들의 기억 검사에서의 수행을 저하시키는 원인인가를 알아보기 위해 실시되었다.[5] 기억력 검사라고 이름을 붙이거나 사람들에게 기억 연구에 참여해 달라고 요청하는 것은 불안감을 불러일으킬 수 있다. 연구들에 따르면 같은 검사를 '지혜 검사'로 부를 경우(실제 검사는 기억 검사와 같은 검사임), 실제로 노인들이 더 나은 수행을 보인다.[6] 즉, 기억 검사를 수행한다는 것 자체만으로도 불안감을 야기할 수 있고 자기 자신을 더 늙게 느끼도록 만들 수 있다.

또 다른 연구에 따르면 짧은 기억 검사를 병원에서 실시할 경우 노인들의 기억 능력이 과소 추정된다고 한다. 이것은 노인들이 치매로 진단될 가능성으로 생긴 스트레스 때문인 것 같다.[7] 단지 알츠하이머라는 단어만 말해도 사람들은 자신의 기억력에 대해 매우 예민해진다. 흥미로운 것은 비교적 '젊은' 노인들이 60대에서 70대 노인들 이 위협에 가장 취약하다는 것이다.[8] 이것은 비교적 건강하고 젊은 노인들의 '좋은 걱정'이라고 여겨질 수 있다. 자신의 기억력이 예전 같지 않은 것에 대해 걱정하며 이를 개선하기 위해 어떤 것이든 하길 원하는 그런 걱정인 것이다. 80대나 90대의 노인들은 노년기의 기억 변화에 대해 그리 놀라지 않는다. 왜냐하면 자신들이 이미 기억 감퇴와 관련하여 충분한 경험을 했기 때문이다. 이 노인들은 노년기의 기억 감퇴 현상에 대한 반응으로 다음과 같이 말할지도 모른다. "내가 모르는 좀 새로운 이야기 좀 해주실래요?"

조금 더 흥미로운 사실은 다음과 같다. 우리가 나이를 먹고 기억의 '도전'(나는 이를 실패라고 부르는 것을 선호하지 않는다)을 직면할 때 우리는 이 기억이 언제 그리고 어떻게 작동하는지를 더 잘 알게 된다. 메타 기억 이라는 단어가 바로 어떻게 기억이 작동하고, 언제 잘 작동하지 않는지에 대한 자기 인식을 나타내는 용어이다. 노인들은 자신들의 기억의 작동과 관련하여 더 많은 경험이 있기 때문에 이 메타 기억이 강화되는 것 같다. 노인들은 무엇을 기억해야 하는지에 대해 보다 나은 선택 전략을 사용하는 데 능숙하다. 예를 들어, 노인과 이보다 조금 젊은 성인이 함께 영화를 봤을 때 노인은 영화의 핵심 내용을 파악하여 요점을 요약하여 전달하는 것을 더 잘하는 반면에 더 젊은 사람은 영화의 핵심 주제가 아닌 세부적인 사항들을 더 많이 이야기하는 것 같다. 노인들의 경우, 이러한 적응 전략은 본질적으로 보상적일 수 있으며 기억력을 향상시킬 수 있는 뇌 영역의 관여와 발달을 모두 허용한다.

며칠 전에 내 딸이 집에서 영화를 보고 있었다. 나는 처음 15분 분량을 놓쳐서 딸에게 내가 못 본 부분에 대해 물었다. 이 아이는 나에게 줄거리, 등장인물의 성격 그리고 심지어 영화 각 부분의 배경음악을 포함하여 아주 자세하게 그 내용을 설명해주었다. 그 설명은 약 10분간 지속되었다. 아내에게 비슷한 질문을 하면 보통 대답은 "어, 별거 없어."라든가 아주 짧은 10초짜리 요약을 해준다("이 사람이 나쁜 놈이야." 등). 아내는 내가 10분만 영화를 더 보면 줄거리를 이해할 수 있다는 것을 알고 있으며, 이전 내용을 설명하느라 영화의 더 많은 부분을 놓치는 대가를 치를 만한 중요한 내용이 그전에 없었다는 것 역시 알고 있다. 나이가 들면서 우리는 상대방이 어른이든 아이든 그의 생각을 읽는 데 더 능숙해진다.[9] 이것은 경험이 많아지면서 다른 사람이 알아야 할 필요가 있는 것이 무엇이고 그것을 요약하는 것을 더 잘하게 된다는 것을 보여준다.

기억 사용에 대한 기능적 접근에 기초하여 무엇이 정말 기억해야 할 중요한 정보일까? 정말 기본적인 진화적 관점에서 우리는 지난번에 무엇을 먹었는지를 (물론 우리의 위가 그것을 잘 상기시켜주기도 한다) 그리고 먹을 것이 어디 있는지를 기억할 필요가 있다. 우리의 포식자가 누구이며 먹으면 아픈 음식이 무엇인지 기억해야 한다. 자녀들이나 손자·손녀들이 먹으면 알레르기를 일으키는 음식이 무엇인지 아는 것은 중요하다. 또한 환경을 탐색하는 방법을 알아야 길을 잃지 않는다. 현대 시대에는 약을 복용하는 시간이나 개에게 먹이를 주는 시간을 기억해야 한다. 사랑하는 배우자와의 결혼기념일이나 무엇을 좋아하고 싫어하는지를 기억하는 것도 도움이 된다. 또한 과거를 추억할 때 역시 기억을 사용한다. 그러나 사람들이 잘 기억하지 못해서 겪는 불편 중 가장 일반적인 것은 바로 이름이다. 그 사람이 방금 만난 사람이든, 잘 알지만 최근에 잘 보지 못한 사람이든 다른 사람의 이름을 잊어버리면 정말 당황스럽다.

이름을 기억하기 너무 어려워요!

내가 많은 노인 청중을 대상으로 기억과 노화에 대해 강연할 때면 언제나 몇몇 노인들은 걱정 어린 표정으로 나를 불러 세워놓고 자신들의 아주 특별한 기억 결함에 대해 이야기한다. 많은 것을 잘 기억하고 있고 매우 힘든 일도 잘 견뎌내지만 사람들의 이름을 기억할 수 없다는 것이다. 하지만 이것은 비단 노인들만의 문제는 아니다. 나는 이분들에게 이 것은 간단한 기억의 원리 때문이라고 설명해드린다. 바로 이름의 자의 성 때문이다. 많은 사람들은 얼굴은 친숙한데, 그 사람의 이름이나 어디 서 만났는지를 기억할 수 없는 경험을 한다. 어느 날 UCLA에서 내 친구 들과 아주 친숙해 보이는 어떤 사람과 함께 농구를 했다. 그런데 이 사람 에 대한 것이 잘 기억나지 않았다. 얼굴은 나의 형을 좀 닮은 것 같고 꽤나 재미난 사람이었다. 그와 두 시간 정도 농구를 한 뒤 그 사람이 누 군지 정확히 아는 내 친구가 나에게 그 사람은 코미디언이자 배우인 아 담 샌들러 Adam Sandler 라고 말했다. 로스앤젤레스에서는 이런 일이 종종 일어난다. 영화나 광고에 나오는 친숙한 얼굴을 보고 내가 아는 사람이 라고 느끼는 것이다. 물론 그 유명인을 개인적으로 아는 것은 아니다.

이러한 '이름 기억상실'은 파티를 할 때도 흔히 경험한다. 당신은 방 금 어떤 사람의 이름을 들었고 그 사람과 5분간 이야기를 나누었다. 그 리고 당황스러운 순간은 당신이 이 사람을 당신의 배우자에게 소개해야 할 때 일어난다. 바로 이 사람의 이름을 까먹은 것이다. 우리는 정말 이 름을 금방 잊어버린다. 아주 오래전에는 마을의 제빵사의 이름은 '제빵 사'였고, 이발사의 이름은 '이발사'였다. 그러나 세월은 변했다. 게다가 어떤 사람의 이름 자체는 보통 다른 정보, 이를테면 직업이나 고향만큼 흥미롭지 않다. 물론 가끔 이름이 그 사람의 배경과 연관된 경우도 있긴 하지만 말이다. 한 연구에 따르면 이발사 barber 라는 단어가 이름으로 사 용될 경우(예, 이발사 씨는 변호사이다 Mr. Barber is a lawyer)가 직업으로 사용 될 경우(예, 존스 씨는 이발사이다 Mr. Jones is a barber)에 비해 기억 수행이 더 떨어졌다. 특히 노인들에게는 이러한 결과가 더 잘 나타났다.[10] 그것 은 이름 그 자체만이 아니라 직업을 그 사람과 연결하는 만큼 이름은 쉽게 연결되지 않는다는 사실이다. 이름이 어떤 의미를 가지고 있는 경우라도 혼란을 가져올 수 있다. 우리 아이들이 태어났을 때의 주치의 이름은 크레인 박사Dr. Crane 였는데, 그 의미가 계속 혼동을 주어서 나는 그를 종종 황새 박사Dr. Stork 로 불렀다.*

우리는 사람들을 만나서 통성명은 금방 지나치고 더 흥미로운 대화에 들어간다. 그래서 이름에 집중을 못 하기도 하고 그 사람이 자신의 이름을 이야기한 사실 자체를 놓쳐버리기도 한다. 게다가 나이가 들수록 우리는 같은 이름예, Alan, Allan, and Allen 을 가진 더 많은 사람을 만나게 된다. 이때 또 같은 이름Alan 을 가진 새로운 사람을 만나면 그 이름을 학습하는 데 방해를 받는다. 그러나 우리는 선행 지식을 이용해서 이름을 기억하는 것을 도울 수 있도록 어떤 심상을 만들어내기도 한다. 예를 들어, 내 성姓인 카스텔Castel 은 파스텔Pastel 과 각운이 맞고 내 할아버지는 파스텔을 사용하셨던 유명한 화가였다. 또한 이 이름은 성Castle 과 철자가 비슷하다. 이렇게 뇌를 사용하여 연상을 하는 것의 문제는 사람들이 가끔 나를 앨런 파스텔Alan Pastel 이나 앨런 캐슬Alan Castle 이라고 부른다는 것이다.

사람의 이름을 잊어버리는 것은 65세 이상이나 머리가 희끗해질 정도로 늙어야만 일어나는 현상이 아니다. 주의를 다른 곳에 빼앗기거나 주의를 기울이지 못하면 20, 30, 40대에도 빈번하게 일어날 수 있다. 하지만 이것이 우리 모두가 이름을 외우는 것에 특별한 결함이 있다는 것을 의미하지는 않는다. 어떤 연령대에서도 간단한 기억술과 인지심리학의 원리들(시험보기, 상상하기, 단서 사용하기, 연합하기)을 이용하면

---

* 역자 주: 'Crane'이 학 혹은 두루미를 의미하므로 같은 조류인 황새(Stork)로 혼동한 것이다.

효과적으로 이름을 외울 수 있다. 물론 더 쉬운 방법은 만약 어떤 사람의 이름을 외우기 어렵다면, 그 사람에게 이름을 계속 물어보는 것이다. 이 방법은 나에게는 꽤나 유용하다. 나는 최근에 만난 사람들에게 내가 기억과 노화를 연구한다고 말한 후에 이런 농담을 하곤 한다. "아, 그런데 성함을 한 번 더 말씀해주실래요?" 그들은 보통 웃으며 다시 자신의 이름을 말해준다.

최근에 나는 꽤나 여러 번 만났던 사람의 이름을 잊어버렸다. 동네 아이스크림 가게에서 그 사람을 봤는데, 이름이 생각나지 않는 것이다. 이런 상황엔 정말 당황스러움과 좌절감을 느낀다. 나는 이 상황을 우리 대부분이 하는 방식으로 대처했다(내 생각에 짧은 대화를 나누는 동안 상대방도 역시 같은 방식을 썼던 것 같다). 나는 그 사람의 이름을 알고 있는 척하며 그 사람과 이야기할 때는 이름을 부르지 않았다. 난 정말 그 사람이 누구인지, 어디서 만나 알게 되었으며, 그 외에 다른 세부적인 사항 역시 잘 알고 있었다. 그는 내 딸의 학교에 다니는 한 아이의 아버지였다. 나는 그가 직장인처럼 옷을 입는다는 것, 심지어 그 집의 개 이름도 알았다. 나는 내 아내 제이미 Jami 에게 그 사람의 이름을 잊었고, 그와 관련된 다른 것은 기억이 나는데, 이름만은 기억이 잘 나지 않는다고 말했다. 아내는 약간 충격을 받아 놀란 얼굴을 보이며, "정말요? 그 사람 이름이 기억나지 않는다고요?"라고 말하며 그 사람의 이름을 말해주었다. 그 이름을 듣고 나도 많이 놀랐는데, 그의 이름은 바로 제이미 Jamie * 였다. 그 이름은 너무도 잘 알고 있었지만, 그 이름을 이 사람과 연결시키지 못했던 것이다.

---

*   역자 주: 저자가 이 사람의 이름을 기억하지 못했던 이유는 제이미라는 이름이 자신의 아내와 이미 강력하게 연합되어 있기 때문이었을 수도 있다.

내가 기억과 노화 연구를 하면서 만난 사람들은 항상 "이름을 기억 못 하겠어요."라고 말한다. 우리가 이름을 기억하지 못하는 이유는 이름을 듣고 바로 잊는 것과 같이, 이름을 기억하기 위해 하는 일이 없기 때문이다. 나도 나이가 들면서 내가 기억에 실수가 있고 도전에 직면한다는 것을 인식한다. 그리고 이 사실을 내 자녀들은 더 잘 안다. 다른 많은 부모들처럼 나도 자녀들의 이름을 잠깐씩 혼동한다. 이는 이 정보들이 우리의 뇌에 아주 가깝게 저장되어 있기 때문이다. 내 아이들은 내가 기억을 연구한다는 것을 안다. 그리고 나는 가끔 이 아이들에게 그들 자신의 기억에 관한 질문을 한다. 최근에 내가 기억에 관한 강연을 어떤 집단에게 하러 가기 전, 내 딸 클레어 ^{Claire} 가 나에게 조언을 했다. "아빠, 사람들에게 아빠가 기억력이 좋다고는 말하지 마세요. 아빠는 자주 내 칫솔이 무엇인지 까먹잖아요. 어제도 이든 ^{Eden, 클레어의 동생} 의 칫솔로 제 이를 닦아주셨어요. 그리고 가끔 저를 클레어라고 부르지 않고 이든이라고 부르는 것도 기억력이 좋지 않아서 같아요. 그러니까 아빠도 기억력에 관한 수업을 들어야 해요."

중요 정보에 대한 노인들의 기억

많은 기억 연구들은 단어 목록, 얼굴과 이름 쌍, 지난 휴가 때 찍은 어떤 사람과 닮은 사진 속 인물을 공부하고 시험 보기 등 따분하게 생각되는 실험들을 수행한다. 그리고 이 정보들을 기억하는 것이 왜 중요한지가 명확하지 않다. 우리가 정말 관심 있고 흥미로워하는 것들은 어떨까? 당신이 방금 일기예보를 읽었다고 가정해보자. 무슨 요일에 비가 온다고 예보되었는지 기억할 수 있는가? 방금 가게에 가서 수프, 바나나, 우유를 샀다면 조금 지나서 이 물건들의 가격을 기억해낼 수 있을까 (특히 바나나가 이번 주 특별 세일 품목이어서 1파운드당 400원 정도로 가격이 내렸다면 말이다)?[11] 이러한 경우가 바로 노인들이 잘하는 것들이다. 나이가 들수록 더 필수적인 정보를 기억하려고 하는 것이다. 나의 조부모님은 어디서 가격 할인을 하는 커피와 오렌지를 사셨는지, 이 물건들의 평소 가격과 세일 가격이 얼마인지, 심지어 가장 좋은 가격으로 사기 위해 다른 동네 슈퍼를 가야 하는 것(기름 값이 들어가는 것은 고려하지 않으셨긴 하지만)을 아시는 것을 자랑하고는 하셨다.

노인들은 또한 정서적 정보를 매우 잘 기억한다. 이러한 정보는 훨씬 더 중요한 내용을 담고 있고 편도체와 같은 뇌 영역을 활성화시키는데, 이는 노년기에도 잘 작동하며 정서에 대한 기억에 관여한다.[12] 게다가 수십 년의 경험은 노인들이 기억하는 내용에 영향을 미친다. 예를 들어, 회계사들은 재정적인 정보를, 은퇴한 항공 교통 관제사는 모의로 제작된 항공 교통 정보를 엄청나게 잘 기억한다. 만약 당신이 야구나 농구를 좋아한다면 당신이 어제 보거나 기사로 나온 경기의 점수를 잘 기억할 수 있을 것이다. 내가 97세였던 존 우든John Wooden 과 스포츠에 대한 그의 기억에 관해 이야기했을 때, 1975년 미국 대학 연맹 농구 결승전 경기의 점수뿐만 아니라, 그 전날 로스앤젤레스 다저스가 몇 점을 냈는지도 기억하고 있었다.[13] 오랜 경력이 있는 부동산 중개업자는 그들이 30여 년 전에 처음 매매했던 몇몇 집들의 가격을 기억할 수 있으며, 최근 지역 부동산 시세 역시 기억할 수 있다. 이러한 예들은 어떤 정보가 그의 인생의 특정 시점에서 중요했던 것이라면 그 시점이 오래되었건 최근이건 잘 기억할 수 있다는 것을 보여준다.

정보의 과부하: 선택만이 해답이다(특히 노년기에는)

우리는 자주 정보에 압도된다. 요즘에는 인터넷을 통하여 끊임없이 많은 양의 정보에 접근할 수 있다. 이것은 정보의 과부하를 야기할 수 있고 추후 기억할 수 있는 양이 제한될 수 있다. 정보 과부하를 피하고 우리의 기억 능력이 활력을 되찾게 하기 위한 한 열쇠는 우리가 기억하려 하는 정보들을 선택적으로 추려야 한다는 것이다. 즉, 기억을 조절하는 데 가장 중요한 부분은 무엇을 기억해야 할지를 결정하는 것이다. 긴요한 정보에 선택적으로 집중하는 것은 중요하며 실제로 이것은 노년기에 강화되는 기술인데, 모든 것을 기억할 수 없는 것의 필수 불가결한 부산물이다.

종종 나는 별로 중요하지도 않은 정보를 너무 많이 기억하고 있다고 느끼며, 보다 중요한 정보에 집중할 필요가 있다고 느낀다. 중요한 정보에 집중할 수 있는 능력은 노인들이 꽤나 잘하는 부분이다. 우리 기억 역량을 평가할 수 있는 능력은 메타 기억의 한 형태이다. 기억이 연령 증가에 따라 감퇴한다는 수많은 연구가 있음에도, 이 메타 기억은 손상되지 않은 채로 남아 있는 것 같다.[14] 즉, 나이가 들어도 노인들은 자신들이 무엇을 기억할 것인지, 무엇을 빨리 잊을 것인지에 대해 배울 수 있다. 이 비결은 중요한 정보를 기억하는 것이고, 나머지는 아마도 망각하더라도 괜찮은 것이다. 나는 내가 정보를 잘 잊어버릴 뿐만 아니라 무슨 정보를 망각할지도 잘 안다는 것을 깨달았다. 그 이유로 내가 잃어버리거나 잊어버릴 것이라고 생각되는 것들의 사진을 휴대폰 카메라를 이용해 계속 찍어놓는다.[15] 예를 들어, 손으로 쓴 쇼핑 목록, 영수증, 박물관에서 본 것들 등이다. 그러면 카메라가 정보를 가지고 있게 되고, 후에 필요하면 그것을 내가 사용할 수 있게 된다.

여행을 가기 위해 짐을 싼다고 상상해보자. 중요한 물건들을 빠뜨리면 대가도 크고 큰 부정적 결과를 낳기 때문에 당신은 중요한 물건들을 다 챙겼는지 확인하고 싶다. 예를 들어, 여권이나 지갑을 가져오지 않으면 여행의 시작부터 꼬이게 된다. 실험실에서 이러한 현상을 연구하기 위해(여행을 가는 사람들을 따라다니며 실제로 무슨 물건을 빠뜨렸는지 보는 것이 훨씬 재미있긴 하지만), 우리는 실험참여자들에게 여행을 위해 필요한 물품 20개를 제공하였다(예를 들어, 여권, 의약품, 자외선 차단제, 칫솔, 휴대폰 충전기, 냄새 제거제, 수영복, 샌들 등).[16] 나중에 이 사람들에게 주어진 물건을 기억하느냐고 물으면, 노인들은 기억하는 항목의 전체 개수는 더 적지만, 자신들이 중요하다고 생각하는 물건은 더 잘 기억한다. 이 결과는 노인들이 정보의 양이라는 관점에서는 기억이 좋지 못하지만 선택적으로 필수 정보는 잘 기억한다는 것을 보여준다. 현실 세계에서도 노인들은 잊어버리면 안 되는 중요한 정보(예, 배우자의 생일)들을 굉장히 잘 기억한다. 이후 많은 연구에서 노인들은 긴 목록에서 중요한 의약품의 부작용에 관한 내용, 손자·손녀의 알레르기원 그리고 가장 많은 보상과 연합된 단어들(적은 보상과 연합된 단어들과 비교하여)을 잘 기억한다는 것을 보여주었다. 당신이 한 목록의 단어들을 외워야 한다고 상상해보자. 이 중 일부 단어는 더 중요하고(더 큰 보상 혹은 점수와 연합된다), 다른 단어들은 덜 중요하다(더 작은 보상 혹은 점수와 연합된다). 이 과제의 목표가 기억에 대한 보상을 최대화하는 것일 때 당신은 큰 가치와 연합된 단어들을 외울 텐데, 특히 노인들이 더욱 이렇다. 노인들은 전체적으로 더 적은 개수의 단어를 기억하지만, 가치가 높은 단어들은 젊은 사람들만큼 잘 기억한다. 즉, 노인들에게 가장 높은 가치가 있는 정보에 대힌 기억 손상은 없다.

　더 높은 혹은 낮은 가치와 연합된 단어들에 대한 기억 과제를 수행할 때 사람들 뇌의 기능적 자기공명영상^{Functional MRI} 연구에서는 노인들과 젊은 사람들 모두 의미정보와 연합된 유사한 뇌 회로가 활성화된 것을 볼 수 있다. 이 결과는 두 연령 집단 모두 높은 가치의 단어들에 집중할 수 있고, 이 단어들을 외우기 위해 심상화 전략을 사용했다는 것을 의미한다. 연령에 따른 차이는 가치가 낮은 단어의 처리 시 나타났다. 노인들의 뇌는 이 단어들에 대해 젊은 사람들만큼의 활성화를 보이지 않았다.[17] 즉, 선택적이라는 것의 의미는 단지 중요한 것에 집중하는 것이 아니라 덜 중요한 것에 대한 주의를 철회하는 것 역시 될 수 있다. 모든 세부 사항을 기억하려고 하는 것은 비록 우리가 기억은 최대한 많은 것을 암기해야 한다고 생각한다 할지라도 문제가 될 수 있다. 사실 우리의 주의를 정향하는 것과 관련 있는 뇌 영역^{전두엽}은 중요한 것에 집중하도록 변화해왔다. 그러므로 우리는 모든 것을 기억할 수도, 기억해서도 안 된다.

노년기의 꽉 차버린 기억 그리고 망각의 이로움

　노인들의 기억이 왜 감퇴되는지에 대한 한 이론은 나이가 들면서 너무 많은 기억이 저장되고, 이것이 간섭을 일으킨다는 것이다. 마치 책이 엄청나게 많은 도서관처럼 정보가 많으면 좋지만 원하는 것을 찾는 데 시간이 오래 걸리고 특별히 회상하기 원하는 것이 있을 때 다른 정보가 방해할 수 있다. 노인들은 보통 젊은 사람들에 비해 더 많은 어휘를 알고 있는데, 이것이 또한 더 많은 설단 현상, 잘 아는 단어를 순간적으로 회상하지 못하는 현상을 경험하도록 만든다.[18] 흥미롭게도, 당신은 컴퓨터를 이용하여 조금 더 젊은 성인의 모형을 만들어서 정보 과밀의 효과를 모사해볼 수 있다. 이와 같은 컴퓨터를 통한 젊은 성인 모사 연구는 하드 드라이브에 많은 새로운 어휘를 집어넣는다. 그러면 이 젊은 그리고 꽤나 박식한 컴퓨터는 유사한 정보의 방해 때문에 특정 정보를 회상하는 데 어려움을 겪고 더 오랜 시간이 걸린다. 마치 노인과 같은 행동을 보이는 것이다. 같은 일이 이중 언어 화자 bilingual 에게도 일어난다. 이중 언어 화자는 많은 인지적인 이로움도 가지고 있지만, 단어를 처리하는 데 더 긴 시간이 걸리며 더 많은 설단 현상을 경험한다고 보고되고 있다. '노년기 인지 노화의 신화'[19]라는 제목의 보고서의 한 주장에 따르면 기억은 연령에 증가에 따라 감퇴하는 것이 아니다. 단지 너무 많은 정보가 기억에 저장되어 있기 때문에 우리 뇌의 그 큰 정보 저장소에서 빠르게 원하는 것을 찾는 것이 더 어려워지는 것이다. 즉, 나이가 들면서 기억이 나빠진다기보다는 검색 과정에서 고려해야 할 것들이 더 많아짐에 따라 시간이 오래 걸리는 것뿐이다!

순행성 간섭이란 인생에서 보다 이른 시기에 배운 정보가 최근에 배운 정보에 간섭을 일으키는 것을 말한다. 이 현상은 나이가 들수록 더 문제가 된다. 오늘 자동차를 어디에 주차했는지 기억해낼 필요가 있을 때, 같은 주차장에서 이전에 주차했던 장소가 오늘 주차한 장소를 회상하는 데 방해를 할 수 있다(그래서 주차장을 돌아다니며 자기 차 키의 경보 버튼을 눌러 소리를 통해 자기 차를 찾기 위해 애쓰는 사람들을 볼 수 있다). 대부분의 경우 우리는 필요하지 않은 정보를 무시하는 것을 꽤나 잘한다. 예를 들어, 부엌 냉장고가 윙윙거리는 소리나 운전 중 나는 소리들을 잘 무시할 수 있다. 이것은 지금 내가 관여하고 있는 과제와 관련이 없기 때문이거나 중요하지 않은 정보로 내 기억에 부담을 주고 싶지 않아서 그럴 것이다. 다른 대부분의 사무실 건물들과 마찬가지로 UCLA에서도 사람들이 많은 곳에는 아주 잘 보이는 곳에 소화기가 설치되어 있다. 그런데 과연 우리가 거기에 소화기가 있다는 것을, 또는 정확히 어디에 있는지 기억할 수 있을까? 한 연구[20]에서 우리가 매일 소화기를 보더라도 그것이 있다는 것을, 그리고 그 위치를 회상하는 데 실패한다는 것을 발견했다. 특히 이 결과는 노인들에게서 크게 나타났는데, 심지어 그 건물에 계속 있었고, 그 소화기를 30년 넘게 보아온 노인들도 마찬가지였다. 이러한 결과는 우리가 나이를 먹으면 우리와 직접적으로 관련이 없는 자극을 얼마나 기억하지 못하는지를 보여주는 좋은 예이다.

미래 기억의 역설: 노인들이 잘하는 기억?

사실 우리가 기억해야 할 가장 중요한 것들은 미래에 해야 할 어떤 일들과 관련이 있는 경우가 많다. 이것은 미래 기억이라는 개념으로 알려져 있고, 앞으로 약 먹을 시간이나 도서 반납 예정일을 기억하는 것 등이 이 미래 기억의 예이다. 미래 기억 역시 노화에 따라 감퇴되긴 하지만 몇 가지 중요한 예외들도 있다. 연구자들은 '미래 기억의 역설'이라고 알려진 현상을 발견했는데, 비록 노인들이 실험실에 이루어지는 미래 기억 과제들은 잘 못하지만, 현실 생활에서는 이러한 일을 꽤 잘한다는 것이다. 예를 들어, "다음 페이지에서 '대통령'이라는 단어를 보면 손을 들어주세요."와 같은 실험실에서 이루어지는 미래 기억 과제에서 노인들은 대개 손상을 보인다. 글을 읽는 데 집중하다 보면 그 대통령이라는 단어가 나왔을 때 무슨 일을 해야 하는지를 잊어버리는 것이다. 그러나 이러한 결과가 내일 정오가 약 먹을 시간이라는 것을 (혹은 오전 10시였다는 것을) 더 잘 망각하게 된다는 것을 의미할까?

노인들은 미래에 해야 할 일을 기억하기 위한 좋은 전략들을 가지고 있다. 지갑을 현관문 앞에 놓는다든지, 독서할 때 쓰는 안경 옆에 약봉투를 놓는 것 등이 그 예이다. 왜 노인들은 실험실에서의 미래 기억 과제는 잘 못하지만 현실 세계에서 앞으로 해야 하는 일들을 기억하는 것은 더 잘할까? 이 간극을 메우기 위해 한 연구가 수행되었다.[21] 이 연구의 실험 참여자들에게 일주일에 한 번씩 실험실로 엽서를 한 장씩 보내달라고 요청했다. 그리고 젊은 사람들과 노인들이 이 미래 기억 과제를 잘 수행하는지를 관찰했다. 연구자들이 놀란 점은 매주 성실하게 엽서를 실험실로 보낸 집단이 바로 노인들이었다는 것이다. 약을 복용할 시간을 기억하거나 미리 정해진 약속 시간에 가야 하는 등의 미래 기억이 필요할 때면 노인들은, 약간 옛날 방식이긴 하지만, 달력에 그 일을 적어두고 매일 보며 상기한다. 내가 은퇴한 농구 감독인 존 우든이 97세일 때, 그와의 인터뷰 약속을 잡기 위해 전화했을 때 그는 인터뷰 예정 날짜를 벌써 계획이 꽉 찬 달력에 적었다. 그리고 약속 날짜 하루 전에 약속이 유효한지 확인하기 위해 나에게 전화를 해주었다. 약속 날짜를 상기시켜준 것은 바로 존 우든이었다!

동시에 여러 일을 하지 말라!
기억도, 아침 식사도, 가족도 위험할 수 있다

　한 가지 일을 계속 한다는 것은 어렵다. 또한 우리가 다중 작업을 할 기회가 있을 때, 동시에 많은 일을 해낼 가능성을 포기하는 것은 힘든 일이다. 여러 일을 동시에 하느라 항상 바쁜 것은 기억에 어떤 영향을 미칠까? 노인들은 다중 작업을 잘할까? 한 연구에서는,[22] 실험 참여자들은 컴퓨터를 통해 아침을 준비하는 과제를 수행했는데, 2분마다 한 번씩 달걀 프라이를 뒤집는 과제였다. 그리고 이 2분 동안 빵을 준비하기, 커피 타기, 식탁 정리하기 등의 다른 과제도 수행해야 했다. 노인들은 이 과제들을 동시에 수행하는 것에 아주 큰 어려움을 보였다. 달걀을 뒤집는 걸 잊거나 빵을 태우기 일쑤였다. 즉, 다중 작업은 중요한 일에 집중하는 능력을 망칠 수 있다. 위에서 예로 사용한 연구에서는 빵을 태우는 것이 다일 수 있지만 심하게는 집을 나가기 전 가스레인지의 불을 끄는 것을 까먹게 만들 수도 있다.

　가장 극단적인 예를 들면, 미래 기억의 실패는 사람들이 자동차 뒷자리 카시트에 유아들을 놓고 내리는 '유아 망각 증후군'[23]과 같은 상황도 생길 수 있다. 이러한 사건은 우리가 생각하는 것보다 자주 일어나는데, 미국에서만 한 달에 세 건 내지 네 건이 발생한다. 이 일은 누구에게나 일어날 수 있다. 신참 부모든, 경험 많은 부모든, 아이들의 나이가 몇 살이든 말이다. 로켓 과학자, 의사, 교수, 군인, 사무직, 선생을 포함해서 직업이나 교육 수준에 상관없이 다 해당될 수 있다. 요컨대, 자신의 정해진 일상, 습관, 딴 생각, 전화 통화, 그날 늦게 잡혀 있는 중요한 약속 등 다른 일들에 정신을 빼앗겨서 바로 지금 이 순간 바로 여기에서 중요한 일들을 완벽하게 잊을 수 있다는 것이다.

기본만, 핵심만 기억하기

일반적으로 우리가 사물을 보는 방식은 무엇을 기억하느냐에 영향을 미친다. 우리는 맥락을 이용하여 우리가 보는 것을 해석하고 기억해야 할 것들이 무엇인지 결정하는 데 도움을 얻는다. 우리의 선행 지식과 맥락은 입력되는 정보를 해석하는 데 많은 이로움을 준다. 컴퓨터는 세부사항을 정말 잘 기억하고 글자와 단어들 하나하나를 저장할 수 있다. 그러나 컴퓨터와 달리 인간 전문가들은 핵심이나 전반적인 주제를 기억하는 것을 더 잘한다. 예를 들어, 나이가 많은 의사는 최근 환자의 진단명은 기억할 수 있어도 세부적인 증상들을 망각하거나 심지어 진단명과 일치하는 특정 증상을 갖고 있다고 잘못 기억할 수도 있다.[24] 이것은 전문성의 어두운 측면을 나타내는 것일 수도 있으나 전문가들은 유용한 결론을 내리기 위해 세부 사항을 처리할 가능성이 더 높다는 것을 보여준다. 가장 의미 있고 후에 기억으로 남아 있는 것은 바로 이 결론적인 정보들이다.

나이가 들면서 더 잘하게 되는 것 중 하나는 요약하기이다. 어떤 정보의 결론을 갖고 핵심만 기억하는 것이다. 자, 이제 기억 검사를 위해 다음의 단어들을 외워보자.

침대, 쉼, 깸, 피곤한, 꿈, 일어나다, 선잠자다, 담요, 졸다, 잠, 코 골다, 낮잠, 평화, 하품, 졸리는

자, 이제 다 외웠으면 다시 이 단어들을 보지 않고 기억해낼 수 있는가? 큰 소리로 하나씩 말해보든지, 종이에 단어들을 써보자. 몇 단어나 쓸 수 있는가?

이제는 다른 유형의 기억 검사를 해보자. 재인 기억 검사*로 불리는 검사다. '졸리는'이라는 단어가 목록에 있었나? '침대'는? '창문'은 어떤 가? 혹은 '수면'은?

당신은 아마도 저 목록의 단어들 중 몇 개를 기억했을 것이고, 모두 수면과 관련된 단어라는 것을 알았을 것이다. 그런데 '수면'이라는 단어 는 목록에 있었나? 당신은 아마도 그렇게 믿고 있을 수 있지만, 사실 원 래 목록에는 없는 단어였다. 모든 연령대의 사람들이 실제 목록에는 없 었던 단어인 '수면'이란 단어를 보았다고 잘못 회상한다. 사실 그 단어 는 사람들의 머릿속에 있던 단어였다.[25] 이것은 걱정스러운 오기억 false memory 일까? 아니다. 이것은 우리가 기억하는 방식 때문에 생긴 부산물 일 뿐이다. 우리가 무언가를 기억하려 할 때, 우리의 뇌는 개념들 간의 연합을 하고 이미지를 창조하고 의미를 해석한다. 그리고 이러한 활동 들이 좋은 기억으로 이어지지만, 또한 그런 방식으로 일어나지 않았던 것들에 대한 기억으로도 이어진다.

당신이 이 책에 대한 모든 내용이나 지난주에 본 영화를 정확하게 기 억할 수는 없지만 세부 사항을 기억하지 않고도 잘 요약해낼 수 있다면 이것은 완벽한 기억을 갖지 않은 것의 이로움일지도 모른다. 물론 가끔 씩 당신은 중요한 부분을 지나치게 강조할 수도 있고, 그 주제와 관련은 있지만 실제로 일어나지 않았던 것을 회상할 수도 있다. 노인들도 핵심 을 잘 기억한다. 위의 예에서 목록에 제시되지 않은, 그러나 그 목록의 주제어인 '수면'이란 단어가 제시되었다고 기억할 수 있다.[26] 어떤 사람 들은 이것을 오기억으로 해석할 수도 있지만, 이것은 우리의 뇌가 정보

---

* 역자 주: 특정 단서를 통해 이미 저장된 정보를 떠올리도록 하는 검사법.

처리를 돕는 과정이다. 모든 세부 사항이 아닌 주요 주제만 기억하도록 하는 것이다. 한 이론의 설명에 따르면, 우리는 새로운 정보를 통합하기 위한 좋은 도식을 가지고 있고 뇌는 우리가 이미 알고 있는 것으로 새로운 정보를 조직화하기 위한 비계 scaffoldings 를 구축한다고 한다. 이는 새로운 정보를 더 잘 해석하는 하지만, 세부 사항을 기억하는 것과 관련해서는 예측 가능한 부정확함을 야기하기도 한다.

기억의 단서를 찾아 이 방 저 방으로

우리가 어떻게 그리고 언제 어떤 것을 기억하느냐는 환경에 영향을 받는다. 옛날 노래를 듣는 것, 향수 냄새, 이제 막 자란 푸르른 잔디의 향 혹은 벽난로에서 타는 나무 내음을 맡는 것 등은 기억의 홍수를 불러올 수 있다. 때로는 수년 혹은 수십 년 동안 잊고 있던 기억이 소환될 수도 있다. 연구에 따르면 사람들은 지금 기억을 인출할 장소와 원래 학습을 했던 장소가 같으면 기억을 더 잘한다고 한다. 예를 들어, 잠수부들은 물속에서 본 물건들을 나중에 물 바깥에서보다 물속에서 더 잘 기억해낸다. 유사한 예로, 만약 당신이 어떤 것을 배울 때 기분이 좋았다면, 후에 기분이 좋을 때 배웠던 내용에 대한 기억을 더 잘한다.

고등학교나 대학교 동창 모임을 위해 학교에 방문했다고 상상해보자. 건물로 다시 들어가는 순간 수십 년 동안 생각나지 않았던 기억을 불러올 많은 도화선들이 보인다. 어린 시절 살던 집이나 당신이 자라난 고향에 가도 같은 일이 벌어진다. 손자·손녀를 보는 것은 당신 자신의 어린 시절 기억을 되살릴 수 있는데, 특히 아이의 외모가 닮았거나 유사한 성격 특성을 가지고 있으면 더욱 그렇다. 이러한 모든 예는 기억이라는 것이 완전히 망각되는 것이 아니라 적당한 단서가 없이는 일시적으로 접근 가능하지 않다는 것뿐이라는 것을 보여준다.

당신은 방에 들어간 직후 내가 왜 방에 들어왔는지를 잊은 적은 없는가? 이러한 경험은 흔히 발생하는데, 특히 노인들이 그렇다. 무엇인가를 찾기 위해 혹은 무엇을 가지러 그 방에 들어간 것을 안다. 하지만 방에 들어온 순간 무엇에 대한 기억이 없다. 어떤 연구들은 현관을 통과하여 걸어 들어오거나 물리적인 경계를 넘는 행위가 실제로 망각을 유발할 수 있다고 제안한다.[27] 당신이 한 장소에서 다른 곳으로 이동할 때, 출입문은 당신을 새로운 환경으로 이끈다. 이 환경은 당신이 다른 방에서 했던 것을 기억하기 위해 필요한 단서를 제공하지 않는다. 새로운 방에 들어가면 당신의 뇌는 당신이 이전 방에 있었을 때 하던 생각을 유지하며 되뇌고 있어야 한다. 하지만 다른 방으로 가면서 우리 마음은 목적을 잃고 헤매거나 그 밖의 다른 생각을 하기 시작한다. 당신이 필요한 것을 기억하기에 가장 좋은 방법은 실제로 다른 방으로 갈 필요가 있게 만든 그 생각을 하게 된 원래 방으로 돌아가는 것이다. 그 원래 방의 맥락이 당신의 원래 의도가 무엇인지를 생각나게 할 수 있다. 게다가 다음 장에서 나오듯이, 걷기는 기억력을 뚜렷하게 유지하기 위한 가장 좋은 방법 중 하나이다. 나의 장모님은 최근에 방금 설명한 현관문 유도 망각 현상을 종종 경험하신다고 한다. 걷기가 기억에 도움이 된다는 것을 아셔서인지, 다른 방에 왜 가셨는지 기억해내기 위해 집 주변을 걸으시거나 방과 방을 왔다 갔다 하시는 것이 실제로 좋은 것이라고 느끼신다. 충분한 시간을 갖고 걸으면 결국 다시 생각이 난다. 베티 화이트 Betty White[28]도 비슷한 이야기를 했다. "나는 이층집에 사는데, 기억력이 좋지 않다. 그래서 맨날 계단을 오르락내리락한다.”

기억에 대한 불안은 잊어버려요!

뭔가를 잊었다고 화내지 마세요. … 잠깐만 기다리면 다시 생각날 겁니다!

루스 웨스트하이머 Ruth Westheimer 박사, 성 치료자

　노인들에게서 흔히 볼 수 있는 현상은 그들의 기억력이 예전 같지 않거나 단기 기억*에 뭔가를 유지하는 것을 힘들어한다는 것이다. 이것은 실제로 노인들에게 정상적인 일이다(일상적으로 나타난다는 말이지, 병의 근원이라는 것을 의미하지는 않는다). 많은 노인들은 이러한 기억의 어려움에 익숙해지고, 쉬운 방법으로 이 문제를 다룬다. 예를 들어, 기억하는 데 시간을 더 많이 할애한다든지 기억해야 할 중요한 것을 종이에 적는 등의 행동이다. 이런 기억의 문제로 불안해하는 집단은 '걱정이 많은' 비교적 젊은 노인들이지, 이 문제를 수십 년 동안 겪어온 80세 이상의 더 나이 든 노인들이 아니다. 이들은 기억의 어려움은 나이가 듦에 따라 찾아오는 당연한 것이라는 것을 안다. 하지만 노년기에도 손상되지 않는 여러 유형의 기억도 분명히 존재하고, 중요한 것을 기억할 수 있는 방법도 역시 존재한다. 노년의 이로움 중 하나는 중요하지 않은 것을 잊어버리고 대신에 중요한 것에 집중한다는 것이다.

---

*　역자 주: 입력된 정보를 아주 짧은 시간 동안 유지하는 능력으로, 방금 들은 전화번호를 머릿속에 잠시 동안 저장하는 것 등이 예가 될 수 있다.

이 책에서는 알츠하이머 질환이나 치매와 관련된 쟁점들을 다루지 않는다. 몇몇 사람들에게는 이 병명만 거론하는 것으로도 높은 수준의 불안을 불러일으킬 수 있다. 초기 단계의 치매 여부를 진단하는 것은 의사들에게도 아주 어려운 일이다. 만약 당신이나 당신의 사랑하는 사람이 기억력이나 주의력의 문제로, 혹은 성격이나 일상적인 기능의 문제로 걱정하고 있다면 신경과 의사를 찾아가 상담을 하는 것이 현명한 일이다. 이와 관련된 농담 하나를 소개하면, 주차장에서 차가 어디 있는지를 가끔 잊어버리는 것은 정상이다. 그런데 당신이 차가 있다는 사실 자체를 잊는 것이 문제이다. 사소한 일에 목숨을 걸지 말라. 차가 어디 있는지 찾고, 집에 가는 법만 기억하면 된다. 이것이 꼭 기억해야 하는 것들이다.

기억 인출 연습과 시 암송

우리는 너무 자주 반복해서 들은 노래의 가사는 특별한 노력 없이도 기억한다. 아이들은 '반짝 반짝 작은 별'부터 시작해서 테일러 스위프트 Taylor Swift, 미국의 가수 겸 배우 의 최근 곡까지 어렵지 않게 외워서 부른다. 당신이 어떤 것을 기억하고 있는지를 확인하는 방법은 단지 그것을 계속 공부하거나 쳐다만 보고 있는 것이 아니다. 일단 그 정보를 인출하려고 노력하고 시험을 치러봐야 한다.[29] 기억 속의 노래를 실제로 불러보고 방금 만났던 사람들의 이름을 회상하려고 노력해보라. 내 이름은 기억하는가? 내 이름을 한 번 더 듣는 것이 아니라 그것을 회상하려고 시도함으로써 당신의 기억은 강화될 수 있다.

밥 뉴하트 Bob Newhart 역시 자신의 농담을 기억하기 위해 유사한 방법을 사용한다. 그가 말하길, 많은 희극인들은 자신의 농담을 잘 기억하지 못한다고 한다. 그는 "나는 대본을 직접 쓰는 희극인이기 때문에 만약 핵심 구절만 주어지면 이를 바탕으로 전체 대본을 거꾸로 다시 회상해보고, 전체를 재구성할 수도 있다."라고 한다. 시를 암송하거나 농담을 외움으로써 이러한 작업을 더욱 능숙하게 할 수 있고, 필요할 때 대본을 외우는 일 역시 더 잘하게 된다. 기억을 인출해보는 것이 이러한 기억을 강화시켜주며, 특히 노년기에 더욱 그렇다.[30] 그러나 가끔 당신은 이미 했던 농담을 같은 사람에게 또 하는 자신의 모습을 볼 수 있는데, 이는 특정인이 특정 농담을 하도록 유발하기 때문이기도 하다. 한 친구에게 어떤 농담을 시작했는데, 이야기를 하다 보니 이 친구가 그 이야기를 벌써 알고 있다는 느낌을 받았고, 아마도 내가 직접 이전에 그 이야기를 이 친구에게 해주었다는 것도 알아차렸다. 이런 일은 흔히 일어나지만 여전히 창피한 일이다. 더 창피할 때는, 이 친구가 그 이야기는 몇 주 전에 자신이 나에게 해준 이야기라고 말해주는 경우이다. 이러한 현상은 기억의 원리의 관점에서 쉽게 설명된다. 익숙한 친구의 얼굴이 특정 농담을 생각나게 했고, 그 농담을 이 친구가 해주었다는 것은 잊어버렸지만 이 친구와 그 농담 사이에 어떤 연결이 되어 있다는 느낌만 남아있는 것이다. 그러면 나는 이 친구가 이 농담을 재미있게 여길 것이라 해석하고 그 농담을 이 친구에게 해주는 것이다.

기억의 또 하나의 원리는 사용하지 않으면 잊어버린다는 것이다. 예를 들어, 몇 주 동안 체육관에 가지 않으면 당신의 사물함 번호를 잊어버릴 것이다(내가 증명할 수 있다). 그러나 정기적으로 자신의 '보물'을 확인하거나, 아주 많은 양의 현금이 들어 있는 지하실 금고를 계속 열어보거나, 은행 계좌를 계속 들여다보면, 그 정보를 잊기 어려울 것이다. 다시 말하면, 정기적으로 은행에 돈을 입출금하고 잔액을 확인하듯이 당신의 기억을 사용하고 이를 이용해 빈번한 활동을 하라는 것이다.

디지털 시대를 살아가는 우리들은 정보를 쉽게 얻을 수 있다. 이러한 결과로 시를 외우는 것과 같은 것은 거의 강조가 되지 않는다. 아주 예전에는 사람들은 시를 외웠다. 그러나 이러한 기술은 지금에는 잊힌 기술이 되어버린 것 같다. 작가인 마야 안젤로우 Maya Angelou 가 나에게 다음과 같이 말했다. "시가 기억에서 사라질 때 암송하지 않으면 딱 두 행만 외울 수 있을지 모른다. 그러나 그 두 행을 외우면 그다음 두 행이 연이어 생각난다. 어떤 경우에는 시의 내용은 생각나지 않고, 음률만 기억나는 경우도 있는데, 이럴 때도 이 음률만 읊조리더라도 시의 내용이 다시 기억이 날 때가 있다."

시는 또한 긴장 완화의 한 형태로도 사용될 수 있고, 기억 검사의 형태로 역시 사용될 수 있다. 농구 감독이었던 존 우든은 노년에는 긴장을 풀고 잠을 잘 자기 위해 시를 외웠다. 물론 기억력을 확인하기 위해 시 암송을 한 것은 아니었다. 존 글렌 John Glenn 은 로버트 서비스 Robert W. Service 의 시를 외우며 자신의 기억력을 확인했다고 한다. 글렌은 군에 있을 때 알게 된 '댄 맥그루의 총격 The shooting of Dan McGrew'이라는 시를 자주 암송했는데, 자신의 기억력이 아직도 꽤나 쓸 만하다고 생각했다. 글렌과 그의 아내는 어떤 사람의 이름을 아무리 기억하려고 해도 생각이 나지 않을 때는 20분쯤 그냥 기다리고 있다고 한다. 그러면 둘 중 한 명에게는 그 이름이 떠오른다고 이야기했다. 바로 자기 스스로 기억해낼 수 없는 경우는 이러한 협력적 형태의 기억을 사용해서 배우자를 도울 수 있다는 이점이 있는 것이다. 두 사람의 뇌가 한 팀을 이루어 일하

는 것이다. [31]

시를 암송하는 능력은 나이가 들어서도 배울 수 있는 기술이다. 예를 들어, 존 베이싱어 John Besinger 는 58세에 자신이 체육관에서 운동을 할 때마다 정신적인 활동의 한 형태로 존 밀턴 John Milton 의 '실낙원 Paradise Lost'을 외우기 시작했다. [32] 그는 젊었을 때부터 여러 짧은 시를 암송해왔지만 이 정도로 긴 시는 한번도 시도해본 적이 없었다. 그는 다가오는 21세기의 시작을 기념하기 위해 특별한 것을 하기 원했고, 어느 날 트레드밀을 걸으면서 실낙원의 첫 몇 행을 외우기 시작했다. 그렇게 9년 동안 수천 시간의 노력 끝에 10,565행이 되는 12권 책 분량의 실낙원을 3일에 걸쳐 암송할 수 있게 되었다. 물론 이 예는 극단적인 능력이긴 하지만, 엄청난 기억력이라는 것은 타고나는 것이 아니라 만들어진다는 것을 보여주는 예이다. 이러한 기억 능력은 충분한 노력만 있다면 성인기에도 얻을 수 있다. 목적이 많이 다르긴 했지만 더글라스 헥달 Douglas Hegdahl 도 유사한 위업을 이루어냈다. 그는 베트남 전쟁에서 20살 때 포로로 잡혀갔다. 조기 석방을 보장받은 몇 안 되는 포로 중 한 명으로서 다른 남은 포로들의 이름을 외워서 그 정보를 미국에 보고해야 하는 절체절명의 임무가 있는 상황이었다. 그는 약 256명에 달하는 다른 포로들의 이름, 포로수용소에 들어온 날짜, 포획 방법, 개인 신상 정보를 외웠다. 이때 '맥도날드 씨네 농장 Old MacDonald Had a Farm'이라는 노래의 운율에 맞춰서 정보를 외웠으며, 심지어 그가 이미 늙은 요즘도 이 사람들 모두의 이름을 외울 수 있다. [33]

과거를 추억하기: 향수에 젖어봐요

> 나는 가끔씩 내 인생에 중요한 것들과 함께 했던 옛날을 생각하며 시간을 보내는 것을 좋아한다.
>
> 존 우든 John Wooden 미국의 농구 감독

좋았던 옛 시절을 기억하는가? 노인들이 더 행복한 한 가지 이유는 그들이 더 긍정적인 정보를 기억하고 그것에 집중하기 때문이다. 긍정적인 관점에서 과거를 생각하는 것은 또한 우리가 나이 들면서 자주 하는 추억의 기초이다. 향수에 젖으면 과거의 순간들을 다시 체험하게 되는데, 이때 자랑스러운 언어를 사용한다. "그때 잡은 고기가 얼마나 컸는데." 혹은 "내가 예전에는 눈 덮인 오르막을 5마일씩 걷고 그랬는데." 와 같은 말들이다. 이러한 순간들은 고난이나 도전을 극복한 과거의 모습들을 정의하는 것으로 해석될 수 있다. 한 연구[35]는 또한 향수가 삶의 의미나 사회적 연결성을 강화함으로써 실존적 기능을 제공한다는 것을 보여준다.

향수는 어린 시절 살던 집을 기억하거나 1954년 시카고 컵스의 중계방송을 듣던 때를 회상하거나 우리 과거의 긍정적이고 감상적인 순간들을 불러일으키는 형태를 취한다. 비록 토마스 울프 Thomas Wolfe 의 유명한 책 제목이 『그대 다시는 고향에 가지 못하리 You Can't Go Home Again』라고 말하고 있지만, 우리 기억 속에서 우린 확실히 다시 고향으로 돌아갈 수 있다. 우리는 추억의 과정을 통해 과거의 사건이나 경험을 더 긍정적으로 회상할 수 있고 어린 시절의 기억을 마치 어제 있었던 일처럼 떠올릴 수 있다. 연구에 따르면 향수에 젖는 것은 당신의 삶에 의미를 더할 수 있다고 한다. 또한 행복하고 정서적이며 본질적 의미가 있는 과거의 기억을 회상하는 것은 확실한 즐거움을 제공한다. 이것이 아마도 노인들이 더 행복한 한 이유일 것이다.

　과거를 추억하는 것은 가족의 역사에 대해 이야기하는 것과도 관련되어 있다. 이는 또한 젊은 세대의 가족 구성원을 중요한 가족의 역사로 연결하는 역할도 한다. 이를 통해 젊은 세대가 알기 전 그들의 부모와 조부모에 대해 더 깊은 이해를 할 수 있게 된다. 결론적으로 몇몇 연구들에 따르면, 가족의 역사에 대해 아이들이 더 많이 알면 알수록 다른 가족 구성원과 더 잘 연결되어 있다고 느끼며 더 안정적인 가족 정체성을 느낀다고 제안한다. 가족 정체성은 아동 발달에 아주 중요한 요소이다.[36] 결국 향수가 여러 세대를 중요한 방법으로 연결할 수 있다.

노년기의 호기심: 좋은 기억력의 안내자

　저는 특별한 재능이 없습니다. 다만 너무나 호기심이 많죠.

　　　　　　　　　알버트 아인슈타인 Albert Einstein 독일의 물리학자

　우리의 호기심은 이른 나이부터 발달한다. 내 아들은 『호기심 많은 조지 Curious George』가 장난 가득한 모험을 하며 세상을 배우는 모습을 보는 것을 좋아한다. 나는 이 아이가 가진 이 많은 호기심을 평생 가지고 살기 바란다. 호기심은 성장하면서 꽃을 피운다. 그러나 나이가 들면 조금 다른 것들에 호기심을 갖기도 한다. 당신의 관심을 끄는 것과 내 것이 다르며, 『호기심 많은 조지』는 더 이상 어른들이 침대에서 자기 전에 읽는 가장 좋은 책은 아니다.

당신의 호기심과 기억의 정도를 검사하기 위해 다음의 토막 상식 퀴즈를 읽어보자. 그리고 이 문제에 대한 답을 찾는 것에 얼마나 관심이 있는지 1점에서 10점으로 대답해보자. 1점은 전혀 관심이 없는 것이고, 10점은 엄청난 관심이 있는 점수이다. 그리고 답을 구하려고 노력해보자(정답은 이 장의 미주에 나와 있다).[37]

하루에 가장 잠을 적게 자는 포유동물은?
바코드를 넣었던 가장 첫 번째 생산품은?
여성에게 투표권을 주었던 첫 번째 국가는?

이 상식 문제들은 꽤나 어려운데, 아마도 어떤 문제는 다른 것들보다 더 관심이 갈 것이다. 한 최근 연구에서[38] 젊은이들과 노인들이 당신이 방금 본 것과 같은 문제들을 풀었다. 이 문제들은 연구에 참여한 어느 누구도 정답을 알기 어려운 것들로 선택되었다. 실험 참여자들은 각 문제에 대해 얼마나 호기심이 생기는지 (정답이 얼마나 궁금한지) 평정을 했다. 그리고 각 문제에 대한 정답을 들었다. 일주일 후에 이 참여자들에게 같은 문제를 제시했고, 정답이 기억나는지 물었다. 더 호기심이 간다고 평정한 문제들에 대해서 일주일 후에 더 잘 기억하고, 그렇지 않은 문제들은 잊어버린 집단은 바로 노인들이었다. 젊은이들은 이러한 경향이 나타나지 않았다. 정리하면, 우리는 나이가 들수록 우리의 호기심을 자극하는 것들을 기억하고 나머지는 잊어버리려는 경향이 있다.

세상에 대해 알고, 새로운 정보를 습득할 수 있는 토막 상식들을 기억하는 것은 특별한 즐거움이 있다. 트리비얼 퍼슈트 Trivial Pursuit 같은 게임은 모든 연령대에게 인기가 있다. 펍 트리비아 Pub Trivia 와 같은 개작판은

나이 듦의 이로움

젊은 세대에게 유명하다. 노인들은 종종 사실, 역사 그리고 퀴즈 쇼 '제 퍼디 Jeopardy'에 등장할 만한 유형의 문제들에 대해 더 잘 알고 있다. 노인 복지관이나 은퇴자 공동체에서 가장 인기 있는 게임들은 이러한 상식 퀴즈와 연관되어 있다. 우리가 나이 들어도 뭔가를 궁금해하는 능력은 없어지지 않는다. 단지 중요하다고 느껴서 나중까지 기억해야 한다고 생각하는 것을 더 선택적으로 기억하는 것 같다.

젊은이들과 노인을 가릴 것 없이 많은 사람들은 흥미롭다고 여기는 것들만 자신들이 기억한다고 말할 것이다. 특히 노년기에, 우리가 우리의 뇌에 많은 정보를 저장하고 있고, 머리에 너무 많은 잡동사니가 들어 있는 것 대해 걱정하기를 원하지 않는다면 말이다. 그런데 토막 상식은 유용한 가치가 전혀 없음에도 불구하고 흥미로울 수 있다. 이것이야말로 호기심에 의한 흥미이다.

로마시대 철학자인 키케로 Cicero 는 나이 들어서도 명석한 두뇌를 유지했던 인상 깊은 예로 대大 카토 Maior Cato *를 설명하면서 다음과 같이 말했다. "나는 자신의 보물을 어디에 숨겼는지를 잊어버리는 노인은 들어본 적이 없다. 늙어서도 정신적인 힘을 유지하도록 자극하기 위해서는 이에 대한 깊은 관심만이 필요할 뿐이다."[39] 정보를 기억할 필요성, 즉 보물을 어디에 숨겼느냐는 일정 수준의 호기심을 갖게 만드는 필수적인 요소이다. 그리고 이 호기심이 중요한 것에 대한 우리의 기억을 강화시켜준다.

---

*　역자 주: 실존했던 로마의 대정치가.

이 장을 마치며

우리는 나이가 들어갈수록 우리가 기억할 필요가 있는 것이 무엇인지를 잘 평가할 수 있게 된다. 기억은 비디오카메라와 같은 것이 아니다. 설사 그렇다 해도 나이가 들면서 그 기능이 떨어진다. 물론 나이가 들면서 세부 사항이나 이름과 같은 것들을 기억하는 것에는 어려움이 있을 수 있지만, 중요한 정보에 집중하여 그것을 선택하고 관련이 없거나 흥미롭지 않은 정보는 걸러낼 수 있게 된다. 정보의 핵심을 요약해서 기억하는 능력이 더 좋아지게 된다. 때로는 이렇게 전반적 결론이나 요약 내용을 기억하는 것이 너무 세부적인 내용을 기억하는 것보다 더 중요할 때도 있다. 사실 세부 사항은 구글이나 위키피디아에서 찾아볼 수 있다. 정보를 어디서 찾아야 하는지만 기억해도 그만큼 도움이 될 수 있다. 더 일반적으로 말하면, 중심 주제나 중요한 교훈을 기억하는 것은 어느 연령대에서나 효율적인 기억법이다. 나이가 들면서 우리 자신의 기억에 대한 지식과 인식(메타 기억의 한 형태)은 기억을 어떻게 효과적으로 사용할지, 기억의 실패가 있을 때 어떻게 대처해야 할지에 대한 더 깊은 이해를 제공한다. 노화에 대해 부정적인 신념을 가지고 있는 것은 나중에 늙어서 더 이른 기억 감퇴를 이끄는 것처럼 자신의 기억력에 대한 신념이 향후 기억력에 영향력이 있다. 즉, 우리의 신념이 중요한 역할을 할 수 있는 것이다. 기억이 노화에 따라 감퇴하는 데에는 여러 이유가 있다. 이는 기억과 노화에 대한 고정관념과 일치하는 현상이다. 하지만 노년기에도 기억이 잘 작동하는 다양한 방법 역시 존재한다. 마지막으로, 자신의 보물을 숨겨놓은 장소를 잊는 노인은 없다. (그런데 내 안경은 도대체 어디 있는 걸까?)

지 혜

인생의 경험과
창의성의 이로움

지혜
인생의 경험과
창의성의 이로움

지혜로움은 못 본 척 지나가야 하는 것이 무엇인지 아는 기술이다.

윌리엄 제임스 William James 미국 심리학의 아버지로 알려진 심리학자

지식은 말하고, 지혜는 듣는다.

지미 헨드릭스 Jimi Hendrix 기타리스트, 가수, 작곡가

주름살은 보면 그 정체를 알 수 있지만, 지혜는 조금 더 정의 내리기 모호하다. 지혜를 얻기 위해서는 주름살이 필요할까? 조금 다르게 표현하면, 지혜를 갖기 위해서는 많은 인생의 경험이 필요할까? 지혜는 지식 그 이상이고 위키피디아와 같지도 않다. 그것은 선행 지식, 과거 경험, 상식 그리고 통찰을 사용하여 생각하고 행동하는 능력으로 생각해 볼 수 있다. 지혜에 대한 한 정의에 따르면 지혜로운 사람은 삶의 실용성과 현실 가능성에 대한 전문 지식을 가지고 있다.[1] 그것은 단지 아주 똑똑한 것을 의미하지도 않는다. 지능이나 영성과 같은 것들과 분리된 개

념으로 여겨지며, 다양한 인지 및 정서적 요인들이 통합된 상태와 관련되어 있다. 그리고 이는 노년기에 더욱 접근하기 쉽고 눈에 띄기 쉬운 것 같다.[2]

지혜는 단지 아주 똑똑하고 아는 것이 많은 것을 의미하지 않는다고 이야기했다. 예를 들어, 알버트 아인슈타인 Albert Einstein 에게 누군가가 "소리의 속도가 얼마지요?"라고 묻자, 그는 자신도 정확한 답을 모른다고 인정하면서, "저는 그런 정보를 외우고 다니지 않습니다. 왜냐하면 그런 것은 책에서 쉽게 찾아볼 수 있으니까요. 대학 교육의 가치는 많은 사실들을 학습하는 데 있는 것이 아니라 생각하는 훈련을 하는 데 있습니다."라고 대답했다.[3] 따라서 그는 지혜는 개인적으로 기억해야 할 것이 무엇인지 아는 것일 수 있다고 제안한다. 다른 정보들은 오늘날 인터넷을 통해 아주 쉽게 접근 가능하다.

지혜는 경험이 없는 사람들에게는 이해하기 어려운 것처럼 보일 수 있지만, 종종 사람들은 지혜를 통해 자기 자신이나 어떤 결과를 추측할 필요 없이 명백하게 볼 수 있거나 상식을 사용할 수 있다. 지혜의 조금 덜 복잡한 정의에 대해 아이에게 물어보자. 여섯 살짜리 내 딸은 "지혜는 조심하는 거예요."라고 대답했다. (이 책을 교정보던 내 어머니는 손녀의 말에 전적으로 동의했다.) 작가이자 시인인 마야 안젤로우 Maya Angelou 에게 지혜를 어떻게 설명할 수 있는지 묻자, 그녀는 "지혜란 주의와 관심 그리고 정직한 평가로 정제된 교훈의 본질이며, 가능한 한 최선의 언어를 통해서 듣는 사람에게 주어지는 것이다. 모든 사람은 어떤 종류의 지혜가 있지만, 지혜롭지 못한 사람은 불친절하고, 잔인하며, 야만적이고, 똑똑하지 못하며, 어리석고, 타고난 기지와 상식을 사용하지 않는다."[4]라고 대답했다.

거의 모든 사람들이 가정하길, 지혜는 나이 듦의 소중한 혜택이다. 영화배우 브래드 피트 Brad Pitt 는 다음과 같이 말했다. "개인적으로 저는 나이 드는 것을 좋아합니다. 지혜가 함께 따라오기 때문이죠. 저는 언제든지 지혜를 위해서라면 젊음도 내어줄 수 있습니다." (그가 젊음과 나이 듦을 바꾸겠다고 말한 것이 아니라는 것을 명심하기 바란다. 그가 원한 것은 지혜였다!)

나이를 먹는다고 무조건 지혜가 있는 것은 아니지만, 나이 들면서 축적되는 경험이 중요한 구성 요소인 것 같긴 하다. 그러나 지혜는 현재의 상황을 과거에 경험했을 법한 상황과 단순히 비교하는 것과는 다른, 창의성과 관련되어 있다. 실수를 하는 것은 지혜를 향상시키고 정보를 제공한다. 그리고 노인들은 수많은 실수를 해왔다. 따라서 지혜와 전문성 그리고 창의성은 서로 복잡하게 얽혀 있고, 연령의 증가와 함께 강화된다. 그래서 이를 나이 듦의 혜택이라 하는 것이다. 일반적으로 우리는 지혜의 가치를 인정하지만 항상 그것을 추구하는 것은 아니다. 또한 노인들이 실제적인 측면에서 중요한 통찰을 제공할 만한 지식과 경험을 가지고 있다고 항상 생각하는 것도 아니다. 노인들은 그저 들을 준비가 된 귀와 젊은 마음들에게 지혜를 전수하는 것을 즐긴다. 그러므로 언제 그리고 어떻게 지혜에 접근하는가를 아는 것이 중요하다.

누가 지혜를 가지고 있는가? 몇 살이 되면 지혜로워지는가?

우리는 지혜를 어디서 찾을 수 있고, 어떤 특성들이 지혜를 갖게 만들까? 우리는 종종 노인들이 지혜롭다고 생각하고 몇몇 연구들은 공식적인 심리학교육을 받지 않은 노인들이 인간관계의 갈등을 분석하는 일에 훈련받은 임상심리학자들만큼이나 능숙하다는 것을 알려준다.[5] 또 다른 연구는[6] 교육 연한, 지능 지수, 성별에 상관없이 노인들은 사회적인 혹은 인간관계에서의 갈등에 대해 추론하는 능력(지혜의 중요한 한 형태)이 젊은이들에 비해 뛰어나다는 것을 보여준다. 이 연구에 참여한 사람들은 '애비 귀하 Dear Abby'라는 신문 칼럼의 독자 사연이 담긴 편지들과 개인 혹은 집단 사이의 갈등에 관한 글을 읽은 뒤 글에 나타난 친구들, 형제자매들 그리고 배우자 사이의 문제에 대해 기술하였다. 그 뒤 다음과 같은 질문을 받았다. "이제 다음에 무슨 일이 일어날까요?" "왜 그런 식으로 일이 진행될 것이라 생각합니까?" 이 질문에 대한 답을 녹음한 뒤, 그 내용을 다시 글로 적어 응답자의 나이를 짐작케 하는 정보를 제거한 뒤, '지혜'에 기초해서 이 반응들을 평가하도록 훈련받은 다른 집단의 사람들에게 이 반응들을 평가하도록 했다. 연구자들은 여기서 지혜를 다양한 관점에서 문제를 볼 수 있고 사회적 관계의 민감성을 보여줄 수 있는 능력으로 정의하였다. 이 정의에 따라 연구자들은 위의 실험 참여자들의 반응의 일부를 성직자나 전문 상담가를 포함한 외부 전문가들에게 평가해달라고 요청하였다. 이 과정은 학생 평가자들의 평가가 대체적으로 정확했다는 것을 확인하기 위함이었다. 이 연구의 주요 결과는 다음과 같다. 상위 20%의 지혜로운 반응이라고 평가된 반응을 한 사람들의 평균 나이는 65세였고, 나머지 80%의 반응의 응답자들의 평균 나이는 46세였다. 게다가 추후 연구에서는 자신을 상황이나 사건에서 한 발짝 물러서게 하는 것이 지혜로운 결정을 내리도록 할 수 있다는 것을 보여주었다. 이 결과들을 종합하면, 자신과 유사한 문제를 최근에 겪은 사람에게 상담을 받는 것은 최선이 아닐 수 있으며, 그 상황으로부터 더 멀리 떨어서 있는 사람이 더 좋을 수 있다는 것이다. 아마도 노인들이 상황으로부터 한걸음 멀리 떨어져 있을 가능성이 클 것이다.

노년기의 정서적 지혜

책을 쓰는(compose) 사람보다 자신을 가다듬을(compose) 수 있는 사람이 더 지혜롭다.

벤자민 프랭클린 Benjamin Franklin 미국의 초대 정치인 중 한 명

『지혜의 역설 The Wisdom Paradox』이란 책에서 저자인 엘코논 골드버그 Elkhonon Goldberg 는 우리의 뇌가 나이가 들면서 더 나빠지는 다양한 방법을 세부적으로 기술했다. 그중 한 가지 단순한 (그러나 반드시 사실인 것은 아닌) 생각은 나이가 들면서 뇌세포들은 죽고 우리의 정신 활동은 느려진다는 것이다.[7] 그러나 평생 동안 지성을 이용하고 다른 사람을 관찰하는 것을 통해 다른 사람의 정확한 정서를 인식하고 그에 공감할 수 있게 된다. 골드버그 자신도 다음과 같이 말했다. "나이가 들면서 힘든 정신적 활동을 하는 데 필요한 능력은 잃었을지 몰라도 즉각적인, 비교할 수 없이 쉽게 생겨나는 통찰이라는 능력은 얻은 것 같습니다."

지혜를 갖고 좋은 결정을 하며 다른 사람의 스승이 되는 데는 종종 경험이 필요하다. 예를 들어, 포춘지 선정 500대 기업의 최고 경영자들의 나이는 전형적으로 50에서 70세 사이이다. 이 사람들은 실험실에서 진행하는 컴퓨터 기반 처리 속도, 추론, 문제 해결 검사에서는 젊은 사람들에 비해 더 낮은 점수를 받았지만[8] 회사를 경영하고 올바른 결정을 하는 데는 재주가 있다. 그러나 지혜는 중요한 재정적인 결정을 내리는

것 이상과 연관된다. 종종 가정의 정서적인 문제를 해결하는 과정에서도 지혜가 사용된다. 지난번 추석과 같이 많은 가족이 함께 모인 경우를 생각해보자. 어떤 미묘한 가족 간의 갈등이나 조금 더 심각한 다툼들을 어떻게 서로 다른 나이를 가진 가족 구성원이 해결하는지를 생각해보라. 지적인 능력은 더 정서적이거나 실제적인 지혜와는 다른 것 같다. 대학교 적성 시험 유형의 검사에서처럼 시간제한이 있는 지필식 추론검사나 문제 해결 검사에서 좋지 못한 수행을 보임에도 불구하고, 노인들은 정서를 조절하거나 실제적인 문제 해결에서는 뛰어난 것 같다.

다소 복잡한 정서적 상황의 예를 다음에서 생각해보자.

한 노인의 며느리가 이 노인에게 막 다섯 번째 손자를 안겨주었다. 그런데 아들과 며느리가 어머니 아이의 할머니 에게 어떻게 손자를 안아야 하는지를 가르쳤는데, 이 할머니는 이 일로 자존심이 몹시 상했다. 하지만 갈등을 키우지 않기 위해 이 할머니는 아이를 며느리에게 주고 자신의 상한 감정을 아들과 며느리에게 터뜨리지 않으려고 병실에서 나왔다. 그렇게 정서적으로 상처 입기 쉬운 상황에서 자신의 가족들과 갈등하고 싶지 않았던 것이다. 그 상황에 대한 정서적 반응을 통제함으로써 나중에 이 문제에 대해 가족들과 조용하게 다시 이야기하기가 훨씬 쉬워졌다. 이는 그 사건으로 인한 감정적 격변 때문에 정신이 산란해지지 않았기 때문이다. 이 할머니가 이 상황에서 싸움을 피하고 싶다는 목적이 있다는 것을 생각한다면 자신의 감정을 통제하는 것은 효과적이었고, 현명한 행동이었다. 그러나 만약 또 다른 맥락에서 이 할머니가 실험실에서 실시하는 인지 기능 평가 검사를 받았다면 다양한 종류의 기억력과 주의력을 측정하는

많은 과제에서 인지적인 감퇴를 보일 가능성이 높았을 것이다.[9]

위에서 묘사된 상황은 급격히 악화되어 후회스러운 가족 간의 갈등으로 귀결될 수도 있었다. 노인들은 정서적 지혜나 인생의 경험을 통해 이런 상황을 종종 꽤나 효과적으로 다룰 수 있다. 기억과 인지 기능에 대한 컴퓨터 기반 검사들로는 나이가 들면서 더 좋아지는, 갈등을 효과적으로 조절하는 능력과 같은 정서적 지혜를 포착할 수 없다. 이러한 유형의 지혜는 자신의 정서를 상시로 지각하고 언제 그리고 어떤 정서를 남들에게 표현할 것인지를 결정하는 것과 관련되어 있는 듯하다. 정서적 반응의 관점에서, 잘못된 인간관계로 인한 갈등을 다룰 때 노인들은 소리를 지르거나 욕을 하는 등의 충동적이고 공격적인 반응을 훨씬 덜 하는 것으로 알려져 있다. 노인들은 일단 기다리면서 강한 감정적 반응을 보일 필요 없이 상황이 개선될 여지가 있는지 살펴보며 현명하게 '한 발 물러나는' 것을 잘한다.[10] 우리는 나이가 들수록 다른 사람의 고통을 더 잘 인식하고, 수용과 용서 그리고 연민의 필요에 대해서 더 잘 알게 되는 것 같다. 케니 로저스 Kenny Rogers 의 노래 '겜블러 The Gambler'의 다음 가사에 잘 표현된 것처럼 말이다.

패를 언제 잡을지, 언제 죽을지, 언제 자리를 떠야 할지를 알아야 한다네. …

정서적 지혜는 타인의 성격이나 의도를 판단하는 데도 확장하여 사용될 수 있다. 또한 사람들이 가진 최고의 자질이 무엇인지 평가하는 데도 정서적 지혜가 이용될 수 있다. 평생의 경험을 바탕으로, 노인들은 어떤 사람이 어떻게 혹은 왜 특정한 방식으로 행동하게 되는지에 대한 결론을 도출하기 위해 그 사람의 어떤 결함이나 특징들을 중요하게 생각하지 않을 수도 있다. 한 연구[11]에서, 가상 인물의 행동 목록들이 주어졌을 때 노인들은 정신을 산만하게 만드는 비교적 덜 중요한 행동들을 무시하고 그 사람의 전반적인 특성을 잘 나타내는 데 적절한 행동에 집중했다. 노인들은 사람의 결점보다는 긍정적인 측면을 보려고 노력하는 것 같았고, 젊은 사람들에 비해 이 가상의 인물들을 부정직하거나 지적이라고 더 정확하게 규정할 수 있었다. 이 결과는 노인들이 다른 사람을 판단할 때 사회적 전문성을 가지고 있다는 것을 의미한다.

믿음직한 사람을 알아보는 것은 노인들에게 중요할 수 있다. 보통 노인들은 사람을 잘 평가한다. 한 연구에서 노인들은 자신이 이전에 본 얼굴들 중 어떤 얼굴이 믿음직한지 혹은 믿음직스럽지 않은지 정확하게 판단했다. 단, 그 얼굴이 자신의 나이와 비슷해 보일 때만 그러했다.[12] 친숙하지 않은 얼굴들의 신뢰 정도를 평가해달라고 하면 노인들은 이 낯선 얼굴들을 젊은 사람들에 비해 더 신뢰할 만하다고 평가하는 경향이 나타났다. 이 결과는 노인들이 인물에 대한 사회적 분석을 할 때 지혜를 이용하며 일반적으로 사람들을 쉽게 믿는다는 것을 시사한다. 노인들의 이러한 특성은 자신들을 이용해 먹으려는 사기꾼들을 만나면 문제가 될 수 있다. 노인들의 이러한 위대한 자산 때문에 젊은 사람들에 비해 사기꾼들의 표적이 더 자주 된다. 하지만 이러한 상황에서 노인들이 꼭 더 쉽게 속아 넘어갈 필요는 없다.[13] (9장을 보면 이러한 사기 수법들과 이 사기꾼들을 피하는 방법이 나와 있다.) 누구를 믿을지 아는 것은 경험을 통해 습득되는 기술이고 나이가 들면서 배울 수 있다. 그러나 외로워하는 노인들은 의심하는 것이 이로운 상황에서도 친숙하지 않은 사람이 친절하게 대하면 쉽게 그 사람을 믿는 경향이 있는 것 같다.

창의적 인지: 창의성은 어떻게 측정할 수 있을까?

우리는 독특한 예술 작품이나 건축물을 볼 때 종종 작가들의 창의성에 깊은 인상을 받곤 한다. 다양한 영역에서 창의성을 발휘할 수 있는 많은 방법들이 있다. 정의하기 어려운 많은 다른 개념들처럼 창의성도 봐야만 알 수 있다. 우리는 아주 특별한 예술 작품이나 프랭크 게리 Frank Gehry 와 같은 유명한 건축가의 건축물과 같은 창의적인 작품들이 어떤 기여를 하였는가에 대해 논쟁하고 토론하는 것을 좋아한다. 그러나 실제로 창의성을 측정하는 것은 꽤나 어려운 일일 수 있다. 게리는 그의 창의적인 디자인뿐만 아니라 가구 제작을 위해 판지와 같은 새로운 소재를 이용하는 것으로도 유명하다. 창의성을 측정하는 고전적인 검사는 '대안적 용법 검사'[14]로 알려져 있는데, 이 과제는 실시하기 꽤 쉽고 스스로 해보기도 쉽다. 이 과제에서 사람들은 못, 책상, 칫솔과 같은 일반적인 물건에 대한 가능한 많은 용법을 적어야 한다.

예를 들어, 빨간 벽돌 하나를 생각해보자. 이제 이 벽돌의 쓰임새를 최대한 많이 떠올려보자. 책을 읽는 것을 잠시 멈추고 벽돌의 여러 쓰임새에 대해서 생각해보자. 무엇이 떠오르는가?

아마 처음에는 보다 일반적인 쓰임새가 떠올랐을 것이다. 아마도 집을 지을 때와 같은 경우 말이다. 그러나 그다음부터는 당신의 마음은 여기 저기 돌아다니기 시작한다. 이러한 과정이 바로 창의성이 작동하는 방식이다. 더 창의적인 용법을 떠올리는 것은 재미난 노력일 수 있다.

그러나 이 과정에는 당신이 억제하고 있는 것을 놓아버릴 것을 요구하기도 한다. 처음에는 이것이 어려울지도 모르겠다. 혹은 심지어 비현실적이라고 생각할 수도 있다. (벽돌은 그냥 벽돌, 벽돌일 뿐이라고!) 조금 더 지나면 억제를 담당하는 전두엽(뇌의 한 영역으로, 당신이 과제에 집중하는 것을 유지하는 기능을 담당한다)의 스위치가 꺼지면서 창의성이 흐르게 된다. 그리고는 많은 재미나고 이상한 벽돌의 쓰임새가 떠오른다. '무기'라든지, '물을 절약하기 위해 변기 물탱크에 집어넣는 어떤 물건' 혹은 '닭요리를 할 때 닭을 평평하게 펴는 도구' 등과 같은 것들이다.

이 과제에서 당신의 창의성을 측정하고 점수를 매기는 방법이 몇 가지 있다. 한 가지 방법은 단순히 얼마나 많은 대안적인 쓰임새가 떠올랐는지 개수를 세는 것이다. 만약 벽돌이라면 집, 건물 혹은 건축과 직접적으로 관련이 없는 완전히 창의적인 대답들의 개수인 것이다. 그러나 창의적이라는 것은 종종 더 새로운 통찰과 독창성이 관련되어 있다. 따라서 이 과제에서 창의적인 대답을 분석하는 또 다른 방법은 다른 사람들이 떠올리지 않은 쓰임새들만의 총계를 내는 것이다. 이 대답들이 진짜 특이하고 독창적인 쓰임새라 생각하는 것이다. 또한 당신의 대답을 다른 사람이 보고 각 쓰임새를 창의성 수준에 따라 평가하게 하는 것도 하나의 방법이 될 수 있다. 당신의 반응을 다른 사람들이 평가한다는 것이 민망할 수도 있지만, 이러한 동료 평가는 종종 가장 믿을 만한 검사로 여겨진다.

아마도 당신은 노인들이 더 본래 쓰임새에서 벗어나지 못할 것이라고 예상할 것이다. 벽돌은 집 짓는 데 쓰이는 것, 이게 끝. 이것이 기능적 고착인데, 어떤 물건의 일반적인 쓰임새에 매몰되어서 그 물건을 다른 방식으로 유용하게 사용할 수 있다는 것을 놓치는 현상을 말한다. 사실 연구 결과는 노인들은 젊은이들만큼 대안적인 쓰임새를 이야기할 수 있다는 것이다.[15] 이러한 결과는 이러한 형태의 창의성이 노년이 되어서도 감퇴되지 않는다는 것을 시사한다.

우리는 나이가 들수록 경제적인 측면에서나 가족관계 그리고 자신이 즐거운 삶을 살기 위해서라도 창의적일 필요가 있다. "필요는 발명의 어머니"라는 말이 있듯이 창의성은 생존과 관련이 있다. 젊은 사람들의 생각이 보다 창의적인 경향이 있다고 당신은 판단할 수도 있지만 노년기야말로 위대한 창의적 작품과 통찰을 위한 시간이라고 믿을 만한 여러 이유들이 있다. 창의성은 종종 개념들 사이의 공통점을 찾아서 새로운 연결을 만드는 것과 관련되는데, 노인들은 이를 위한 경험이 더 많다. 그리고 노인들은 대안적인 관점에 더 개방적이다. 인생의 경험은 우리에게 사람들은 세상을 각각 다르게 본다는 것을 가르쳐준다. 다른 관점을 인식할 수 있다는 것은 모든 것이 보이는 것처럼 단순하지 않다는 더 나은 조망과 깨달음을 가능하게 해준다.

인생 후반전에 꽃피운 창의성

창의성이란 젊은 시절에 (스티브 잡스 Steve Jobs 나 존 레논 John Lennon 을 생각해보자) 정점에 이른다고 생각할 수도 있다. 그러나 창의적 기여는 보통 전 생애에 걸쳐 나타나고 종종 여러 형태로 만들어진다. 세계적인 건축가 프랭크 게리의 경우와 같이, 하나의 전문 영역에서 신뢰를 쌓은 후인 노년기에 이르게 되면 더 창의적이 될 기회를 갖게 될 수 있다. 그는 경력 초기에 새로울 것 없는 건물과 쇼핑몰을 설계했지만 지금은 젊었을 때 꿈으로만 가지고 있던 창의적인 건물을 자유롭게 디자인할 수 있게 되었다.

순수 수학이나 이론 물리학 같은 복잡한 학문 영역에서는 창의성의 형태가 성인 초기에 그 절정에 달하기도 하지만 축적된 지식의 사용을 필요로 하는 분야에서는 일반적으로 창의성의 정점이 나중에 나타난다.[16] 이러한 견해를 뒷받침하기 위해 전 생애에 걸쳐 창조적 산출물을 측정하려고 시도하는 방법들이 있다. 예를 들어, 한 분석[17]에서는 300명의 유명한 예술가, 시인, 소설가들이 그들의 가장 가치 있고 유용한 기여를 한 작품의 출품 당시 연령을 살펴보았다. 이때 이 가치는 작품의 경매 가격이나 교과서에 특정 작품이 등장하는 횟수로 측정하였다. 이 분석 결과 인생에서 두 개의 정점이 나타난다고 제안하였다. 첫 번째 정점은 종종 20대와 30대에 최고의 성과를 보이는 개념 예술가들 사이에서 더 자주 나타나고, 두 번째 정점은 60세 이후 실험적인 예술가들 사이에서 일어나는데, 그들은 그들의 완전한 잠재력에 도달하기 위해 수십 년이 더 필요한 것 같다(아마도 프랭크 게리와 같은 예술가와 비슷한 유형일 텐데, 자신의 경력의 후반부에 더 창의적인 작품 세계를 꽃 피우는 경우이다).

물론 게리만 그런 것이 아니다. 마크 트웨인Mark Twain, 알프레드 히치콕Alfred Hitchcock, 폴 세잔느Paul Cezanne, 프랭크 로이드 라이트Frank Lloyd Wright, 로버트 프로스트Robert Frost, 로라 인갈스 윌더Laura Ingalls Wilder, 주세페 베르디Giuseppe Verdi 그리고 버지니아 울프Virginia Woolf 등도 중년에서 노년기에 자신들의 가장 위대한 작품을 세상에 내놓은 예술가들이다. 바로 이 시기가 창의적 작품을 만드는 데 필요한 지혜라는 형태에 더 많이 의존하는 때이다. 어떤 경우에 지혜는 노년의 신체적 도전을 다루는 것과 관련이 있다. 예를 들어, 모네Monet 는 59세에 그의 유명한 수련 그림을 시작했으며, 그는 백내장을 앓았을 때 많은 자품들을 그렸다.

큰 창의성과 작은 창의성

　창의성 연구자들은 종종 창의성을 '큰 창의성'과 '작은 창의성'으로 분류하곤 한다.[18] 큰 창의성이란 위대한 예술가나 과학자 그리고 발명가들의 비범한, 그래서 유명하고 잘 알려진 성취들을 말한다. 작은 창의성은 종종 소수의 사람들에게만 영향을 미치는 더 다양한 주제와 개인적인 내용들을 포함한다. 이 작은 창의성은 메모를 쓰는 창의적인 방법, 한 가지 주제나 기술을 가르치는 방법, 또는 자기 자신을 표현하는 방법 등과 같은 보다 일상적인 창의적 산출물을 포함할 수 있다. 우리 모두가 인생의 후반부에 중요한 창조적 공헌을 하지는 않을 것이다. 그것이 노인들의 목표가 아니기 때문이다. 오히려 우리는 그림, 정원 가꾸기, 사진, 요리, 빵 굽기, 시, 책 쓰기 등과 같이 창의성을 표현할 수 있는 취미나 활동을 선택한다.

　내 두 딸은 빵을 굽는 것을 좋아하지만 이 아이들이 즉흥적으로 빵을 만들면 그 결과물을 먹을 수 없을 때도 있다. 그러나 실수를 통해서 배울 때 (예를 들어, 베이킹파우더는 너무 창의적으로 사용하기보다는 주의를 기울여 계량을 정확히 해야만 한다는 것 등) 그들의 우연한 창조물은 독창적이고, 때로는 맛있기까지 하다. 아내가 즉흥적으로 요리할 때, 가끔 최고의 조리법이 만들어진다. 그녀는 어떤 재료들이 대체되거나 함께 잘 작용하는지 더 잘 이해하기 때문이다. 많은 과학적 발견들도 작은 실수에서 비롯되고 우연히 얻어진다. 그 과학자들은 필요한 수준의 지식, 창의성 그리고 호기심을 가지고 있었던 것이다. 작은 창의성은 사람들이 자신들이 즐기는 영역에서 창의적인 재능들을 하나로 모을 수 있도록 해준다. 그리고 종종 이 사람들은 직업적인 성취나 언론의 관심이 없이도 창의적인 활동들을 하며 어떤 나이에도 중요한 창의적 내용물들을 제공한다. 정원 가꾸기는 창의적인 내용물들을 만들어낼 수 있고 자연의 삶과 양육의 삶을 연결시킬 수 있다. 이런 유형의 창의적인 일에 몰두하는 것은 자신의 인지적 능력과 삶의 질에 영향을 줄 수 있고 또한 노인들에게 어느 연령에서나 창의성과 연결시킬 수 있는 새로운 방법을 보여준다. 예를 들어, 그랜마 모제스 Grandma Moses 는 늦은 나이에 그림을 그리기 시작해서 80대에는 전국적으로 유명해졌다.[19] 즉, 창의성은 다양한 연령대에, 다양한 분야에서 꽃피울 수 있다.

허드슨강의 기적: 지혜와 창의성의 콜라보

2009년 1월 15일, 뉴욕시의 추운 겨울날 노스캐롤라이나의 샬롯이 목적지인 유에스 에어웨이즈 US AIRWAYS 1549편은 155명을 태우고 라 과르디아공항을 막 출발하였다. 일상적인 조건하에서 그 공항에서 그날 이륙한 수백 편의 비행기들 중 하나였다. 그러나 이륙 몇 초 만에 당시 58세의 체슬리 '설리' 설렌버거 Chesley 'Sully' Sullenberger 조종사는 항공 교통 관제국에 비행기가 큰 새 떼와 부딪혀서 두 개의 엔진이 모두 고장났다고 보고했다. 설렌버거는 즉시 항공 교통 관제국에 라 과르디아로 돌아가거나 뉴저지주의 좀 더 작은 테터보로공항에 착륙을 시도할 가능성에 대해 물어봐야 했다. 촉박한 시간 속에서 엔진 출력은 없었고, 설렌버거는 빨리 결정을 내려야 했다. 공항에 착륙을 시도하거나 허드슨 강에 수상 착륙을 해야 하는 상황이었다. 공항 착륙은 인구가 밀집한 지역에 추락할 위험이 있었고, 수상 착륙은 지금까지 한번도 해보지 못한 것이었다. 무동력 상태로 뉴욕시의 마천루 위를 미끄러지듯 활공할 때 아래로는 허드슨강이 보였다. 설렌버거는 이 상태로 공항까지 가는 것은 불가능하다고 판단했다. 허드슨강에 비상 수상 착륙하는 것이 모든 사람의 생존을 위한 최선의 선택이라 결정했다. 다른 사람과 의견을 나눌 시간이 없었다. 32년 경력의 베테랑 조종사인 부조종사 제프 스카일스 Jeff Skiles 는 설렌버거 기장의 명령에 어떻게 반응했는지 다음과 같이 회고했다.[20]

> 설리가 "허드슨에 착륙할 겁니다."라고 말했고, 나도 그 결정에
> 동의하면서 "좋습니다."라고 대답한 뒤 내 임무를 위해 내 자리
> 로 돌아갔습니다.

기적적으로 설렌버거는 허드슨강에 무동력 비행기를 착륙시키는 데 성공했다. 비행기에 타고 있던 155명 전원의 생명을 살린 것이다. 이 사건은 극히 이례적인 업적이지만, 지난 수십 년간 항공기 관련 사고를 막은 경우들이 있었는데, 그것들 사이에는 공통점이 있었다. 매우 경험 많은 조종사들이 팀을 이뤄 비행기를 조종했다는 것이다. 다른 전문 조종사들은 비행기가 직면하는 극한의 어려움에 성공적으로 대응할 수 있게 해준 것이 조종사들의 훈련과 경험이라는 것에 동의했다. 그러나 이 조종사들은 민첩성이나 반응 시간을 측정하는 많은 과제에서 젊은 조종사들보다 더 나쁜 점수를 받았던 나이 든 조종사들이었다. 큰 사고를 방지

한 많은 경우 이들은 60세 가까이 된 조종사들이었는데, 2007년 전까지 이 나이는 미국의 항공사 조종사들이 은퇴해야 하는 나이였다.

이제는 '허드슨강의 기적'이라 불리는 이 사건은 단순히 경험 많은 조종사와 부조종사가 일어날법하지 않은 사건에 재빨리 반응했기 때문에 일어난 것이 아니다. 설렌버거 기장은 시간이 중요한 요인이라는 것을 알고 침착했으며 몇 가지 비상 계획을 세워야 했다. 무동력 상태로 도착할 수 있는 만큼 가까운 공항이 없으며 강이 최선의 선택이었다. 수십년의 비행 경험이 있었지만 수상 착륙 경험은 전무했다. 항공기 운항의 원리에 대한 이해와 창의성에 의존해야 했고, 이 둘의 조합으로 기적적인 업적을 이뤄낸 것이다.

허드슨강에 착륙하겠다는 결정은 비행기의 정상적인 이륙 후 2분 30초 만에, 새 떼에 의해 엔진이 망가져 비행기가 동력을 잃은 지 1분 만에 내린 결정이었다. 설렌버거와 부기장 스카일스는 이 짧은 순간 동안 수상 착륙을 위한 계획과 준비를 재빨리 해야 했다. 이 사건 후 뉴스 앵커인 케이티 쿠릭 Katie Couric 과의 인터뷰[21]에서 설렌버거는 다음과 같이 말했다. "그 순간을 이렇게 생각해볼 수 있을 것 같습니다. 42년 동안 나는 작지만 규칙적인 경험, 교육 그리고 훈련을 은행에 예금해왔습니다. 그리고 1월 15일 은행 잔고는 한 번에 큰 인출을 할 수 있을 만큼 충분했습니다." 머릿속에서 무슨 생각을 했는지 묻자, 설렌버거는 쿠릭에게 다음과 같이 대답했다. "지난 42년 동안 내가 경험했던 다른 모든 비행들과는 달리, 이번에는 아마도 활주로에서 비행기가 손상되지 않은 채로 착륙할 수 없다는 생각이 바로 떠올랐습니다."

한 가지 이론은 설리가 공항으로 돌아갈 시간이 있었을지도 모르지만, 다른 어떤 선택도 고려하지 않고 즉시 이 결정을 내려야 했을 것이라는 것이다. 보통은 이런 상황에서 보다 일상적인 사고방식을 따르는 것과 관련이 있었을는지 모른다. 바로 비행기는 강이 아닌 공항에 착륙하도록 되어 있다. 그러나 그것은 또한 인구가 밀집한 도시에 대참사가 일어날 수 있다는 것도 의미했다. 무슨 일이 벌어질지(엔진 출력 없이 공항에 미끄러져 착륙하든지 인구가 밀집된 도시에 충돌하여 불타게 되든지)에 대한 이 극적인 이론은 클린트 이스트우드 Clint Eastwood 가 제작한 2016년의 영화 〈설리 Sully: 허드슨강의 기적〉에 잘 묘사되어 있다. 흥미롭게도, 사람들은 그것이 성공적이었더라면 공항으로 돌아가려는 계획을 다시 세우지 않았을 것이다. 결국 그것은 일상적인 절차를 따른다면 예상할 수 있을 것이다. 그러나 모든 엔진들이 조류 충돌로 파괴되었기 때문에 이것은 평범한 상황이 아니었다. 이때 설리는 창의성을 가지고 두 가지 끔찍한 결과를 낳을 수도 있지만 또한 놀라운 결과를 얻을 수 있는 이 복잡한 결정을 균형 있게 내릴 수 있었다. 기장인 설렌버거와 부기장 스카일스는 충돌 시 착륙에 관한 점검표를 일일이 확인할 충분한 시간이 없었다. 예를 들어, 비행기의 통풍구와 배출구에 물이 들어가지 않도록 밀봉하는 비상착수 버튼은 누르는 것을 깜빡했다. 조류와의 충돌 때문에 기체의 꼬리 쪽에 균열이 생겼다는 사실과 함께 이 버튼을 누르지 않아서 비행기에 빠르게 물이 차올랐다. 따라서 이 경우에 지혜란 반드시 수상 착륙에 대한 정확한 프로토콜을 알고, 압박 속에서도 이러한 세부 사항을 기억하고 있는 것이라기보다는 중요한 절차를 시행한 다음 '즉시' 상황에 맞게 임시변통으로 대처하는 것을 의미한다.

나이 듦의 이로움

느림의 이로움과 서두르지 않음의 지혜

급할수록 돌아가라.

잭 라레인Jack Lalanne　미국의 피트니스 전문가

민첩하되 서두르지 마라.

존 우든John Wooden　미국의 농구 감독

나이를 먹을수록 (대략 천 분에 몇 초씩) 느려진다는 사실에 놀라는 사람은 거의 없다. 앞의 차가 갑자기 멈춰 섰을 때 브레이크 페달을 밟는 데 걸리는 시간이 더 느려지는 것은 우리의 신경세포의 신호 전달 속도가 느려진 결과이며, 이것이 노화에 따른 전반적 둔화 이론에 대한 증거일 수 있다.[22] 그러나 이러한 전반적 둔화를 완화시키는 보상 체계나 예외도 존재한다. 예를 들어, 나이 든 전문 타이피스트들은 자신들이 입력하게 될 단어들을 예측하는 더 나은 전략을 사용하는데, 이러한 전략이 속도 저하를 상쇄할 수 있다. 나이 든 음악가들은 음악의 빠른 부분이 다른 부분에 비해 더 빨리 연주되는 것처럼 보이게 하기 위해 어떻게 섬세하게 속도를 늦춰야 하는지를 안다. 고령의 운전자들은 과속으로 인한 자동차 사고를 당할 가능성이 젊은 사람들보다 적다. 그 이유 중 하나는 그들의 운전 습관에 기인하는데, 친숙한 길로 다니며, 밤에 운전하는 것을 피하고, 주의가 산만하거나 피곤하고 술에 취했을 때 운전을 피한다.

고령의 조종사들 역시 기존 경험과 지식에 의존하여 자신들이 새로운 상황에서 빨리 반응해야 할 필요가 없도록 상황을 만들 수 있다. 이를 통해, 설렌버거 기장의 예에서처럼, 여러 감정들을 통제하면서 차분하

세 상황에 대처할 수 있다. 2009년 그 추운 날에 설렌버거가 마주친 그 독특한 상황에서, 더 젊은 조종사라면 육지에 착륙하기 위해 공항으로 회항하는 동작을 더 빨리 했을지도 모른다. 하지만 그렇게 함으로써, 이 조종사는 인구밀도가 높은 지역에 추락할 수도 있는 위험이 생길 수도 있었다. 조종사들은 대개 따라야 할 일상적 규칙들이 많고 비행기를 운항할 때 필요한 복잡한 조작을 돕는 점검 사항들이 많이 있다. 이들은 연료 소비량과 주행 거리를 계산하는 데 능숙하긴 하지만 새로운 정보를 기억하는 것은 어려운 일일 수 있다. 여러 가지 기억 내용들과 비행을 하면서 생기는 정보들의 순행성 간섭은 머리를 어지럽힐 수 있다. 이름을 기억하는 것에 대해 노인들이 부담을 갖고 있는 것처럼 이러한 간섭은 빠른 망각을 야기한다. 예전에 나는 민간 항공사에 근무하는 중년의 조종사를 만난 적이 있는데, 그는 비행마다 필요한 복잡한 계산과 자신이 사용하는 복잡한 장비들의 운용법보다 더 어려운 것은 막 착륙할 공항에 할당된 게이트 번호가 몇 번인지를 기억하는 것이라고 했다. 게이트 정보는 수시로 바뀌기 때문에 기억하기 위해서 메모지에 번호를 실제로 적어놓는다고 말했다.

만약 느려짐을 통해 당신이 삶에 더 충일감을 느끼고, 생각이 깊어지며, 타인의 관점을 더 잘 인식하게 된다면 느림에 의한 이로움은 분명히 있다. 느린 의사소통은 매우 효과적일 수 있는데, 이것은 청중들이 연설자의 사고의 흐름을 따라갈 수 있도록 하는 자연스러운 멈춤을 허용한다. 내가 처음 300명의 학생이 모인 청중 앞에서 발표를 하고 수업을 시작했을 때 나는 빨리 말하는 사람이었다. 강의 내용을 철저하게 전달하기 위해 시속 100km/h로 질주한다는 생각으로, 한 주제에 대해 내가 알고 있는 모든 것을 이야기하려 했다. 하지만 청중들이 항상 내 생각대로 따라오는 것은 아니라는 것을 깨달았다. 이제 나는 발표를 시작하기 전 내 마음속에 담아두어야 하는 한 단어를 가지고 있는데, 그것은 바로 '멈춤'이다. 이제는 질문을 위한 시간을 더 많이 할애하고, 청중이 더 많이 참여하게 하며 내가 하는 말을 청중들이 잘 이해하고 있는지를 살펴보게 된다(특히 대규모의 청중이 모인 강의에서 페이스북*과 경쟁해야 할 때면 말이다). 강의 시간에 잠시 멈추고, 적절한 속도를 갖게 되면 말을 더 적게 해도 내용이 명확하게 전달된다. 천천히 말하는 것은 당신을 잘 듣는 사람이 되도록 할 수도 있는데, 이는 나이가 들면서 좋아지는 것 같다.

속도를 늦추면 걷거나 넘어질 때의 단순한 위험도 더 잘 인식할 수 있다. 넘어지는 것은 노인들이 입원하거나 사망하는 데 중요하게 영향을 미치는 한 요인이다. 계단을 내려갈 때 서두르지 않거나 발을 헛디딜 위험을 피하거나 미끄러운 표면을 인식하는 것은 나이에 상관없이 중요할 수 있다. 퓰리처상을 수상한 작가이자 지리학자인 재레드 다이아몬드 Jared Diamond 는 뉴욕 타임즈에 실린 글[23]에서 화장실이야말로 노인들에게 매우 위험한 장소 중 하나가 될 수 있다고 지적했다. 바로 샤워 중 바닥이 미끄러워지기 때문이다. 만약 당신이 샤워하거나 밤에 화장실로 걸어가는 도중에 조심하지 않으면 특히 노년기에는 매우 위험할 수 있다.

노년기의 부산물 혹은 이점은 젊은 사람만큼 서두르지 않아도 된다는 것일 수 있다. 그리고 신중함이 주는 이점이나 그렇게 행동할 필요성을 젊은 세대에 비해 더 잘 이해할 수 있다. 그 예로 최근에 나는 산에서 하이킹을 하다가 뿌리에 걸려 넘어져 나의 '오래된' 허리 통증이 악화되

---

* 역자 주: 대규모 청중을 대상으로 한 강의에서 청중들이 강의가 지루해지면 노트북이나 스마트폰을 보게 되는 현상을 말한다.

었다. 40피트 앞에 있는 것에 너무 집중해서 빨리 걷다가 발 바로 앞에 있는 지형을 인식하지 못했던 것이다. 속도를 늦췄다면 이렇게 산에서 넘어질 가능성을 줄일 수 있었을 것이다.

『느린 것이 아름답다 In Praise of Slowness』, 『슬로씽킹 The Slow Fix』과 같은 느림의 이로움에 대한 책들을 쓴 칼 오너리 Carl Honoré 는 자신도 속도위반 과태료 고지서를 받은 경험이 있다고 말하며, 자기 자신의 조언을 따르는 것이 얼마나 어려운지 토로했다. 그는 긴 하루를 보내고 서둘러 저녁을 준비하고 아이들이 잠잘 수 있도록 하는 상황을 묘사하며, 종종 밤에 아이들에게 책을 읽어줄 때 몇 줄 혹은 몇 쪽을 그냥 읽지 않고 넘어가려고도 했다고 말했다. 아빠와 함께 하는 동화책 읽기가 이렇게 빨리 지나가는 것과는 달리, 할머니나 할아버지는 손주들과의 동화책 읽기 시간을 보내는 데 훨씬 더 참을성이 있다. 아마도 이 아이들과 보내는 절대 시간 자체가 적어서 그럴 수도 있다. 이분들은 손주들에게 잠자기 전 책을 읽어주면서 자세한 이야기를 해주시고, 아이들이 하는 질문에도 성심껏 대답해주신다. 우리 장모님도 손자·손녀들에게 책을 읽어주실 때는 끝없는 인내심을 보여주시는데, 아이들이 한번도 들어보지 못한 개념에 대해 풍부하고 자세한 설명을 해주신다(예를 들어, 동화책『애니 Annie』를 읽을 때는 고아가 무엇이고, 홀어머니는 무엇이며, 고아들은 왜 반려견이 있지만, 자신들은 없는지와 같은 질문에 말이다). 이것은 인내심 있고 경험이 많은 이야기꾼들, 종종 조부모나 다른 나이 든 어른들에 의해서만 제공될 수 있는 인생에 대한 이런 저런 교훈들로 이어질 수 있다. 성 어거스틴 Saint Augustine 이 다음과 같이 썼듯이 말이다. "인내는 지혜의 친구이다."

이 땅의 할아버지와 할머니: 지혜의 원천이자 과분한 보모들

> 내가 14살 소년이었을 때, 나의 늙은 아버지는 너무 무식해서 나는 그가 내 곁에 있는 것조차 참을 수 없었다. 그러나 내가 21살이 되었을 때, 나는 그 노인이 지난 7년 동안 얼마나 많은 것을 배웠는지에 대해 놀라지 않을 수 없었다.
>
> **마크 트웨인**Mark Twain 미국의 소설가

진화적인 관점에서 보면 노인들은 생존을 위해 필요한 지혜를 제공했다. 젊은 사람들보다 느리지만, 많은 문화에서 나이 든 어른들은 그들의 지혜와 통찰력으로 존경받으며 젊은 가족 구성원은 사랑과 존경 그리고 의무감으로 그들을 돌볼 것이다. 재레드 다이아몬드가 그의 책『어제까지의 세계 The World Until Yesterday』에서 이야기했듯이, 노인들은 더 이상 사자를 창으로 찔러 죽일 수는 없지만, 젊은 사람들에게 덫을 놓는 방법을 조언함으로써 사냥에 중요하게 기여할 수 있다. 또한 그들은 사냥의 역사에 대한 정보로서 하나의 자원이기도 하다. 과거 부족 시대이건 더 현대적인 미국의 삶에서건 조부모들은 손주들의 보모 역할을 담당하는데, 이는 자신의 자녀들손주들의 부모이 (부족 시대에는) 먹을 것을 찾거나 (현대에 와서는) 집 바깥에서 일을 하거나 직업을 찾기 위한 시간을 갖게 해주기 위해서이다. 조부모들이 보모를 하기에는 필요 이상의 자격을 갖추고 있는 것 같다. 한 연구에 따르면 할머니가 아이를 키웠을 때 다치거나 응급실에 갈 위험이 어린이집이나 다른 친척, 심지어 아이의 엄마가 키웠을 때보다 반밖에 되지 않는다고 한다.[24] 이 발견은 중요한데, 조부모들이 아이들을 돌볼 때 사용하는 지혜의 이로움을 보여준다.

조부모는 보모 역할 외에도 손주들에게 지혜의 원천이 되고 보다 공식적인 교육을 제공할 수 있는데, 이것은 조부모와 손주들 모두에게 가치 있고 풍요로운 관계가 될 수 있다. 가끔 어떤 부모들은 조부모가 손주들을 키우는 것을 막는데, 이것은 이들이 손주들을 돌보는 일에 적당하지 않다고 생각하기 때문이다. 어떤 경우에는 이것이 맞을 수도 있다. 예를 들어, 혈기 왕성한 손주들을 쫓아 뛰어다녀야 하거나 할아버지, 할머니가 명확하게 표현하거나 이해하지 못한 규칙들을 실행하는 것과 같은 신체적 한계와 관련된 경우라면 말이다. 그러나 대부분의 경우 부모들은 조부모들이 자녀 양육에 관여하는 것의 이점을 잘 인식하지 못하고 있다.

좌절하고 조바심이 난 부모들은 자신의 아이들을 가르치는 최상의 방법을 이해하지 못할 수 있으며, 실제로 자녀들을 가르치며 좌절을 맛본다. 반면에 조부모들은 아이들의 학습 잠재력을 열어줄 수 있다. 이것의 좋은 예는 네이트 코넬 박사 Dr. Nate Kornell 가 조부모의 지혜에 대해서 쓴 글에서 찾아볼 수 있다.[25]

어제 각각 여섯 살과 세 살인 내 두 딸이 할아버지와 자전거를 타러 나갔다. 나는 여섯 살짜리 딸에게 보조바퀴 없이 자전거 타는 법을 가르치기 위해 지난여름 내내 열심히 노력했는데, 처참한 결과 때문에 포기했었다. 딸아이가 보조바퀴 없이 자전거를 타고 집에 올 가능성은 0.00%라고 보면 된다. 그런데 그 일이 일어나버렸다. 사바 Saba, 딸아이의 할아버지 가 손녀에게 자전거 타는 법을 가르쳤다. 단지 7분 만에 말이다.

나이 듦의 이로움

때로는 부모가 아닌 할아버지, 할머니가 가족 중 최고의 선생님일 수 있다.

어른들과의 대화 속에 숨겨진 가족의 지혜 그리고 가족 유대감

당신은 당신의 조부모가 어디서 자랐고 직업이 무엇이었는지 아는 가? 당신 가족에게 일어난 끔찍한 일이나 가족 구성원의 질병, 범죄들에 대해 알고 있는가? 당신 자신의 출생에 대한 이야기를 알고 있는가? 가족사에 대해 배우는 것은 모든 연령대의 가족 구성원에게 중요하고 그들을 한 가족으로 형성시킨다. 노인들은 가족사를 더 잘 이해하기 위해 족보를 펼쳐보는데, 젊은 사람들도 자신의 가족, 특히 어린 시절에 대해 더 많은 것을 알게 됨으로써 이로움을 얻을 수 있다. 한 획기적인 연구에서, 연구원들은 아이들에게 가족에 기반한 질문들을 했다(그리고 연구원들은 전반적인 가족 역학을 평가하기 위해 저녁 식사 시의 대화를 녹음하기도 했다). 그 후 연구원들은 통제감과 자존감을 평가하는 다양한 심리 검사에서의 수행을 아이들의 가족사에 대한 지식을 바탕으로 평가했다. 자신의 가족사에 대해 알고 있는 아이들은 삶에 대한 통제감이 더 강했고 더 높은 자존감을 가지고 있었으며 자신의 가족이 더 성공적으로 기능한다고 믿었다. "이거 알았어요?"라는 이름을 가진 검사[26] 속의 일련의 질문들에 대한 결과는 또한 아이들의 향후 정서적 건강과 행복을 강하게 예측하는 요인이었는데, 특히 외상적 사건을 겪은 아동들의 경우는 더욱 그렇다.

왜 할머니가 어떤 학교를 다니셨는지를 아는 것이 어린아이가 엎질

러진 우유, 피부가 벗겨진 무릎, 또는 테러에 의한 공격과 관련된 감정을 다루는 데 도움이 될까? 한 가지 제안은 가족사에 대한 지식을 가진 아이가 대가족의 일원이 되는 것에 대한 더 나은 감각을 발전시킬 수 있다는 것이다. 이것은 단지 자신의 가족이 얼마나 놀랍고 위대한 일을 했는지, 혹은 가족 대대로 내려오는 요리법을 아는 것과 관련될 뿐만 아니라 그 가족이 어떤 어려움과 싸워왔고, 어떻게 극복했는지를 아는 것이다. 내 가족의 과거 고난의 역사를 더 많이 알면 알수록 (예를 들어, 할아버지께 들은 제2차 세계대전과 홀로코스트에서 우리 가족이 얼마나 살아남았는지에 대한 이야기, 삼촌과 고모들에게 들은 우리 엄마의 암 투병 이야기 등) 내가 지금 가진 것과 나에게 주어진 기회가 어떤 것인지 더 잘 감사할 수 있다. 이 이야기들은 종종 우리 가족의 역사에 비해 아주 작아 보이는 내 자신에게 주어진 도전에 더 잘 대처할 수 있게 해준다.

우리 딸이 잠들기 전 가장 듣기 좋아하는 이야기는 '아빠가 어렸을 때 한 실수들'이란 제목의 나의 실패에 관한 이야기들이다. 이 이야기들을 통해 아이들은 심지어 자신들의 부모라고 해도 실수를 했고 또 계속 할 수 있다는 것을 재확인한다. 이것이야말로 인생이고 배움이다. 아이들은 실수를 두려워할 수도 있지만, 또한 실수를 두 번 반복하지 않고 그것으로부터 배우고 싶어 한다. 고령의 가족 구성원이 종종 이러한 정보의 최적의 제공자일 수 있다. 부모들은 두려움이나 창피함 혹은 긍정적인 롤 모델로서의 행동을 보여주고 싶기에 자녀들과 본인들의 실수에 대해 이야기하지 않을 수도 있다. 그러나 실수와 인내의 가족사를 아는 것에는 분명한 이로움이 있는데, 종종 이것이 많은 긍정적인 결과들과 관련이 있기 때문이다. 실수에 대해 이야기하는 것은 또한 가족의 전통과 역사의 한 형태로서 쉽게 회상되고 즐길 수 있는 중요한 가족의 이야기가 되기도 한다. 게다가 때때로 손주들과 조부모들 사이의 의사소통은 아이들이 부모와 나누는 의사소통보다 더 솔직하고 개방적일 것이다.

지혜를 전수하는 타이밍

내가 이 책을 쓰기 위해 나이 든 어른들을 인터뷰할 수 있었던 한 가지 이유는 그들이 그 동안 배운 모든 것을 기꺼이 전달하고자 했기 때문이다. 그들은 나이가 들면서 성공적인 삶을 산 비결을 숨기려 하지 않고 비단 노년의 삶이 아니라 자신의 삶 전체에 대한 조망과 통찰을 나누는 것을 행복해했다. 이들의 삶의 여정을 살펴보면 성공적인 노화에 대한 크나큰 통찰을 얻을 수 있다. 희극 배우인 밥 뉴하트 Bob Newhart 와의 첫 번째 인터뷰에서 그는 다음과 같이 고백했다. "저는 이제 제 뇌 안에 있는 것들을 비우려고 애쓰는 시점에 와 있습니다. 바로 여기 내 두뇌에 호스를 연결해야 합니다. 다른 사람들, 특히 젊은 사람들과 내가 지금까지 배운 것들을 공유하고 싶습니다!"

나는 뉴하트의 통찰력과 농담을 열렬히 경청하는 사람이었지만, 일반적으로 젊은 세대에게 지식을 전달하는 것은 도전이 될 수 있다. 한 부모가 나에게 그가 네 살짜리 아이에게 시를 읽어주었다고 말한 적이 있다. 그는 자신이 어렸을 때 그랬던 것처럼 지금 이 아이가 시를 배우고, 이해하고, 이 작품을 통해 얻을 수 있는 중요한 교훈을 보고 느끼기를 원했다. 그는 아들에게 여러 번 이 시를 읽어준 뒤 "이 시를 듣고 무슨 생각을 하고 있었니?"라고 물었다. 아이는 "엄마 아빠 가 나와 함께 노는 것을 내가 얼마나 원하고 있는지 생각하고 있었어요."라고 대답했다.

가끔 부모들은 자식이 그 나이에 필요한 것보다 더 많은 것을 배우길 원한다. 그러나 실제 제공되는 교육은 맥락과 함께 이루어져야 한다. 예를 들어, 단지 놀기만을 원하는 어린아이에게 시를 주입하는 것이 아니라 실제 학습 경험을 제공해야 되는 것이다. 부모와 어른으로서 우리는 언제 그리고 왜 시를 배웠는지는 망각한 채, 다만 아이들이 시를 배워야 한다는 것만 기억한다. 우리 어른들이 언제 아이들에게 지혜를 전수할 수 있는지 그리고 이들이 무엇에 대해 배우기 원하는지에 대한 안내자는 어린이가 되는 것이 더 좋다. 지혜를 사람들에게 강요할 수는 없다. 그들이 지혜를 얻기 원해야 하고 언제 그것이 필요한지 그 타이밍을 알 필요가 있다.

부모와 조부모들은 종종 지혜의 본질인 지식과 풍부한 경험을 자녀들에게 전달하려고 노력한다. 이러한 지혜들은 시나 고전에서부터 내려오는 현자들의 조언에서부터 저녁 식사 전에 손을 씻어야 한다거나 코를 후비지 말라거나 바닥에서 음식을 먹지 말라는 등(이런 조언들을 보면 아마도 내 자식들의 나이를 가늠할 수 있을 것 같다)의 더 직접적인 명령까지 다양하다. 희극인이자 배우인 빌리 크리스탈^{Billy Crystal} 이 우리 아이들에게 코를 후비는 것을 멈추라고 말하는 것을 그만두어야만 한다고 말했던 것이 그가 한 말 중 최고의 말이었을지도 모른다. 어차피 아이들은 당신이 보지 않을 때 코를 후빌 것이기 때문에, 아이의 삶과 더 실질적인 관련이 있을 수 있는 더 큰 문제에 집중하는 것이 낫다.[27] 겨우 코 파는 문제를 가지고 아이들과 씨름하지 말고 더 큰 문제에 집중하라. 이것이 나이가 들면서 깨닫는 실질적인 삶의 지혜이다.

이 장을 마치며

지혜가 무엇인지 정의 내리는 것은 어렵다. 하지만 우리가 그것을 보면 무엇인지 쉽게 알 수 있다. 지혜는 위키피디아에 있는 정보 이상의 무엇이며 정서적이고 창의적인 요소도 가지고 있다. 인내는 지혜의 필수적인 요소인데, 노년기에 특히 그렇다. 때때로 지혜는 재빨리 대응하거나 즉흥적인 측면도 가지고 있다. 노인들은 삶의 경험을 통해 지혜와 창의적인 통찰들을 이끌어낼 수 있다. 내가 본 생일 카드에는 다음과 같은 문구가 적혀 있다. "질문: '나이 들면 지혜로워진다'라는 말의 진정한 의미는 무엇일까? 정답: '이 모든 세월 속에서, 당신은 더 잘 배워왔습니다'." 지혜는 사람을 더 나은 스승으로 더 명확하게 대화하는 사람으로 만들어주는데, 이는 종종 더 느려지고 더 선택적이 됨으로 가능하다. 때때로 지혜는 무엇을 말해야 하는지, 언제 그리고 어떻게 말해야 하는지를 아는 것을 말하기도 한다.

여전히 예리한 삶

능동적인 생활양식이란 무엇인가?

여전히 예리한 삶

능동적인 생활양식이란
무엇인가?

당신이 무슨 일을 하든지 당신 주변에는 당신과 논쟁할 수 있는 명석
한 사람들이 함께 해야 합니다.

존 우든John Wooden 미국의 농구 감독

'능동적'이란 말의 의미는 무엇이고, 능동적인 생활양식의 이로움은
무엇일까? 우리의 뇌를 더 똑똑하게 유지하기 위해서는 정신적인 활동
이 육체적인 활동보다 더 중요할까? 다른 사람들과 함께 있는 것이 당신
을 더 똑똑하게 만들 수 있을까? 내가 은퇴하게 된다면, 어떻게 예리함
을 유지한 채 살 수 있을까? 능동적인 생활양식이란 다른 사람들과 항상
시간을 보내며, 끊임없이 일을 하는 것을 의미하지 않는다. 오히려 그것
은 다른 사람들과 어울리거나 시를 암송하는 것처럼 자신을 충만하게
느끼게 하는 일정 수준의 도전이나 자극과 관련된다.

우리는 모두 나이를 먹을수록 정신을 잘 차리고 살며 기억력을 향상

시킬 수 있는 방법이 무엇인지에 대해 고민하게 된다. 많은 사람들은 이를 위한 최선의 방법이 무엇인지, 또는 자신들이 즐기고 느끼는 것이 이익이 되는지에 대한 각자의 의견들을 가지고 있다. 중요한 것은 이러한 신념이 실제로 우리의 지적 능력을 유지하고 향상시키는 데 무엇이 도움이 되는지에 대한 과학적인 연구 결과와 일치하는가 여부이다. 또한 두뇌를 훈련시키는 방법에 대한 최근 주장을 뒷받침하기 위해서 어떤 과학적 연구가 필요한지 아는 것 역시 중요하다. 이번 장에서는 어떤 활동이 우리를 더 예리하게 만들 수 있는가에 대해서 이야기할 것이다. 그리고 다음 장에서는 컴퓨터를 활용한 두뇌 훈련의 발전에 대해서 다룰 것이다.

어떻게 하면 우리가 중년과 노년기에 들어서도 예리함을 유지할 수 있을까? 퓰리처상을 수상한 작가이자 지리학자인 재레드 다이아몬드 Jared Diamond 는 성공적인 노화를 위한 유일한 비결은 없다고 말하면서 안나 카레리나의 법칙을 소개한다. 이 법칙은 더 나은 기억력과 성공적인 노화로 이끄는 한 가지 방법만을 찾지 않는 것이다. 이 원리에 기초하여 하지 말아야 할 일련의 목록을 찾아야만 할지도 모른다. 우리가 할 수 있는 많은 중요한 일들이 있지만, 성공적인 노화를 이루기 위해 해야 할 일들과 하지 말아야 할 일들을 의식적으로 생각하지 않는 것 같다. 재레드 다이아몬드는 나에게 자신이 등산과 산보를 하며, 외출하는 동안은 그가 보는 많은 새들을 기억한다고 말했다. 자신이 잠들기 전 밤에는 휴식과 인지적인 운동의 한 형태로 낮에 본 새들을 기억해낸다고 한다.

정신을 예리하게 유지시키는 활동들이 무엇인지 알아내는 것은 여러 해 동안 관심 있는 연구 주제가 되었지만, 주된 쟁점은 특정 활동들이 실제로 이런 예리함에 도움을 준다는 것 원인이 된다는 것 을 보여주는 방법을 찾는 것이다. 예를 들어, 십자말풀이를 하는 사람들은 원래 '언어적으로 예리한' 사람들일 가능성이 있고, 자연히 이런 종류의 게임에 끌리게 될 수 있다. 이 경우라면 십자말풀이 자체가 실제로 인지능력의 향상을 이끈 것이 아닐 수 있다. 즉, 단지 두 사건이 관련되어 있다고 해서 하나가 다른 것의 원인인 것은 아니다. 인과관계를 얻기 위해서는 실험을 수행할 필요가 있다. 이러한 실험은 전형적으로 한 활동에 사람들을 무선 할당random assignment*하고 다른 사람들은 이 활동에는 참여시키지 않으면서 이와 유사한, 그래서 비교 가능한 활동을 하도록 해야 한다. 문제는 어떤 사람들은 십자말풀이를 좋아하고, 어떤 사람들은 그것 때문에 좌절하고, 어떤 사람들은 그것을 해본 경험이 있고, 어떤 사람들은 그것을 지루하게 여긴다는 것이다. 십자말풀이를 하는 것과 기억력 향상 혹은 치매 예방 방법 사이의 인과관계를 정확히 평가할 수 있는 결정적인 연구는 아직 없었다. 한 가지 이유로는 이 게임에 관심이 없는 사람들에게 오랜 시간 동안 하라고 말하기 어렵기 때문이다. 사람들이 정신적 예리함을 유지하도록 도와준다고 주장하는 많은 다른 활동들 역시 같은 문제들을 가지고 있다. 바로 둘 사이의 인과관계를 알 수 없다는 것이다. 명확한 인과관계에 대한 증거가 없더라도 상관관계를 보여주는 것은 특정 활동과 인지 개선 그리고 치매 발병 가능성 감소 간에 어떤 연관성이 존재할 수 있는지를 결정하는 데 여전히 도움이 될 수 있다.

---

* 역자 주: 실험에 참여한 사람들을 무작위로 실험 조건들에 배치하는 연구 기법으로, 실험 연구에서 연구자가 통제할 수 없는 변수가 연구 결과에 미치는 영향을 최소화하기 위한 아주 중요한 실험 기법이다.

나이 듦의 이로움

예리함을 유지하기 위해 무엇을 해야 할까?

정신적 예리함을 유지하기 위해 우리가 무슨 활동을 해야 하는가를 적어본다면, 그 목록은 꽤나 다양하겠지만, 보통 정신 활동과 관련 있는 십자말풀이, 스도쿠, 글자 만들기 Scrabble, 단어 찾기 게임 Boggle, 마작(세계 각지에서 몇 명씩 모여서 하는 중독성 있는 중국의 전통 놀이), 주사위놀이, 체스, 시 쓰기나 시 암송, 악기 연주, 독서, 그림 그리기, 외국어 배우기, 퀼트, 사진, 요리, 수기 달력 보관, 글쓰기 등을 예로 들 수 있다. 어떤 경우에는 춤, 정원 가꾸기, 산보, 등산, 수영, 조류 관찰, 골프, 잔디볼링, 셔플보드 등의 좀 더 신체적인 활동과 관련이 있기도 하다.

다양한 연구 방법과 접근을 사용하여 이러한 활동의 영향을 조사한 많은 연구가 있다. 한 연구는 75세에서 85세 사이의 사람들 중에서 독서, 보드 게임, 악기 연주, 춤과 같은 다양한 여가 활동을 하는 사람들이 치매에 걸릴 확률이 낮다는 것을 발견했다.[1] 또 다른 연구는 치매 초기 단계인 사람들에게 4개월에 걸쳐 마작을 하게 할 경우 기억력이 향상되었으며, 이러한 이로움은 사람들이 게임을 중단해도 1개월 동안 지속되었다는 것을 발견했다.[2] 뇌 발달에 관한 한 연구에서는 폭넓은 피아노 연습을 하는 것이 뇌의 백질 영역의 발달과 관련이 있다는 것을 보여주었다.[3] 또 다른 연구는 나이 든 전문 음악가들이 더 나은 공간 기억력과 더 나은 듣기 능력을 가지고 있다는 것을 보여주었다.[4] 심지어 당신이 음악을 연주하지 않고, 단지 음악을 듣는 것만으로도 기분을 고양시킬 수 있고, 이는 기억력을 향상시키는 데 도움을 줄 수 있다. 두 개 이상의 언어를 사용하는 사람들이 치매에 걸릴 확률이 낮다는 점에서 이중 언어 사용의 이점도 있다.[5] 또한 우리의 직업 역시 인지적 복잡성과 두뇌

에 자극을 준다는 점에서 치매 예방을 위한 보호 장치가 될 수 있다.[6]

　사람들이 은퇴할 수 없다고 생각하는 한 가지 이유는 그들의 직업이 그들의 뇌를 활발하게 유지한다고 믿기 때문이다. 예를 들어, 활동적인 노년의 교수들은 나이가 들었어도 특정 기억력을 잘 유지하며,[7] 은퇴한 회계사들은 언어 정보에 비해 숫자를 더 잘 기억한다.[8] 마지막으로, 한 연구는 광범위한 활동에 참여하는 것이 하나의 특정 활동만 하는 것에 비해 노년기의 인지 장애를 줄일 수 있다는 결과를 보였는데, 이를 통해 다양성도 중요하다는 것을 알 수 있다.[9] 이러한 연구들 중 실험 참여자를 각 조건에 무선 할당한 경우는 거의 없다. 왜냐하면 사람들은 인생의 더 이른 시기에 자신이 어떤 삶을 살 것인가를 선택하고, 이 선택이 그 사람의 인생 후반기에 특정한 관심사와 집중하는 부분을 결정하기 때문이다.

　사람들은 대개 이러한 활동들이 두뇌를 운동시키고, 정신 활동을 자극하며, 창의적인 생각을 계속 흐르게 함으로써 그들의 정신을 예리하게 유지시킨다고 말한다. 기억 능력을 최적화하기 위해 젊은 사람들은 기억 전략들을 사용하는 반면, 노인들은 인지 운동과 신체 건강 유지에 더 중점을 두는 경향이 있다.[10] 그러나 이러한 활동이 수행되는 맥락에는 거의 관심이 주어지지 않는다. 즉, 우리는 종종 이 활동을 하는 것에는 관심을 갖지만 이러한 활동을 하는 동안 우리가 상호작용하는 사람들에 대해서는 무관심하다. 어떤 게임은 여러 명이 할 수 있지만, 다른 게임들은 혼자서도 할 수 있다. 이러한 게임의 사회적 측면은 인지적인 측면만큼 잠재적으로 이로운 효과를 얻는 데 큰 역할을 할 수 있다. 이것은 또한 직무나 직업에도 해당될 수 있다. 한 연구에서 제안하기를, 한 사람이 도전적이고 보람 있는 방식으로 다른 사람들과 상호작용하는

'사람 중심'의 요소가 있는 직업을 가진 사람들은 실제로 후에 특정 유형의 치매에 걸릴 위험을 낮추는 데 도움을 준다고 한다.[11]

　마야 안젤로우 Maya Angelou 가 한 말로 정리한다면 다음과 같다. "나는 항상 시를 암송한다. 그리고 시를 가르치기도 한다. 하지만 다른 일들도 당신을 예리하게 만들 수 있고, 특히 다른 사람들과 이야기하는 것은 당신의 머리를 더 똑똑하게 만들 수 있다!"[12]

쓰면 더 발달하고, 쓰지 않으면 더 퇴화할까?

　직업은 우리가 꾸준하게 열심히 일할 수 있는 자극제가 된다. 우리를 바쁘게 하고, 예리한 생각을 하게 만드는 방법으로 우리의 뇌를 사용하게 만든다. 우리가 정신적인 노동을 많이 요구하는 직업을 그만두거나 우리의 뇌를 계속 사용하고 자극하도록 만드는 계획 없이 은퇴를 한다면 무슨 일이 생길까? 여기서 용불용설 Theory of Use and Disuse 이 떠오를 것이다. 만약 우리가 지적인 추구를 통해 우리의 뇌를 활동적으로 유지한다면, 우리는 우리의 두뇌를 유지할 수 있고, 이는 나중에 잠재적인 인지 감퇴에 대한 완충제가 될 수 있다. 이 가설을 증명하는 것은 물론 아주 어렵다. 사람들을 서로 다른 유형과 수준을 가진 지적 활동에 무선 할당한 뒤, 장기적인 변화를 관찰하는 것은 아주 힘든 일이다. 하지만 몇몇 연구는 이 문제를 다뤄왔으며 일정 부분 성공을 거뒀다.

　한 종단 연구에서 연구자들은 일상적인 일들에 참여함으로써 인지적인 활동을 계속하는 것이 나중에 인지적 감퇴에 대한 완충제 역할을 할 수 있다는 가설을 조사하였다.[13] 이들은 지적인 활동들의 변화와 인지적 기능의 변화 사이에 관계가 있다는 것을 밝혔다. 예를 들어, 지적인 활동을 적게 한 사람들은 인지능력의 변화가 부정적으로 나타났다. 이 결과는 지적인 활동들이 인지적 감퇴로부터 개인을 보호할 수 있다는 가설과 일치한다. 물론 대안적인 해석도 존재한다. 인지적 능력이 뛰어난 개인이 노년이 되어 인지적 감퇴가 자신들의 활동을 제한할 때까지 지적으로 활동적인 삶을 영위한다는 것이다. 다시 말하지만, 어떤 것이 원인이고 어떤 것이 결과인지 알기는 어렵다. 특정 인지 활동이 뇌를 훈련시킨다고 생각할 필요는 없다. 단지 그 사람들이 자신들의 뇌 건강을 돕는 활동들을 잘 찾아 할 수도 있는 것이다.

인지 노화를 40년 이상 연구해온 팀 솔트하우스Tim Salthouse 교수는 용불용설의 관점을 분석한 결과, 능동적인 정신 활동이 연령에 따른 인지 감퇴를 막을 수 있다고 널리 알려져 있지만, 이 생각을 뒷받침하는 직접적인 증거는 없다고 제안한다. 이를 위해 필요한 것은 수십 년 동안 정신 활동을 통해 자극을 준 집단과 같은 기간 동안 그러한 활동을 하지 않은 집단의 사람들이 노년이 되었을 때 정신 능력을 비교하는 종단 연구이다. 이러한 유형의 연구는 한 번도 수행된 적이 없으며, 앞으로도 수행하기가 어려울 것이다. 왜냐하면 몇 년 동안 사람들이 정신적인 활동을 하지 못하게 하거나 이 기간 동안 사람들이 어떤 활동을 하는지 통제하는 것 자체가 거의 불가능하기 때문이다. 이러한 유형의 엄격한 실험 설계를 한 대규모 연구가 부족함에도 불구하고 정신적인 활동이 도움이 될 수 있다는 생각을 지지하는 것은 이로움이 있을 수 있다. 솔트하우스 교수는 사람들이 인지적인 자극을 줄 수 있는 활동을 계속 해야 한다고 주장한다. 왜냐하면 비록 아직 이러한 활동이 연령에 따른 인지 기능의 감퇴를 늦춘다는 직접적인 증거가 나온 것은 아니지만, 이러한 활동이

　　　　　　　　　　　　나이 듦의 이로움

해를 입힌다는 증거 역시도 없기 때문이다.[14] 그리고 만약 당신이 이러한 활동을 즐긴다면 이것이 삶의 질을 높이는 데 기여할 수 있다. 또한 인지적으로 도전적인 활동에 참여하는 것 자체가 '존재 증명'이 될 수 있다. 당신이 여전히 그 일을 할 수 있다면 당신은 그것을 아직 잃어버리지 않았다는 것을 보여주는 것이다. 게다가 한 연구는 만약 당신이 '용불용설'의 관점을 가지고 있다면 예리한 정신을 유지하기 위해 인지적 전략과 활동에 참여할 가능성이 더 높다고 제안한다.[15] 즉, 우리의 신념이 우리가 예리한 정신을 유지하도록 인도하는 것이다.

대규모의 인지 훈련 연구들

인지 훈련에 관한 가장 대규모의 연구들 중 하나는 '독립적이고 활력 있는 노인을 위한 고급 인지 훈련'이라는 적합한 제목을 붙인 연구이다.[16] 이 연구는 10년 동안 거의 3,000명의 자원자 대부분 70대 를 3개의 훈련 그룹으로 나누어 등록시켰다. 하나는 기억력 훈련을 받은 그룹, 다른 하나는 추론과 처리 속도 훈련을 받은 그룹 그리고 어떤 훈련도 받지 않은 그룹이다. 이 훈련 그룹은 6주 동안 10시간의 실험에 참가했다. 이 연구는 실험 직후와 훈련 후 각각 1, 2, 3, 5, 10년이 된 시점에 인지능력에 대한 이 훈련의 효과를 측정했다. 10년 후, 모든 그룹은 기억, 추론 및 처리 속도에 대한 검사에서 10년 전과 비교하여 더 못했다. 보통 이러한 유형의 검사를 실시하면 연령에 따른 감퇴 현상을 보이는 경향이 있다. 그러나 추론과 처리 속도에 대한 훈련을 받은 참가자들은 기억 훈련을 받은 집단이나 통제 집단의 참가자들보다 감퇴가 덜 일어났다. 10년 후 기억 수행에서는 기억 훈련을 받은 집단과 통제 집단 사이에 차이가 없었다. 따라서 이러한 실험실 기반의 다양한 인지 과제를 통한 훈련은 열쇠를 찾거나, 이름을 기억하거나, 안경을 어디에 벗어두었는지를 기억하는 것과 같은, 우리가 나이를 먹으면서 늘 걱정하는 것들에는 장기적인 이로움을 가져다주지는 못하는 것 같다.

클래식 음악을 듣거나 단어 퍼즐을 완성하는 등 덜 어렵거나 친숙한 활동에 비해, 처음으로 사진에 대해 배우는 것과 같은 좀 더 자극적이고 정신적으로 까다로운 기술은 어떨까? 당신이 편안하다고 생각하는 상황을 벗어나면 이로움이 있을 수 있다. 한 대규모 연구에서,[17] 연구자들은 60에서 90세 사이의 사람들을 3개월 동안 일주일에 15시간씩 특정한 유형의 활동에 참여하도록 무선 할당했다. 이것은 아르바이트를 하는 정도의 상당한 시간 투자였다. 일부 실험 참가자들은 새로운 기술을 배우는 집단에 할당되었는데, 디지털 사진, 퀼트 혹은 둘 다 배워야 하는 조건이었다. 이 활동들을 하기 위해서는 능동적인 참여가 요구되었고, 기억할 내용도 많고, 다른 고차원 인지 과정 역시 필요했다. 다른 실험 참가자들은 클래식 음악을 듣거나 단어 퍼즐을 완성하는 등 집에서 좀 더 친숙한 활동을 하도록 요청받았다. 또한 사회적 접촉의 잠재적 영향을 알아보기 위해서 일부 참가자들은 사회적 상호작용, 현장학습, 오락 등을 포함하는 사회적 그룹에 배정되었다. 3개월 후에 연구자들은 적극적으로 새로운 기술을 배웠던 집단의 참가자들이 사회적 활동이나 집에서 별로 까다롭지 않은 정신 활동을 한 집단의 참가자들에 비해 기억 능력이 향상된 것을 발견하였다. 이 연구는 특히 연구자들이 체계적으로 사람들의 삶에 개입하여 그들을 새로운 환경에 투입하고, 새로운 기술로 훈련시키고, 그들을 새로운 관계에 노출시킬 수 있었다는 점을 고려

나이 듦의 이로움

할 때 주목할 만하다. 따라서 핵심은 도전이 되는 새로운 어떤 것을 시도하느냐인 것 같다. 즉, 새로운 도전은 단순히 당신의 뇌가 이미 익숙한 것들을 하는 것에 비해 광범위한 인지적 이로움을 줄 수 있다. (더 좋은 사진과 멋진 퀼트 작품을 얻는 것은 말할 것도 없이 말이다.)

　사진을 찍거나 퀼트를 하는 것을 싫어한다면 어떻게 해야 하나? 인지적인 자극을 제공하는 보다 창의적인 방법 중 하나는 엘리자베스 스타인 모로우 Elizabeth Stine Morrow 교수에 의해 개발되었다. 그녀는 우리가 추구하는 활동을 선택하거나 문제에 접근하는 방식이 연령에 따른 인지기능의 운명을 결정할 수 있는지를 연구하였다. [18] '노인을 위한 마음의 여정'이라는 이름의 이 프로그램은 원래 어린 학생들에게 보다 친근한 팀 기반 경쟁을 통해 창의적인 문제 해결의 기회를 주기 위해 제작된 '마음의 여정'이라는 프로그램에 기반에서 만들어졌다. 나이 든 어른들을 위해 채택된 이 프로그램은 20주 동안 창의적인 문제 해결에 참여한 60세 이상의 성인 팀으로 구성되어 있다. 다양한 시점에서 기억과 인지능력을 측정함과 더불어 이 프로그램의 마지막에는 토너먼트 대회도 있었는데, 각 팀들은 잘 정의되지 않은 문제들에 대한 창의적인 해결책을 찾아야만 했다. 2년 후, 통제 집단(창의적 문제 해결에 참여하지 않은)의 사람들은 인지능력이 떨어지는 경향이 있었던 반면, 문제 해결 과제를 수행했던 팀의 사람들은 기억력과 추론 능력을 측정하는 다양한 인지 테스트에서 점수가 향상되는 경향을 보였다. 이 프로그램은 창의성과 사회적 상호작용을 결합하는 접근을 사용하여 이 프로그램에 참여하는 것이 잠재적으로 인지적 이로움이 있는지를 알아보았다. 독서에서부터 토론에 이르는 창의적인 활동에 참여하는 것은 노인들에게 광범위한 혜택을 줄 수 있으며, 또한 노인들의 경험에 대한 개방성을 높일 수 있다. [19]

무엇인가를 마지막으로 배웠던 것이 언제인가?

> 당신이 이미 잘하는 무엇인가를 넘어서는 어떤 것을 시도하지 않는 다면, 당신은 더 이상 성장할 수 없다.
>
> 랄프 왈도 에머슨 Ralph Waldo Emerson 시인이자 철학자

당신이 이미 가진 전문지식을 바탕으로 새로운 것을 시도하는 것은 당신의 두뇌의 변화를 포함하여 많은 이로움을 줄 수 있다. 한 연구에 따르면,[20] 나이는 70대이지만 기억력은 그들보다 40년 이상 젊은 사람들과 유사한 '슈퍼 노인'들의 두뇌 연결망은 정서적 정보처리와 관련된 영역뿐만 아니라, 주의와 기억과 관련된 네트워크 역시 잘 보존되어 있다고 한다. 정서적 처리는 새로운 목표에 도달하고 새로운 것을 시도하는 것과 관련된 갈등과 좌절감을 극복하기 위해 필요할 수 있다. 한 가지 명확하지 않은 것은 어떻게 이들이 슈퍼 노인이 되었는지이다. 인지능력과 정신 건강에 대한 질문을 받았을 때, 많은 사람들은 그들의 취미와 다른 일들뿐만 아니라 자신의 직장에서도 열심히 일했다고 보고했다. 흥미롭게도, 종종 이 힘든 일은 항상 즐거운 것은 아니었고, 꽤 도전적이어서, 사람들은 피곤함이나 좌절감을 느끼기도 했다. 어떤 연구자들은[21] 바로 이런 불편함과 좌절감을 느끼는 것이야말로 당신이 미래에 보상받을 수 있는 방식으로 자신에게 도전하고 있다는 것을 의미한다고 말한다. 그것이 정신적 좌절이든, 아니면 육체적인 도전이든 뇌와 몸에 이로움을 이끌어내는 것이다.

우리는 항상 개선할 수 있는 능력을 가지고 있고, 인생의 후반전에도 종종 많은 시간과 개선의 여지가 있다. 우리는 몇 년 혹은 수십 년 전에 우리가 연주했던 음악이나 스포츠를 다시 시작하며 그것들을 더 잘하려

나이 듦의 이로움

고 노력할 수 있다. 뉴욕 타임즈 매거진의 제럴드 마조라티 Gerald Marzorati 전 편집장은 그의 책『늦깎이 테니스 선수 Late to the ball』에서 그가 노화의 과학을 적용하여 순전히 연습, 연습, 연습을 통해 어떻게 60대의 더 나은 테니스 선수가 되려고 노력했는지 묘사하고 있다.[22] 마조라티는 뉴욕 타임즈에 자신의 책을 요약하여 다음과 같이 썼다.[23]

> 나는 테니스를 50대 중반에 시작했다. 가족의 둥지는 비어갔고, 주말 오후면 하품만 계속되었다. 일평생 테니스 팬이었던 나는 이제 개인적인 시간이 생기고 경력을 마무리해야 할 시점에서 뭔가 하고 싶었다. ⋯ 무엇을? 뭔가 다르고 힘든 뭐 그런 것 말이다. 내가 은퇴한 뒤 나를 기다리고 있을 것만 같은 확장된 단조로움이나 너무 뻔한 일상을 깨버릴 수 있는 그런 것 말이다. 내 삶의 대부분이 펼쳐진 내 머릿속이나 책상 앞에서는 생각할 수 없는 그런 것 말이다. 나는 내 삶을 새롭게 담아낼 바로 그것을 배우고 더 잘해내고 싶었다.

성공적인 노화로 향하는 발걸음들
: 늙어가는 두뇌를 변화시키는 걷기

노년기에 일어나는 인지적 감퇴로부터 우리를 보호할 수 있는 유일한 비결이나 특효약은 없다. 그러나 아마도 우리가 인지적 예리함을 유지시키기 위해 할 수 있는 가장 놀라운 것은 바로 신체적 운동이다. 다양한 환경에서 지난 10년 이상 이루어진 새로운 연구들은 신체적 운동의 중요성을 반복적으로 보여주고 있다. 철저하게 이루어진 대규모 연구

들 중 한 연구에서[24] 노인들은 걷기 일주일에 3회씩 각 40분 동안 산보 시행 집단과
스트레칭 같은 시간 동안 근육 긴장 운동을 하되, 에어로빅 형태의 운동은 아님 집단에 무선
할당되었다. 이 처치 후 6개월 그리고 1년 후에 걷기 집단은 다양한 기억
력과 인지 기능 검사에서 스트레칭 집단을 앞섰다. 게다가 1년 후에는
걷기 집단에 속한 노인들은 기억과 관련된 주요 뇌 구조인 해마의 부피
가 이전에 비해 2% 증가하였다. 일반적으로 50세 이후의 해마의 부피는
1년에 약 1%씩 감소하는 것을 생각하면 걷기는 실제로 노화의 영향에
역방향 효과가 있는 것처럼 보인다. 많은 양의 산소를 공급받은 피를 뇌
에 공급함으로써 (그리고 몸 전체를 순환시킴으로써) 기억력이 필요로 하는
영양분을 대량으로 공급한다. 퍼즐이나 비디오 게임과 같은 다른 활동
들 역시 이 활동과 관련된 뇌의 작고 전문적인 부분에 혈액을 가져오기
는 하지만, 걷기나 신체적인 운동은 뇌를 재생시키기 위해 산소가 함유
된 혈액을 뇌로 가져오고, 뇌 활동과 뇌 부피 모두를 향상시킨다.

또 다른 연구에서는 이러한 뇌에 주는 이로움이 노년층에게만 특정
된다는 사실을 밝혔고, 젊은 사람들에게서는 유사한 개선이 일어나지
않았다.[25] 한 가지 이유는 노인들이 해마의 부피 감소를 보이기 시작했
기 때문에 이러한 훈련이 필요할 수 있었을 것이다. 50세 이후 해마의
부피가 매년 1%가량 줄어드는 것을 감안하면 2%의 증가는 상당한 것이
다. 걷기가 기억력의 향상을 가져오고 뇌 부피의 변화를 야기한다는 말
을 들으면 사람들은 종종 놀란다. 뇌가 마치 근육과 같다면, 뇌 운동을
해야 도움이 되는 것이 아닐까? 어떻게 걷기가 뇌의 변화를 야기하는
것일까? 물론 걷기가 도움이 되는 여러 가지 이유를 들 수 있지만, 가장
간단한 대답은 바로 혈액의 흐름이다. 어떤 형태의 심혈관계 운동이든
뇌에 혈액의 흐름을 증가시켜서, 산소와 영양분을 가져다준다. 걷기,

자전거 타기, 수영, 춤은 모두 이러한 이로움을 얻는 훌륭한 방법이다.

대부분의 사람들에게 걷기는 쉽게 할 수 있는 일이다. 이를 위해 운동선수가 될 필요는 없다. 이러한 걷기의 특성은 연구자들의 관심을 끄는 이유이기도 하다. 연구자들은 손쉽게 사람들을 걷기 집단에 무선 할당할 수 있다(혹은 걷기와 같은 이로움을 주지 않는 스트레칭 집단에 할당할 수도 있다). 힘든 자전거 타기나 마라톤 요법과 같은 집단에는 쉽게 사람들을 할당할 수 없다. 쉬운 운동이지만 걷기는 다른 심혈관 운동과 마찬가지로 도움이 된다. 또한 걷는 것은 파트너나 그룹, 심지어 반려동물과 함께 걷는다면 사회적 요소를 가질 수 있다. 함께 걸을 누군가가 있다는 것 자체가 걷기를 위한 동기부여를 강하게 만들며, 걸으면서 하는 대화는 정신 건강, 사회적 지지 그리고 우정을 증진시킬 수 있다. 코미디언인 엘런 디제너러스 Ellen DeGeneres 는 노년기 걷기의 이로움에 관해 다음과 같은 재치 있는 말을 했다. "내 할머니는 60세가 되면서부터 하루에 5마일씩 걷기 시작했습니다. 지금 그녀가 97세니까 지금 어디쯤 있는지 도저히 알 수 없습니다."[26]

최근에는 하루에 만 보 걷기가 어떻게 건강에 이로움을 미치는가에 대해 많은 관심이 집중되고 있다. 사람들은 자신이 몇 보나 걸었는지 확인하기 위해 전자기기를 몸에 부착하기도 한다. 그러나 당신은 처음부터 약 5마일이나 되는 많은 양을 걸어야 할 필요가 없다. 신체적인 장애가 있는 경우를 제외하면, 걷는 데 방해를 하는 것은 거의 없고, 심지어 악천후에도 걸을 수 있다. 예를 들어, 무엇인가를 사기 위해 아침 7시에 동네 쇼핑센터(특히 추운 날 도시에 있는 곳)에 가보면, 쇼핑을 하는 사람을 거의 찾아볼 수 없을 것이다. 그러나 노인들이 주변에서 걷고 있는 것은 볼 수 있다. 쇼핑센터 주변 걷기는 추운 지역에 사는 많은 사람들이 이른 아침에 할 수 있는 신체적인 그리고 사회적인 활동이다. 이 활동은 큰 이점을 가지고 있는데, 특히 바깥에 눈과 얼음이 있을 때 노인들이 안전하게 활동할 수 있는 좋은 방법이 될 수 있다.

오래도록 걸어서 오래 살기

최고의 정신 상태에 있는 많은 노인들의 공통점 중 하나는 그들이 자신의 삶에서 일찍, 나이가 들어서 또는 두 시기에 모두 다양한 방법으로 운동을 한다는 것이다. 이러한 운동에는 걷기도 포함되어 있고, 앞에서 설명한 연구들이 이를 뒷받침하고 있다. UCLA의 농구팀 감독 시절 존 우든John Wooden은 매일 아침 트랙 주변을 5마일씩 걷곤 했다.

90대 중반에, 존 글렌John Glenn은 자신이 자주 걷는다고 하며, 자신의 걷기에 대해 다음과 같이 말했다.

> 나는 매일 걷는 것을 선호하고, 아마 일주일에 하루 정도 쉬는 것 같습니다. 그러나 빨리 걷기 위해 노력하지 않습니다. 과거에는 매일 조깅을 했지만 지금은 더 이상 뛰지 않습니다. 한쪽 무릎은 교체 수술을 받았고, 다른 한쪽은 아직 쓸 만합니다. 그래도 걷기는 매일 하려고 노력합니다. 매번 2마일씩 걷지는 않지만, 그래도 그게 내 목표이고, 보통 2마일을 걷습니다. 물론 아주 빠르게 걷지는 않죠. 내가 다 걸은 후 돌아왔을 때 가벼운 땀을 흘린다면 이 운동에 내 몸이 반응을 하는 것입니다. 몸을 유연하게 열어주고 몸의 튜브가 가동되는 이 과정이 당신이 하려고 노력하는 바로 그 일입니다.[27]

작가인 재레드 다이아몬드는 조류 관찰을 위해 규칙적으로 등산을 한다. 하지만 그가 젊었을 때만큼 힘들거나 긴 시간을 들여서 등산을 하지는 않는다. 작가이자 성 치료사인 루스 웨스트하이머 박사_{Dr. Ruth Westheimer}도 많은 시간 걷지만, 자동차의 도움 역시 받는다. 성생활에 대해서도 루스 박사는 최대한 활력 있는 성생활을 하는 것이 좋지만, 자신의 한계도 분명히 알아야 한다고 조언하며 다음과 같이 말했다. "말도 안 되는 성행위에 집착할 필요는 없습니다."

가장 원시적인 형태의 움직임이자 운동 중의 하나인 걷기가 당신의 몸과 마음을 더 좋게 만들며, 실제로 당신이 열쇠를 어디에 놓았는지를 더 잘 기억하도록 도울 수 있다는 것이 핵심이다. 그래서 젊음의 샘을 찾는 가장 좋은 방법은 걷는 것이고, 걷기는 당신이 육체적으로나 정신적으로 예리한 상태를 유지하는 데 도움을 줄 것이다. 만약 당신이 걸어야 하는 다른 이유를 찾는다면, (걷지 않아서) 좋지 못한 체력을 갖고 있는 것은 흡연에 이어 조기 사망의 두 번째 위험 요인이다. 십만 명 이상의 중·노년의 사람들을 대상으로 한 대규모 연구에서[28] 45년 이상 이들의 삶을 추적하였는데, 흡연, 혈압, 콜레스테롤 수준 등의 위험 요인의 영향을 제거한 후에도 높은 수준의 체력을 유지하고 있는 사람들은 사망률이 21%나 저하되었다. 걷기는 당신의 기억력에만 도움을 주는 것이 아니라 당신이 장수하는 데도 일조할 수 있다.

외국어 학습을 통해 뇌의 연결 만들기

마야 안젤로우와 재레드 다이아몬드는 인생의 후반기에 외국어를 배우기 시작했다고 한다. 그들에게 외국어 학습은 새로운 나라를 여행할 때 쓸모 있는 보상이 되기도 했지만 꽤나 자극이 되는 도전이기도 했다. 당신이 만약 지금 2개 국어 혹은 3개 국어를 구사한다면, 이것만으로도 치매를 5년 정도 늦추는 효과가 있다는 연구 결과가 있다.[29] 물론 이중 언어 구사가 실질적인 이로움이 있지 않다고 보고하는 연구 결과도 역시 존재한다.[30] 만약 두 개의 언어를 구사한다면 당신의 뇌 속에서는 두 언어가 동시에 활성화되고, 이는 끊임없는 정신 체조를 하는 것과 같다. 혹은 이는 억제 과정과도 같은데, 한 언어를 구사하는 동안 다른 언어는 처리되지 못하도록 억제해야 한다. 이러한 과정이 바로 유용한 정신 운동이 될 수 있는 것이다. 예를 들어, 다국어를 구사하셨던 내 아버지는 흥분하거나 피곤하시면 필요한 영어 단어를 빨리 떠올리려고 하셨지만 자신의 모국어인 프랑스어로 고함을 치시거나 욕을 하셨다(나는 이렇게 글로 옮겨 적기에 부적절한 프랑스어를 배웠다). 수년간 두 언어 사이에서 경쟁하는 것이 장기적으로는 인지적 이로움이 될 수 있다는 것을 아버지가 아셨다면 좋겠다.

결정적 시기 가설이 제안하듯이, 어린 시절에는 외국어를 배우는 것이 조금 더 쉬운 것 같다. 노인들에게는 이런 좌절감을 주는 도전이 정신적으로 예리함을 유지하는 데 도움이 될 수 있다. 예를 들어, 자신의 책 『프랑스어와 친해지기 Flirting with French』에서 윌리엄 알렉산더 William Alexander 는 자신이 57세에 프랑스어를 배우는 과정의 고투를 잘 묘사했다.[31] 이러한 도전은 비록 유창하게 말할 수 없더라도 중요한 이로움을 줄 수 있으며, 노년기에는 이렇게 외국어를 새롭게 배우는 것 자체가 새로운 연결을 만드는 구성 요소가 될 수 있다. 늙어서 새로운 언어를 배우는 데 효과적인 방법은 외국어 단어를 내가 이미 잘 아는 언어의 발음과 연결시키는 것이다. 또한 외국어를 사용하는 사람들과 함께 생활하는 것은 그 언어를 배우는 데 자극이 될 수 있다. 일본어를 사용하는 나의 몇몇 동료 덕택에, 나도 최근에 일본어로 숫자를 세는 법을 배웠다. 일본어의 첫 몇 숫자들은 마치 몇몇 영어 단어와 비슷하게 들렸다. 일본어로 하나는 영어단어 'itchy'와, 둘은 'knee'와, 셋은 'sun'과 비슷하게 들렸다. 자, 이제 당신이 일본어를 배우고 있다고 말해서 친구들을 깜짝 놀라게 할 때이다. 일 itchy, 이 knee, 삼 son 이렇게 쉽게 시작해보라.

십자말풀이가 줄 수 있는 혹은 없는 것들

정신적으로 무뎌지지 않게 하기 위해 사람들이 보통 생각하는 가장 일반적인 활동 중 하나는 단어를 이용한 게임이다. 이러한 게임들 중 사람들이 가장 처음 언급하는 것은? 빈칸을 채워보시라. 십__말풀__. 그러나 이 가설을 직접적으로 조사한 연구는 거의 없었고, 수행된 연구들마저도 실험 참여자들을 무선 할당하지 않았다. 즉, 노년기의 기억에 십자말풀이가 인과적인 영향을 주는지 알아보기 위해 일부 사람들은 십자말풀이를 하도록 '강요되었고', 다른 사람들은 이와 유사한 다른 과제를 수행하였다. 한 연구에서는[32] 평생 동안 십자말풀이를 한 사람들은 십자말풀이를 전혀 하지 않은 사람들에 비해 치매가 2년 반 정도 늦게 발병했다는 것을 밝혔다. 그러나 또 다른 연구는[33] 독서, 보드 게임, 악기 연주, 춤이 치매의 위험을 감소시키는 것과 관련이 있다는 것을 발견했지만, 십자말풀이는 치매에 거의 영향을 미치지 않았다는 것을 보여줬다.

십자말풀이는 아주 어려울 수도 있지만, 독서를 많이 하고 이런 단어 퍼즐을 많이 해보면 실력이 늘 수 있다. 십자말풀이를 더 많이 할수록 당신은 이미 잘하고 있는 것을 더 잘하게 만드는 것일 수 있다. 즉, 일상 대화에서 잘 사용하지 않는 어휘를 떠올리는 것과 같이 이미 강점이 있는 능력을 십자말풀이를 통해 더 강화시키는 것이다. 결과적으로, 몇몇 연구는 십자말풀이를 하는 것은 실제로 새로운 통찰력을 고안하거나 추론 기술을 사용하도록 노령화된 두뇌에 도전을 주지는 않는다고 한다. 그리고 바로 그 점 때문에, 기억력 향상에 도움을 주지도 못한다.[34] 그래서 단어 인출이나 어휘력과 같은 이미 강점이 있는 인지능력을 계속 향상시키는 꼴이 된다.[35] 새로운 사람의 이름을 배우는 것 새로운 연결 에 비해 십자말풀이는 이미 알고 있는 단어를 인출하기 위한 부분적인 단서나 실마리를 주는 것뿐이다. 만약 당신이 기억력을 향상시키고 싶다면, 십자말풀이는 해야 할 목록 저 아래에 써두기 바란다. 특히 당신이 이미 뛰어난 어휘 능력을 가지고 있다면 말이다. 물론 당신이 십자말풀이를 즐긴다면, 그것 자체는 중요한 일이다. 하지만 치매를 예방하기 위해 십자말풀이를 시작할 필요는 없다. 그것 말고도 할 수 있는 다른 활동들이 많다.

정신능력을 예리하게(#) 해주는 음악 연주

앞에서 언급했듯이, 음악을 듣거나 연주하는 일은 기분을 고양시킨다. 그리고 음악이 당신의 정신을 예리하게 (sharp라는 단어는 음악에서 음을 반음 올린다는 의미도 갖고 있다) 유지시키는 데 도움이 된다는 증거도 존재한다. 90대의 나이가 돼서도 연주를 계속한 유명 피아니스트인 아르투르 루빈스타인 Artur Rubinstein, 은퇴라는 단어가 무색한 재즈 음악가인 데이브 브루벡 Dave Brubeck 등 자신을 계속 자극하기 위해 음악에 의존한 노년의 음악가들의 예가 많이 있다. 지휘자들은 음악을 읽고 예측할 필요가 있을 뿐만 아니라 손동작을 통해 다른 음악가들을 조율해야 하기 때문에 가장 도전적인 직업일 수 있다. 한 연구의 결과는 지휘자가 관현악단에서 악단을 이끄는 경험이 긍정적이 효과를 줄 수 있다는 생각을 지지하는데, 예를 들어 노년의 지휘자의 기억 검사 결과가 젊은 성인들 못지않다는 것을 보여줬다.[36]

악기 연주와 훈련의 관점에서 보면, 피아노를 치는 것은 더 민첩한 손가락의 움직임과 더 나은 기억력을 가져올 수 있다(내 할아버지는 아직도 맨손으로 날아다니는 파리를 잡을 수 있는데, 아마도 피아노 연주를 계속 하시기 때문인 것 같다). 몇몇 연구들은 자신의 인생의 어떤 시점에서건 일정 기간 이상 악기를 연주했던 사람들이 공간이나 언어 관련 기억이 더 좋다는 것을 발견했다.[37] 게다가 클라리넷과 같은 관악기를 연주하는 것은 노인들의 심혈관계 건강을 증진시킬 수 있으며, 다른 악기를 연주하는 데 필요한 기술들 역시 건강에 이로움을 가져다줄 수 있다. 사람들과 함께 연주하는 것은 부가적인 이로움을 줄 수 있다. 65년 동안 거의 클래식 음악을 피아노로 연주해온 우리 아버지는 최근에 재즈 트리오를 결성하셨는데, 이를 통해 새로운 연주 스타일과 작품들을 배우셨다. 이러한 배움을 통해 아버지는 더 동기부여 되셔서 일주일에 한 번씩 연주하기 위해 트리오 멤버들을 만나신다.

음악은 사람의 기분에 영향을 미친다. 음악은 이제 다양한 분야에서 치료의 도구로 사용된다. 재레드 다이아몬드는 바흐 Bach 의 칸타타 음악을 듣거나 연주하고 또 기억하는 것은 정신을 자극하는 동시에 이완되는 경험을 할 수 있다고 말한다. 한 연구에서 비빌디 Vivaldi 의 사계 Four Seasons 의 한 부분과 같은 고전음악을 들은 노인들은 음악을 듣지 않거나 백색 소음을 들었던 노인들에 비해 기억 검사에서의 수행이 더 좋았다는 것을 발견했다.[38] 음악이나 춤이 기억력을 향상시킬 수 있는데, 이는 걷기가 주는 이로움과 그 기제가 유사하다. 앉아서 고독하게 음악을 듣는 것 대신에, 밴드에서 음악을 연주하거나 사람들이 모인 곳에서 음악을 듣거나 춤을 추는 것과 같은 사회적 맥락에서의 음악이 주는 이로움이 있다. 따라서 음악을 통해 우리의 정신이 예리해지고, 기분이 좋아지며, 기억력이 향상되는 다양한 방법들이 있다.

평생학습은 더 예리한 정신을 갖기 위한 방법일까?

만약 당신이 대학생들에게 왜 대학교에 갔냐고 묻는다면, 이들은 "배우기 위해서", "좋은 직장을 갖고 싶어서" 혹은 "변호사나 의사가 되기 위해서"라고 대답할 것이다. 혹시 "늙어서 치매에 안 걸리기 위해서" 혹은 "은퇴한 뒤에도 계속 예리한 정신을 가지고 싶어서"라고 대답하는 학생들이 과연 있을까? 연구들은 자주 교육 수준과 알츠하이머 질환의 발병 가능성 그리고 인지 수행 사이에 강한 연결이 있다는 결과를 보여주고 있다.[39] 기본적으로 더 많은 교육을 받았을수록 치매의 발병 가능성은 더 낮다. 그런데 역시 이 문제도 실험적으로 접근하여 인과관계를 밝히기는 어렵다. 왜냐하면 무선 random 으로 어떤 사람들은 박사학위를 받게 하고 다른 사람들은 고등학교를 중퇴시킬 수는 없는 노릇이기 때문이다. 사람들이 계속 교육을 이어가거나 중도에 그만두는 이유는 너무

나이 듦의 이로움

나 다양하지만, 연구 결과는 명확하다. 사람들의 수익, 부모의 성취, 성별, 신체 활동, 나이 등의 영향을 모두 제하고서라도 더 오래 교육받은 사람은 치매에 걸릴 가능성이 더 낮다. 또한 2017년 미국에서 20,000명이 넘는 미국인을 대상으로 수행된 대규모 연구에 따르면, 지난 수십 년 동안 실제로 알츠하이머 질환의 비율이 소폭 감소하는 추세에 있다.[40] 이러한 놀라운 감소의 정확한 이유는 불명확하지만, 한 가지 가능성은 사람들이 더 많은 교육을 받고 있다는 것이다. 이 연구에 따르면, 지금의 노인들은 2000년의 노인들에 비해 1년 정도의 학교 교육을 더 받았고, 이 교육 연한이 치매의 위험을 낮추는 것과 관련이 있다고 한다. 이러한 결과는 다른 많은 연구에서도 나타났다.

공식적인 학교 교육이 물론 아주 중요하지만, 만약 어린 시절 이런 교육을 받지 못했다면, 자극이 되는 직업이나 활동을 갖는 것이 어느 정도 보상을 해줄 수 있다. 25세에서 74세 사이의 성인 7,000명을 대상으로 한 대규모 조사 연구에서 연구자들은 중년 이상의 연령대의 사람들이 다양한 방식으로 자신들의 부족한 공교육을 보충하고 있는 것을 발견했다.[41] 독서, 글쓰기, 강의 듣기, 퍼즐 맞추기 등으로 자신의 뇌에 인지적 자극을 준다고 대답한 사람들이 실제 지능검사에서 더 나은 수행을 보였다.

아마도 가장 희망적인 결과는 가장 적은 기간 동안 교육을 받은 사람들이 가장 큰 혜택을 보았다는 것이다. 일찍 학교를 떠났지만 다른 방면에서 일찍부터 자신의 뇌에 자극을 주었던 중년들은 인지적으로 도전적인 활동을 하지 않는다고 응답한 사람들보다 훨씬 더 좋은 기억력과 빠른 계산 능력을 가지고 있었다. 학습, 독서, 글쓰기를 열심히 했던 이들 중장년층의 수행은 자신보다 10살이나 어린 사람들 못지않았고, 대졸에 버금가는 경우도 있었다. 따라서 정규 교육은 중요하지만 배우고자 하는 욕구는 학교에서 잃어버린 시간을 보충할 수 있다.

고등교육을 받고 노년기에 좋은 성적을 거둔 노년층들 사이에는 몇 가지 공통점이 있었다. 이 사람들은 운동을 자주 하고, 사회적으로 활동적이며, 친구들과 가족과 자주 만나고, 자원봉사를 했으며, 스트레스 앞에서 침착함을 유지하는 데 더 능숙했고, 자신들의 삶에 대한 스스로의 통제감이 더 크다고 느꼈다. 이 연구는 배우고자 하는 욕구가 노화의 부정적인 측면을 10년 늦출 수 있다는 것을 보여준다. 게다가 대학교 졸업장을 따기 위한 나이 제한 따위는 없다. 2007년에 놀라 오크스 Nola Ochs 는 95세의 나이에 대학을 졸업하여, 대학 졸업자 중 가장 나이가 많은 사람으로 이름을 올렸다. 그녀는 21살의 손녀 알렉산드라 오크스 Alexandra Ochs 와 같은 날 졸업식장에서 졸업할 수 있었다.[42]

농구 감독 존 우든은 언젠가 "더 이상 배우지 못한다면 나도 끝이다." 라고 말한 적이 있다. 이는 선수들과 자기 자신 그리고 가족을 위한 교육과 학습에 대하여 그가 평생토록 얼마나 관심을 가졌는지 잘 보여주고 있다. 그는 자랑스러운 할아버지로서, 손주들의 낡은 성적표를 벽에 걸어놓고 학부, 대학원 학위 과정을 밟고 있는 여러 증손자들에 대해 열렬히 이야기했다. 전직 우주비행사이자 상원의원인 존 글렌은 그의 손자인 다니엘 Daniel 이 임상심리학 박사학위를 마쳤다고 큰 자부심을 가졌다. 글렌은 손자의 논문을 읽기도 했지만, 자신이 모르는 용어와 전문용어가 많다고 말했다.

오늘날은 자기 주도적 학습을 하기 위한 황금시대이다. 많은 온라인 강좌 플랫폼이 이를 증명하고 있다. 자기 주도적 학습은 사람들을 활동적으로 유지하도록 도와주고, 유튜브 비디오부터 더 구조화된 '칸 아카

데미 Khan Academy', '듀오링고 Duolingo'에 이르는 다양한 인터넷상의 자료들을 통해 우리는 스스로 많은 것을 배울 수 있다. 그렇다면 우리는 왜 더 배우고 싶어 할까? 이 배움에 대한 동기가 나이에 따라 달라질까? 노인들은 종종 새로운 언어를 배우기 위해 다양한 학습 플랫폼을 사용하는 반면, 젊은 성인들은 보다 특정한 목표(외국 여행이나 직업을 위한 학습 기술 등)를 달성하기 위해 외국어를 배우기 원하는 경향이 있다. 사람들은 종종 새로운 언어를 배우는 것이 단순히 재미있어서 배운다고 말하기도 하지만, 실제로 외국으로 곧 여행을 떠나는 것과 같이 새로운 어휘를 꼭 배워야 할 필요가 있는 상황이 되면 외국어 학습을 하는 경우가 많다. 한 연구에 따르면,[43] 곧 처음 가보는 나라로 여행을 갔기 때문에 언어를 공부한 사람들은 가장 많이 배운 반면 단순히 개인적인 관심 때문에 공부하는 사람들은 가장 적게 배웠다. 그래서 다가오는 여행을 위한 비행기 표를 사는 것은 외국어를 배우는 데 좋은 동기부여가 될 수 있다.

정말 효과가 있는지 따져보기

예리한 정신을 유지하기 위해 사람들이 할 수 있고, 해야만 하는 활동들이 아주 많이 있지만, 이 모든 활동을 전부 다 한다는 것은 현실적이지 않다. 그래서 특정 활동이 얼마나 많은 도움을 줄 수 있는지를 아는 것은 중요하다. 각각의 활동이 당신의 뇌 건강에 미치는 상대적 영향력의 크기를 잘 파악하는 것이 열쇠이다. 어떤 활동이 한 사람의 하루하루의 삶에 미치는 영향이 어떠한지가 결국 효과의 크기와 관련된다. 실제로 효과가 있을 것이라고 여겨지는 어떤 활동을 선택하여 실시하기 전에 그 활동이 얼마나 큰 효과가 있을지를 고려해야 한다는 것이다.

사람들은 이러한 선택을 할 때 과학적인 연구들로부터 도움을 구한다. 특히 그것이 지금 이미 즐기고 있는 것을 포함할 수도 있다. 적포도주를 마시는 것이 하나의 묘책이 될 수도 있지만, 오랜 기간 동안의 알코올 섭취는 일반적으로 건강에 해로울 수 있다. 블루베리는 어떤가? 건강에 좋은 과일이며, 항산화 물질이 풍부하며, 소파에 앉아서 쉽게 먹을 수 있기까지 하다. 너무 좋아서 믿어지지 않을 정도이다. 하지만 당신의 식단에서 주요 영양소가 잘 공급되고 있다면 블루베리 섭취가 눈에 띄는 이로움을 가져다주지는 못할 것이다. 예를 들어, 블루베리를 섭취한다고 당신이 아침에 열쇠를 찾거나 방금 만난 사람들의 이름을 기억하는 데 도움을 주는 것은 아니라는 말이다. 다시 말하지만, 중요한 것은 효과의 상대적인 크기이다. 지금 이 맥락에서는 블루베리가 당신의 뇌 건강에 얼마나 큰 영향을 줄 것인가를 생각해야 한다는 것이다. 예를 들어, 만약 당신이 이미 하루에 한 갑의 담배를 피우고 있다면, 비유기농 식품을 먹지 않고 유기농 식품 먹는 것의 건강상의 이득은 미미할 것이다. 또한 당신의 어휘력이 이미 뛰어나다면 십자말풀이를 하는 것의 이로움은 크지 않을 수 있다. 정리하면 지금 당신의 약한 부분을 강화하는 것이 최선이며, 뇌 건강을 유지하도록 돕는다는 관점에서 가장 큰 효과를 볼 수 있는 활동을 해야 한다는 것이다.

대체로 기억력에 가장 의미 있는 효과가 있는 활동은 신체적인 운동인 것 같다. 걷기는 특히 효과가 크고 지속적인 것으로 알려져 있으며, (어느 정도까지는) 걸음의 양에 따라 기억력이 좋아지는 용량−반응 곡선이 나타나는 것 같기도 하다. 그러나 십자말풀이, 적포도주 마시기 그리고 슬프게도 초콜릿 먹기(몸무게를 늘려주는 것은 쉽게 예상할 수 있다)와 같은 활동은 아마도 이러한 효과가 덜 나타나는 것 같다. 걷기는 다른 이로움도 많이 제공한다. 체중 감량은 물론이거니와 심장병, 당뇨병, 암 등의 발병률을 낮출 수 있다. 수면과 영양을 향상시킬 수 있는 것들에 대해서도 같은 접근법이 적용될 수 있다. 이러한 향상을 통해 의미 있고 실질적인 방법으로 뇌 건강에 영향을 미칠 수 있기 때문이다. 따라서 효과 크기(활동이 실제로 도움이 될 수 있는 정도)가 큰 활동에 집중함으로 상당한 이로움을 얻을 수 있고 큰 효과가 없는 활동에 휘말리지 않아야 한다. 주로 쥐들을 이용한 연구들은 적포도주와 초콜릿에 들어 있는 플라보노이드 flavonoids 가 기억력에 이롭다는 결과를 보여주지만, 당신이 이러한 음식을 통해서 효과를 보려면 굉장히 많은 양의 적포도주를 마시거나 하루에 7개 이상의 초콜릿을 먹어야 한다.[44] 이는 상식적으로 당신에게 현실적인 도움을 주는 것이 아님이 분명하다. 또한 이러한 뉴스들은 사실이라 도저히 믿을 수 없을 정도로 좋은 경우가 많은데, 사람들은 마치 초콜릿을 먹으면 살이 빠진다는 주장을 믿는 것처럼 저런 뉴스들을 믿고 싶어 한다. 보통 (박사학위도 있는) 기자는 대중매체가 자신의 기사에 어떻게 반응하는지 보고 그에 반응하기 위해 "초콜릿을 먹으면 살이 빠진다."와 같은 제목으로 허풍이 가득한 '쓰레기' 과학 기사를 쓴다.[45] 따라서 당신은 과학(초콜릿도 마찬가지이다)에 대한 비판적 소비자가 될 필요가 있다. 그렇지 않으면, 큰 혜택 없이 초콜릿을 너무 많이 먹고 있을지도 모른다.

장수에 도움이 되는 사회적 지지

능동적인 삶을 사는 가장 좋은 방법 중 하나는 사회적 관계를 갖는 것이다. 나이가 들면서 우리의 사회적 관계는 줄어들게 된다. 하지만 그렇다고 해서 우리가 꼭 외로워지는 것은 아니다. 노인들은 더 의미 있는 관계에 집중적으로 투자할 가능성이 높다. 1965년 시작된 한 대규모 종단 연구[46]에서 캘리포니아 앨러미다 카운티 Alameda County 주민들의 삶을 9년간 추적·조사하였다. 연구 결과, 사회적 혹은 공동체적 유대관계가 결여된 사람들은 더 광범위한 접촉을 가진 사람들보다 이 기간 동안 사망할 가능성이 더 높았다. 더욱 인상적으로, 이 연구는 조사 시작 시점에서 자신이 보고한 신체 건강 정도, 사회 경제적 상태 그리고 건강 관련 활동 흡연, 알코올 소비량, 비만, 신체 활동, 예방 건강 서비스 이용 등 등을 조사하였는데, 외로움이야말로 침묵의 살인자인 것 같다. 고질적인 외로움은 흡연만큼이나 장기간의 육체적 건강과 장수에 큰 위험요인으로 나타났다.

노인 세대에서 외로움을 보고하는 비율이 점차 증가하고 있으며, 외로움은 우울증을 야기한다. 일부는 전화, 스카이프, 소셜 미디어 또는 이메일이 이 외로움을 메울 수 있다고 제안할 수도 있지만, 과학적인 연구는 '진짜 사람'의 접촉이 필요하다는 것을 보여주었다.[47] 연구자들은 얼굴을 맞대고 하는 상호작용만이 노인들의 우울증을 예방한다는 것을 발견했다. 전화 통화는 기분 장애의 병력이 있는 사람들에게는 효과가 있었지만 다른 사람들에게는 그렇지 않았다. 이메일과 문자는 전혀 효과가 없었다. 하지만 사람들이 얼마나 자주 친구들 그리고 가족과 함께 모였는지가 가장 중요한 요소였고, 매일매일 사람들과 직접 접촉할수록 미래에 우울증에 걸릴 가능성은 낮아졌다. 결정적으로, 몇 달에 한

번꼴로밖에 자녀, 친구, 가족과 만나지 못한다고 보고한 노인들은 우울증이 가장 높았고, 일주일에 최소 세 번 이상 직접 이들을 만난 노인들은 우울증이 가장 적었다. 물론 자녀들과 손주들이 노인들에게 애정 어린 사회적 지지를 제공하긴 하지만 이들에게 가장 큰 지지를 제공하는 사람들은 나이와 연관된 유사한 도전과 기쁨을 갖고 있는 비슷한 연배의 친구들이다. 또한 다른 의견을 가진 사람들과 함께 있으면 활발한 토론과 유용한 사회적 상호작용을 할 수 있고 새로운 학습을 가능하게 할 수 있다. 예리한 정신을 유지하기 위해서는 인터넷이 아니라 실제 사람들과 계속 연결되어 있어야 한다. 페이스북은 우리가 수백, 수천 명의 온라인 친구들이 있는 것 같은 착각을 하게 만들 수 있다. 하지만 면대면 접촉이야말로 어떤 나이에도 우리를 활력 있고 건강하게 살아가도록 해준다.

나눔과 연결의 이로움: 자원봉사

> 진심으로 다른 사람을 도우려고 노력하는 것이 반드시 자기 자신에게 도움이 된다는 것은 인생의 가장 아름다운 보상들 중 하나이다.
>
> 랄프 왈도 에머슨 Ralph Waldo Emerson 시인이자 철학자

우리는 종종 우리 자신의 인지적 건강을 향상시키기 위해 우리가 할 수 있는 것에 초점을 맞추지만, 이상적으로는 이 에너지들을 다른 사람들을 돕는 방향으로 쓸 수 있고, 이는 도움을 주고받는 서로에게 이로움이 될 수 있다. 자원봉사는 사람들을 그들의 지역사회와 연결시킬 수 있고 신체적으로나 인지적으로 도전이 된다. 놀랍게도, 나이 든 어른들은

젊은 사람들보다 자원봉사를 덜 하지만, 나이 든 사람들이 자원봉사를 할 때, 그들은 다른 모든 연령대들보다 더 많은 시간을 자원봉사에 헌신한다. 미국에서는 65세 이상의 사람들 중 거의 25%가 자원봉사를 한다고 말했는데, 1년에 평균 85시간을 자원봉사를 한다고 한다.[48] 자원봉사는 사람들로 하여금 그들 자신보다 더 큰 것을 성취하도록 할 수 있는데, 존 글렌과 같은 사람들은 활력 있는 삶을 유지하는 데 자원봉사는 매우 중요한 것이라 말했다. 노인 자원봉사가 노인들에게 미치는 영향에 대한 연구는 많은 다른 형태를 취할 수 있다. 연구는 자원봉사를 선택한 사람들의 집단을 자원봉사를 하지 않는 사람들과 비교할 수도 있고, 무선 할당이 가능하지 않은 경우는 자기보고식 설문을 통해 다양한 측정치를 얻기도 한다. 이러한 연구들 중 다수는 자원봉사를 통해 공동체의 일부처럼 느끼고, 다른 사람들을 돕고, 다음 세대에 기여하는 것과 같은 이로운 효과를 보고할 뿐만 아니라 신체 건강의 개선도 보고한다.[49] 한 주요 연구에서는 대규모 자원봉사 프로그램인 '체험단Experience Corps'을 대상으로 노인 자원봉사의 이점을 조사했다.[50] 이 프로그램의 노인들은 미국 전역의 공립학교에 무작위로 배정되어 자원봉사를 하거나 봉사 대기자 명단에 이름을 올린다. 평균적으로 일주일에 15시간씩, 유치원이나 초등학교 3학년 교실에서 일을 한다. 학교에서 이들이 하는 일은 아이들의 독서를 지도하고 문제 해결이나 놀이를 통해 갈등을 해결하는 법을 가르치는 것을 포함한다. 몇 개월간의 자원봉사 후에 이들은 많은 긍정적인 이로움이 있다고 보고했는데, 특히 행복감이 상승하며 삶의 만족도 역시 높아진다고 했다. 이 '체험단' 프로그램에 참여한 자원봉사자들은 다양한 형태의 기억력이 향상되었다. 또한 이 프로그램을 통해 자원봉사자들은 그들이 다른 자원봉사자들을 만났고, 새로운 친구들을 사귀었으며, 도움을 청하기 위해 의지할 수 있는 사람들의 수가 늘어났다고 말했다. 아마도 가장 중요한 것은 이들 스스로가 필요한 사람이며, 감사하며, 다른 사람들의 삶에 변화를 줄 수 있는 사람이라고 느끼게 된 것이다.

이 장을 마치며

당신의 정신적 예리함을 유지시켜줄 수 있는 유일한 활동이란 없다. 어떤 활동이든 우리에게 이로움을 준다면, 그것이 사회적 상호작용이든 신체 활동이든 정신적인 도전이든 우리가 즐기는 것(혹은 하면서 즐거운 것)을 해야만 한다. 시를 암송하는 것은 긴장을 완화시킬 수 있다. 시 암송이 치매를 예방하는지는 알 수 없지만 시를 암송할 수 있다는 것을 증명하는 것이 당신의 불안을 줄여주고 긴장을 풀어준다면 이것 자체로 이로움이 될 수 있다. 십자말풀이 역시 유사한 효과를 줄 수 있지만, 만약 당신이 그 활동을 별로 즐기지 않는다면 굳이 새롭게 시작할 필요는 없다. 음악, 학습, 독서, 사회적 연결은 종종 정신적 예리함을 유지하게 하는 중요한 요소가 된다. 자원봉사를 통해 우리는 의미 있는 일에 연결될 수 있고, 우리 자신보다 더 큰 무언가의 일부가 될 수 있도록 해준다. 일반적으로 무슨 활동들을 할지 선택하는 데 최고의 가이드는 바로 당신 자신이다. 당신이 열정적으로 할 수 있는 활동을 선택하라. 즐거워하며 하는 도전은 당신의 뇌를 바꿀 수 있기 때문이다. 뇌는 보상이 있을 때 신경전달물질을 방출한다. 따라서 당신에게 보상이 되는 활동을 하면 뇌를 날카롭게 유지할 수 있다. 가장 효과적인 활동은 활동적이고,

사교적이며, 일정 수준의 자극을 주는 것이 결합된 경우가 많다. 걷기나 다른 신체 운동은 뇌와 몸의 건강을 유지시켜주는 가장 좋은 활동인 것 같다. 정리하면, 사람들은 뇌를 운동시킬 수 있는 활동을 강조하는 경향이 있는데, 가장 좋은 방법은 일단 신체적 운동과 사회적 상호작용이 있어야 하며 우리 뇌를 자극할 수 있는 도전적이며 보상이 되는 인지적 활동이 결합되어 있는 것이 좋다.

두뇌 훈련

컴퓨터 게임은 우리를 더 똑똑하게 만들까?

두뇌 훈련

컴퓨터 게임은 우리를 더 똑똑하게 만들까?

당신이 만약 몸을 좋게 하고 싶으면, 헬스장에 등록을 하거나, 조깅을 하거나 혹은 개인 트레이너를 고용해서 운동을 할지도 모른다. 그런데 만약 당신이 두뇌를 훈련하고 싶다면 무슨 일을 해야 할까? 두뇌를 많이 쓰는 활동을 하고 십자말풀이를 하며, 시를 외우고 외국어를 배우면 될까? 미국인의 약 50%는 스도쿠나 십자말풀이를 하면 두뇌 건강을 유지하는 데 도움이 된다고 믿는다.[1] 그러나 앞 장에서 논의한 바와 같이, 이러한 유형의 퍼즐이 더 일반적인 형태의 기억력 문제를 풀기 위해 뇌를 훈련시키는 데 도움이 된다는 충분한 증거가 없다.

당신은 두뇌 건강을 극대화하기 위해 당신의 특정한 요구에 맞춘 최신의 컴퓨터 기반 두뇌 훈련 프로그램에 등록할 수도 있다. 그러나 몸을 훈련시키는 데 좋은 해결책이 두뇌를 훈련하는 데도 여전히 사용될 수 있다면 어떨까? 자극적인 컴퓨터 기반 두뇌 훈련 프로그램이 직관적인 매력이 있음에도 불구하고, 수많은 연구들은 걷기와 같은 신체 운동이 두뇌의 힘을 증가시키고 기억력을 향상시키며 심지어 기억에 관여하는 뇌 구조물의 크기에도 영향을 미친다고 한다.

사람들은 종종 "우리의 뇌도 근육과 같아서 운동이 필요하다."라고 말하곤 하지만, 이는 반쯤만 맞는 말이다. 실제 뇌에는 근섬유가 존재하지 않기 때문에 근긴장도나 근육 강화를 위한 운동이 필요하지 않다는 것을 우리는 안다. 하지만 뇌를 사용하는 것은 이로움이 있다. 더 정확하게 말한다면, "뇌는 그 기능을 하는 데 산소가 필요한 신체 기관이고 신체 운동은 뇌에 산소 공급을 하는 것에 도움을 준다."라고 할 수 있다. 비록 우리 뇌는 전체 몸무게의 약 2%에 해당하는 무게밖에 되지 않지만, 심장에서 나오는 혈액의 15%를 공급받고, 전체 산소 소비량의 20%를 소비하며, 우리 몸 전체가 사용하는 포도당의 25%를 이용한다.[2] 우리의 크고 까다롭고 호기심이 많은 뇌는 문제 해결, 포도당, 산소에 중독되어 있다. 우리의 뇌는 놀라운 일들을 하고 그것을 어떻게 사용하는지가 중요하다. 한 종류의 공간 능력과 관련 있는 컴퓨터 게임을 더 잘하게 되는 것이 열쇠를 어디에 두었는지 혹은 차를 어디에 주차했는지를 기억하는 것과 같은 우리 삶의 다른 공간 기억과 관련된 문제들을 더 잘 해결할 수 있게 만드는 것은 아닐 수 있다.

요즈음 사람들이 '두뇌 훈련'이라고 말하는 것들은 보통 최신 가상현실 게임이나 사용자의 수준을 고려하여 실력을 향상시킬 수 있도록 고안된 컴퓨터 기반 시뮬레이션을 포함한다. 이러한 훈련을 할 때는 사람들이 소파나 컴퓨터 앞에 앉아서 진행한다. 자신의 수행에 대한 피드백을 받고 어떤 레벨까지 달성할 수 있을지 볼 수 있게 된다. 그리고는 이 게임들에 중독된다. 신체 운동이 뇌 건강을 개선시킬 수 있다는 증거들이 있음에도 불구하고 많은 사람들은 컴퓨터 기반 두뇌 훈련 프로그램 형태의 정신 활동이 큰 이로움을 가져다줄 것이라, 또 주어야 한다고 생긱한다. 과연 증거는 있을까?

　사람들은 다양한 두뇌 훈련 도구에 수십억 달러를 쓴다. 위험성이 크고, 효과적인 (단순히 인기만 있는 것이 아니라) 두뇌 훈련 게임을 찾아낸다는 것은 마치 제약회사가 치매를 예방할 수 있는 신약을 찾는 것처럼 어렵다는 것을 고려할 때, 우리는 두뇌 훈련 게임에 대한 비판적인 소비자가 되어야 한다. 이와 같은 두뇌 훈련 기술이 보급되기 전에 우리는 무엇을 했었는가? 더 전통적인 그리고 덜 비싼, 이를테면 조류 관찰, 은행 계좌 정리, 심지어 그냥 책을 읽는 것과 같은 활동들도 최신 두뇌 훈련 프로그램만큼 효과적일 수 있다.

미래는 두뇌 훈련의 시대일까?

　예전에는 이용하기 쉽지 않았던 두뇌 훈련 프로그램들은 컴퓨터와 인터넷 기술의 발전으로 접근이 용이해졌다. 그 결과, 컴퓨터 기반의 두뇌 훈련 게임이 폭발적으로 증가했는데, 많은 사람들이 게임을 하면 기억력과 지능을 향상시킬 수 있고, 뇌를 더 젊어지게 할 수 있다고 주장한다. 이러한 두뇌 게임 제품이 암묵적으로, 때로는 꽤 노골적으로 약속하는 것은 이런 종류의 뇌 훈련이 여러분을 더 똑똑하게 만들 수 있다는 것이다. 하지만 다시 묻는다. 그에 대한 증거가 있는가? 컴퓨터 기반 두뇌 훈련이 미래의 뇌 건강을 위한 수단일 수도 있지만, 많은 과학자들은 이 훈련이 효과가 있다고 주장하는 빈약한 증거를 해석하는 데 주의하고 있으며, 현재 상태에서는 그 효과에 대한 광범위한 논쟁이 있다. 스탠퍼드대학교 장수 센터와 베를린 막스 플랑크 인간발달연구소가 발표한 성명은 이 약속을 뒷받침할 확실한 과학적 증거가 없다고 말했다.[3] 세계 유수의 인지심리학자와 신경과학자 70명이 서명한 이 성명에서는 다음과 같은 명확한 메시지를 담고 있다.

> 우리는 소프트웨어 기반 '두뇌 게임'의 사용이 일상생활에서 일반적 인지 수행을 향상시키거나 인지 둔화와 뇌 질환을 예방하는 방향으로 신경 기능을 변화시키지 않는다는 과학적 연구 결과에 강하게 동의한다.

최근 미국 연방거래위원회는 뇌 훈련 프로그램인 루모시티Lumosity 에 허위 광고로 5천만 달러의 벌금을 부과했다(2백만 달러로 결국 조정되긴 했다).[4] 루모시티는 매달 14.95달러를 내는 상품부터 299.95달러짜리 평생 사용권까지 다양한 게임 사용권을 7천만 고객에게 판매했다. 그리고 이 게임이 머리를 더 좋게 그리고 건강하게 만들 수 있는 도구라고 광고했다. 그러나 연방거래위원회는 이 회사가 노화에 따른 인지적 감퇴에 대한 소비자들의 두려움을 먹잇감으로 이용했다고 말하면서, 이들의 광고 내용을 뒷받침할 만한 과학적인 증거가 존재하지 않는다고 지적했다. 사람들은 기억력 감퇴를 피할 수 있는 게임에 매우 끌리지만 아직 그 효과는 여전히 객관적으로 확인된 바 없다.

어떤 과학자들은 두뇌 훈련이 효과가 있을 수 있다고 제안하고, 컴퓨터 게임을 통한 두뇌 훈련 노력에 지나치게 비판적인 것은 건설적이지 않다고 생각한다. 스탠퍼드-막스 플랑크 연구소 성명에 대응하여, 많은 저명한 과학자들(그들 중 상당수는 두뇌 트레이닝 연구 산업과 신생 스타트업에 깊이 투자하고 있다)이 서명한 서한이 발행되었다. 이 응답서한에는 두뇌 훈련이 미래에 제공할 수 있을 결과와 약속에 대해 열린 마음을 가져야 한다는 주장이 담겨 있다. 이러한 주장과 더불어 두뇌 훈련의 효과를 과학적으로 증명할 수 있다는 주장을 뒷받침할 수 있는 방법을 찾기 위한 연구에 두뇌 훈련 회사들로부터 상당한 자금 지원이 있을 수 있다.

두뇌 훈련의 경험적 증거
: 정말 열쇠를 어디에 두었는지 더 잘 생각이 날까?

두뇌 훈련 프로그램의 성배는 기억력과 주의를 당신의 삶에 현저한 변화를 줄 수 있을 만큼 향상시키는 것이다. 이러한 프로그램의 목표는 우선 사람들을 단순하고 흥미로운 퍼즐로 훈련시키고 점점 더 복잡한 퍼즐로 발전시킨 다음 이러한 퍼즐 과제에 대한 수행이 향상됨을 보여주는 것이다. 그래서 이를 통해 정말 기억력 향상 훈련이 되고 있는 것이라면, 사람들은 다른 사람들의 이름을, 자신이 두었던 열쇠의 장소를 그리고 어떤 약을 언제 복용할지를 기억하는 것과 같은 일상 속의 다른 기억 관련 문제들에서도 개선이 되어야 한다. 지금까지 두뇌 훈련은 사람들이 지금 하고 있는 훈련 게임을 더 잘하게 만드는 데는 효과가 있었다. 하지만 이 훈련이 그저 지금 하고 있는 특정 게임을 더 잘하게 만드는 것이 아니라 정말 효과가 있다면 다른 게임도 잘할 수 있는 방향으로 기억 향상이 일어나야만 한다. 이것은 당신이 두뇌 훈련 퍼즐을 더 잘하게 되면, 기억력의 다른 측면들도 개선되어야 한다는 것을 의미하는데, 예를 들어 이름을 기억하고, 열쇠를 어디에 두었는지를 잘 기억하고, 약을 복용하는 것을 더 잘할 수 있고, 일반적으로 당신이 더 예리해지고 있음을 느끼는 것을 의미한다. 흥미롭게도, 사람들은 정말 더 예리해졌다고 '느낀다'고 보고한다. 하지만 사람들이 정말 관심 있는 다른 과제로 진정한 전이가 일어났다는 증거는 지금까지 없었다. 그러한 결과를 찾기 위해 대규모의 고비용 연구들이 많이 수행되었음에도 불구하고 말이다.

영국에서 수행된 한 대규모 연구에서,[5] 11,000명 이상의 사람들이 6주간 온라인 과제를 통해 훈련받았다. 그들은 추론, 기억, 계획, 시각적 공간 기술, 주의력을 향상시키기 위해 고안된 다양한 컴퓨터 기반 인지 과제를 수행함으로써 매주 몇 번씩 가정에서 두뇌 훈련을 했다. 사람들은 이러한 과제들에 더 능숙해졌고 그들이 훈련받은 모든 인지적 과제들에서 향상된 수행을 보여주었다. 하지만 훈련한 과제들과 인지적으로 밀접하게 연관되어 있긴 하지만, 훈련하지 않은 새로운 과제의 수행이 좋아지는 전이 효과에 대한 증거는 발견되지 않았다. 다른 접근법들과 프로그램들이 노인들을 위한 두뇌 훈련의 효과에 대한 몇몇 증거들을 제시하지만,[6] 이러한 이점들이 일상 기억 문제의 개선으로 이어질지는 여전히 불확실하다.

비록 대부분의 두뇌 훈련 프로그램들이 기억력과 주의력 향상에 집중하긴 하지만 이러한 훈련은 집중을 방해하는 자극을 무시하거나, 내가 지금 글을 쓰는 와중에 들리는 소방차의 사이렌 소리 같은 쓸데없는 정보를 걸러내는 능력을 키우는 데 효과가 있다. 획기적이고, 널리 알려진 한 연구에서,[7] 교수이자 기업가인 아담 개즐레이 Adam Gazzaley 가 이끄는 연구진은 '뉴로 트레이서 Neurotracer'라 불리는 맞춤형 비디오 게임을 가지고 한 노인 집단을 훈련시켰다. 뉴로 트레이서라는 게임은 운전 시 방해 자극을 걸러내는 능력을 강화하기 위해 제작되었다. 이 훈련 프로그램은 비디오 게임처럼 제작되었고, 게임 사용자는 바람 부는 도로 위에서 한 손으로 차를 운전하는 동시에 다른 한 손으로는 특정한 색과 모양을 가진 물체를 쏘아 떨어뜨려야 한다. 이때 다른 색이나 모양을 가진 물체는 무시해야 한다. 이것은 분명히 아주 어렵고 주의집중이 필요한 과제이다. 연구 참여자들은 한 달 동안 일주일에 몇 시간씩 뉴로 트레이서 게임을 하거나, 다른 통제 과제를 수행하였다. 이를 통해 아주 어려운 비디오 게임에서 운전 연습을 많이 하게 되었다. 연구 결과, 연습과 훈련의 효과가 나타났다. 이 연구의 참가자들 중 일부 노인들의 수행이 20세 수준으로까지 향상될 정도로 운전 및 방해 자극 무시 게임에서 수행 향상이 나타났다. 이는 매우 인상적인 훈련 효과였다. 개즐레이 박사는 이러한 유형의 훈련 게임의 장기 목표는 "세계 최초로 처방받는 비디오 게임이 되는 것"이라고 설명했다.[8]

수행의 향상을 보기 위해서는 상당한 훈련이 필요한데, 이러한 향상은 처음 훈련했던 과제와 유사한 과제에 한해서만 나타난다. 이는 '근접 전이' 현상으로 알려져 있다. 다시 말하면, 하나의 비디오 게임을 통해 훈련된 기술은 이와 유사한 특성을 가진 다른 과제에만 영향을 미칠 수 있다는 것이다. 이러한 유형의 운전 게임을 하는 것이 실제 세계에서 더 나은 운전자로 만들어주지는 않는다. 따라서 우리는 운전 연습 게임을 하는 데 너무 많은 시간을 쓰는 것에 대해서 잘 생각해봐야 한다. 만약 몇 시간 동안 실제 운전을 한다면, 그 긴 운전에 대한 보상으로 그랜드 캐니언 Grand Canyon 이나 다른 흥미로운 장소에라도 도착할 수 있을 것이다. 하지만 컴퓨터 게임을 통한 운전은 그렇지 않다.

현 상태에서 두뇌 훈련의 이점이 어떤 것인지를 알기에는 이른 감이 있지만, 아마도 현실 세계에서 쓸모 있는 몇몇 기술들은 이 두뇌 훈련을 통해 향상될 수 있는 것 같다. 예를 들어, 실제 운전과 같은 행동(감각 능력의 변화와 느려진 반응 시간 때문에 연령에 따른 감퇴가 나타나는 활동)에서는, 노인들의 경우 시각 환경에서 한 사람이 집중할 수 있는 정보의 양을 나타내는 '유용 시야' 측정치가 다양한 시각 주의력과 운전 과제 훈련을 통해 향상될 수 있다고 한다.[9] 보다 최근 연구에 따르면, 노인들의 운전 능력을 향상시키기 위해서 실시하는 분리 주의 훈련이 장기적인 이로움이 있다고 한다.[10] 어떤 면에서는 이러한 유형의 훈련이 모든 연령대의 사람들의 안전을 위해 수행되어야 하는 것 같다. 적어도 노인들에게 엄청난 도움이 될 자율 주행 자동차가 나오기 전까지는 말이다.

일반적으로, 우리는 이러한 두뇌 훈련 게임을 하는 것에 어떤 비용이 드는지 자문할 필요가 있다. 특히 이런 게임으로 얻는 이익이 불명확하거나 경험적인 연구에 의해 지지받지 못하는 것은 아닌지 확인할 필요가 있다. 이러한 게임 형태의 훈련이 가진 문제는 주로 앉아서, 오랜 시간 동안 화면을 보고 있어야 한다는 것이다. 결국 이것은 인지적인 이로움이 있다고 증명된 신체적인 운동을 할 시간을 빼앗는 결과를 가져온다. 더 긴 시간 동안 화면을 보고 있기 위해서는 걷기와 같이 몸을 많이 움직이는 신체적 활동이라는 검증된 이로움을 희생시켜야 한다. 과거와 현재의 관련된 대규모 개관 연구들은 어떻게 컴퓨터 기반 두뇌 훈련이 관찰 가능한 기억의 향상을 이끄는지를 확실히 말하기 위해서는 더 많은 연구가 수행되어야 한다는 일관된 결론을 가지고 있다.[11]

두뇌 훈련에 대한 믿음

앞으로 살펴보겠지만, 우리들 대부분은 두뇌 훈련의 약속에 대해 상당히 낙관적이다. 최근의 한 연구에서는,[12] 많은 교육을 받고 비판적으로 사고하는 사람들이라고 해도 기억력, 집중력, 일상 활동의 수행과 같은 인지적 기능을 향상시킬 수단으로서의 두뇌 훈련의 잠재력에 대해 꽤나 높은 기대를 갖고 있다는 것을 보여주었다. 두뇌 훈련에 대한 부정적인 연구 결과가 있다 해도, 이러한 높은 기대치가 쉽게 감소하지는 않는다. 특히 노인들은 이러한 우호적 편견을 갖기 쉬우며, 두뇌 훈련에 관한 긍정적 신념과 태도를 갖게 만든 요인은 바로 자신들의 직관이라고 생각할 수 있다.

이러한 기대치에 영향을 주는 것은 무엇일까? 두뇌 훈련 소프트웨어를 둘러싼 낙관주의는 기술이 성공을 이끈다는 일반적인 사람들의 생각, 이른 바 '기술 효과'에서 그 뿌리를 찾을 수 있다. 한 연구는[13] 사람들이 기술 관련 회사에 투자할 가능성이 더 크고, 암묵적으로 기술을, 특히 신기술을 성공과 연관 짓는 경향이 크다는 것을 보여준다. 두뇌 훈련과 관련된 산업은 이러한 생각에 잘 들어맞으며, 이 산업은 신경과학의 새로움에, 또한 일상에서의 활동들에 반응하여 우리의 뇌의 구조와 활성화가 달라질 수 있다는 생각에 의존하고 있다. 이러한 발견들은 신경가소성(두뇌 훈련 회사들이 좋아하는 선전 구호)이라는 용어를 이 분야에서 사용하게 하였고, 실제로 특정 집단을 대상으로 초기 성과가 있었다. 이러한 집단에는 어린이들, 주의력 결핍 및 과잉 행동 장애 ADHD 환자들 그리고 노인들을 포함한다. 일반적으로 우리는 그것이 사실이길 바라기 때문에 두뇌 훈련 회사들이 하는 약속을 믿는 것 같다.

이러한 기대감은 우리를 동기부여하며, 적어도 컴퓨터 기반 두뇌 훈련을 통해 얻을 수 있는 이로움의 일부는 이러한 기대감 때문이다. 최근 연구에 따르면 사람들이 두뇌 훈련 게임이 그들을 도울 수 있다고 기대한다면 지능 검사에서 더 나은 점수를 얻는다고 한다. 사실 두뇌 훈련 게임의 효과를 보여준 몇몇 연구들은 연구의 시작점부터 편향된 결과를 얻었을 가능성이 있다. 왜냐하면 그 연구의 참여자들은 두뇌 게임을 해서 더 똑똑해지고 싶어 하거나 그런 기대를 가진 사람들이기 때문이다. 연구자들은 긍정적인 효과에 대한 기대가 긍정적인 결과로 이어질 수 있는지, 즉 많은 두뇌 훈련 프로그램에서 위약 효과가 나타날 수 있는지를 테스트하기 위한 한 연구를 고안했다.[14] 연구자들은 학생들이 연구에 참여하도록 대학교 주변에 전단지를 붙였다. 전단지의 절반은 이 연구가 '두뇌 훈련'과 '인지 기능 향상'에 관한 것이라고 언급하면서 매우 자세한 설명을 했고, 나머지 절반은 단순히 '심리학 연구에 참여'한다고 말하는 표준적이고 일반적인 광고였다. 실험에 참여한 모든 사람들은 그들의 기본 지능을 측정하기 위한 사전 검사를 먼저 받았다(IQ 검사와 비슷하다). 그 후 그들은 모두 이전 연구에서 보여주었던 것처럼 기억을 사용하고 훈련시키기 위해 고안된 도전적인 게임을 했다.[15] 다음 날, 참가자들은 두 번째 지능 검사를 실시하기 위해 다시 실험실에 왔다. '두뇌 훈련'과 '인지 기능 향상'이라는 선정적인 광고를 보고 실험을 하러 온 집단의 참가자들은 이 두 번째 표준 지능 검사에서 5점에서 10점 정도 점수가 상승한 것으로 나타났다. 그러나 첫 번째 집단과 모두 정확하게 같은 두 가지 검사를 실시했음에도 불구하고 더 특색 없고 일반적인 광고를 보고 온 참가자들은 지능 검사 점수가 전혀 오르지 않았다. '두뇌 훈련'이라는 명확한 딱지가 붙은 집단의 수행이 향상된 것은 긍정적인 위약 효과의 강력한 특성을 보여준다. 즉, 이러한 종류의 연구를 위해 실험 참여자를 모집할 때 사용되는 모집 광고의 방식과 내용이 그들의 수행에 영향을 미칠 수 있다. 아마도 두뇌 훈련을 하면 이로움이 있을 것으로 기대히는 유형의 사람들이 두뇌 훈련 연구에 더 강한 매력을 느낄 수 있는 것 같다(사실 우리들 대부분도 이런 연구에 참여하여 시간을 들이면, 이런 기대를 갖게 될 수 있다). 이 연구는 우리의 기대가 두뇌 능력에 영향을 미칠 수 있다는 또 다른 예임을 보여주며, 두뇌 훈련이 정말로 효과가 있다는 희망을 가질 좋은 이유일는지 모른다.

일반적으로 우리가 어떤 효과를 볼 수 있느냐에 우리의 믿음이 아주 큰 역할을 할 수 있다. 긍정적인 사고방식을 가지는 것이 큰 차이를 가져온다는 것이다. 만약 우리가 나아질 수 있다고 생각한다면, 특히 그것이 연구나 훈련 프로그램으로부터 기대하는 것이라면 (다른 과제로의 전이나 근접 전이까지는 아니더라도) 우리는 할 수 있고 또 그렇게 될 수 있다. 위에서 소개한 연구는 젊은 청년들을 대상으로 대학교에서 실시되었기 때문에, 이와 유사한 발견이 노인들에게도 나타나는지는 두고 봐야 하지만, 나는 상황이 달라져도 이런 효과가 나타날 것으로 믿는다. 내가 일하는 UCLA에는 많은 노인들이 기억 능력을 유지하기 위해 우리 기억 실험실을 찾는다. 그리고 우리가 진행하는 연구들은 노인들의 뇌가 활동하도록 하는 자극제가 되는 일종의 두뇌 훈련이다. 분명 이 연구들은 기억력을 개선시키기 위해 설계된 것은 아니라 다양한 기억과 주의 과제를 통해 사람들을 검사하기 위한 것이다. 하지만 연구 참여자들은 이 연구에서 검사를 수행하기 때문에 이것 자체가 두뇌 훈련의 효과가 있다고 믿는다. 우리 실험실에서 수행되는 연구에 참여한 거의 모든 노인들은 자신들의 머리를 더 좋게 만들기 위해 뭐라도 하길 원하며 바로 이런 이유 때문에 기억에 관한 우리 연구에 참여하는 것이다.

두뇌 훈련이 두뇌를 더 나빠지게 할 수도 있다고?

많은 연구들이 신체적인 운동이 모든 연령대의 사람들의 기억력을 향상시켜준다는 결과를 보여주고 있음에도 불구하고 아직도 많은 사람들은 컴퓨터 기반 두뇌 훈련으로 자신들의 기억력을 향상시킬 수 있다고 믿는다. 두뇌 훈련은 분명히 새로운 언어를 배우거나 주의력이 요구되는 특정 과제를 더 잘하도록 도울 수 있다. 하지만 여기에는 큰 비용 역시 따른다. 비단 운동 대신 이러한 게임을 선택하는 것이 경제적인 비용만 있는 것은 아니다.

위에서 언급했듯이, 컴퓨터 기반 두뇌 훈련의 가장 큰 비용은 화면을 보는 시간이 늘어난다는 것이다. 컴퓨터 기반 게임을 하느라 다른 중요한 활동들, 신체적인 운동과 같이 당신을 실제적으로 도울 수 있는 활동들을 못 하게 되는 것이다. 사실 이 게임을 더 많이 할수록 신체적으로 활동을 할 시간이 부족해진다. 그리고 그 결과, 기억력이 더 안 좋아지고, 정신 건강 역시 나빠질 수 있다. 이것은 처음에 당신이 정확히 피하길 원했던 결과이다. 화면을 쳐다보는 시간을 줄이는 것은 또 다른 이익이 있다. 한 최근 연구는[16] 스마트폰, TV 혹은 다른 디지털 미디어를 사용하거나 보지 않고 5일간 야외 활동을 한 6학년 학생들이 지속적으로 전자 기기에 접속한 아이들에 비해서 이 야외 활동 후에 자기 주변 사람들의 정서를 더 잘 파악하는 것으로 나타났다(사실 이것은 노인들이 꽤나 잘하는 일이다). 두뇌 훈련을 계속 하는 것은 당신의 뇌를 더 잘 훈련시킬 수 있는 다른 활동을 할 시간을 없애버린다는 측면에서 꽤나 역설적이다.

자, 우리의 두뇌를 계속 예리하게 유지시킨다는 관점에서 생각해보자. 뇌 활동을 자극하는 것과 신체적인 운동을 하는 것 중에서 당신이 더 중요하게 생각히는 것은 무엇인가? 한 연구는[17] 이 질문에 대한 답을 쥐들을 대상으로 구해봤다. 한 집단의 쥐들은 가지고 놀 수 있는 재미난 장난감들이 많이 있는 우리에서 자라났고, 다른 집단의 쥐들은 이러한 장난감은 없었지만, 우리에 쳇바퀴가 있었다. 이 집단의 쥐들은 자발적으로 그리고 정기적으로 바퀴를 돌렸다(아마도 우리에 있는 것이 지루했을 것이다). 대부분의 사람들은 쥐들의 두뇌를 자극할 수 있는 환경이 단지 운동할 수 있는 바퀴만 가진 엉성한 환경에 비해 뇌 발달이 더 잘 일어날 것이라고 생각할는지 모른다. 이렇게 전혀 다른 환경에서 몇 개월을 생활한 후에 쳇바퀴만 있는 환경에서 자란 쥐들이 재미난 장난감들이 많았던 환경의 쥐들에 비해 공간 기억 검사에서도 더 나은 수행을 보였고, 어떤 경우에는 새로운 뇌세포 생성 역시 더 많이 된 것을 볼 수 있었다. 이러한 두 환경 혹은 두 삶의 방식의 차이가 뇌 건강에 미치는 영향에 대한 한 가지 관점은 다음과 같다. 두뇌를 많이 자극할 수 있는 환경은 현재 뇌세포를 보호하거나 유지하는 데 도움을 주지만, 신체적 활동을 하게 만드는 환경은 새로운 뇌세포를 생성하는 데 실제 도움을 준다는 것이다. 이러한 변화는 두 개의 다른 환경에서 자라난 젊은 쥐들에게서만 나타난 것은 아니었다. 늙은 쥐들도 새로운 뇌세포 생성에 대한 신체적인 활동의 유사한 이익을 얻었다. 이러한 결과는 노년기에 신체적인 활동을 하는 것은 연령 증가에 따른 뇌 기능의 감퇴를 실제로 역전시킬 수도 있다는 것을 제안한다.[18] 쳇바퀴가 있는 환경은 새로운 뇌세포를 생성시키고, 기억력을 향상시키는 등 쥐에게 중요한 효과가 있었다. 이 연구 결과를 한 노인에게 말해주자, 그는 농담조로 이렇게 외쳤다. "그런 바퀴는 어디서 구할 수 있을까요!"[19] 정리하면, 뇌를 자극시키는 많은 장난감과 게임은 아주 자극적이고 매력적일 수 있지만, 신체적인 운동

나이 듦의 이로움

이야말로 당신의 뇌와 몸에 큰 변화를 가져올 수 있는 활동이다.

자, 이제 읽어볼까요?: 독서의 인지적, 사회적 효과

독서가 마음에 주는 효과는 운동이 몸에 주는 효과와 같다.

조셉 애디슨 Joseph Addison 영국의 수필가, 시인, 극작가, 정치가

미스터리 소설이나 텔레비전 예능 프로그램들은 독자나 청자의 주의를 끌 수 있고 두뇌를 활동하게 하는 유용한 방법을 제공한다. 『셜록홈즈Sherlock Holmes』와 같은 추리소설 읽기, 라디오에서 농구 방송 중계 듣기 혹은 과학수사대CSI와 같은 TV 프로그램을 보는 것은 지금의 두뇌 훈련의 전조였을는지 모르겠다. 많은 노인들이 비디오 게임 기반의 두뇌 훈련에 호기심을 가지고 있겠지만, 그들이 했던 더 일반적인 두뇌 훈련은 바로 독서이다. 아마도 평생 동안 해온 훈련일 것이다. 존 우든John Wooden 은 벤자민 프랭클린이나 윈스턴 처칠Winston Churchill 과 같은 인물들의 전기의 열렬한 독자이며, 그에게 독서는 자신의 뇌에 주는 작은 선물이다. 최근 연구는 독서가 우리의 사고 과정에 영향을 주며 강력한 형태의 두뇌 훈련이라는 생각을 뒷받침한다. 읽기 분야의 전문가인 키스 오틀리Keith Oatley 교수는 독서를 모의 비행 훈련 장치에 비유하며 다음과 같이 말한다. "당신은 아주 짧은 시간 동안 많은 상황을 경험하는데, 실제로 그런 경험들이 우리 삶에 일어나기를 기다리는 경우보다 훨씬 더 많은 경험입니다."[20] 독서는 고독한 활동이긴 하지만 비디오 게임과는 달리 이를 통해 우리는 사회적으로 더 민감해진다. 오틀리 교수는 책이

마치 인생에 대한 모의실험 장치와도 같다고 말한다. 책을 통해 사람들은 다른 누군가의 위치에서 자신을 들여다보고, 다른 사람의 관점을 취하는 연습을 하고, 책의 등장인물들이 왜 그렇게 행동하는지에 대한 이유를 찾을 수 있으며, 현실에서 자신들이 같은 상황을 마주했을 때 어떤 일이 일어날지에 대해 생각할 수 있다.

몇몇 연구들은 얼마나 책을 많이 읽는지(이는 보통 얼마나 많은 작가의 이름을 알고 있느냐로 측정되기도 한다)와 다른 사람의 여러 정서적 상태를 나타내는 사진을 보고 그들의 심적 상태, 감정 그리고 정서를 해석하고 공감하는 능력의 관계를 보여주었다.[21] 이러한 연구들의 결과는 더 많이 읽는 사람이 자신의 환경에 주어지는 사회적 단서를 해석하는 것을 더 잘하며, 궁극적으로 다른 사람을 더 잘 이해하는 것을 시사한다. 우리는 책벌레라고 불리는 사람들을 안경잡이 외톨이라든지, 다른 사람들이 놀고 있는 동안 방구석에 틀어박혀 책이나 읽고 있을 것 같다는 고정관념 속에 가둬두지만, 두뇌 훈련으로서의 독서는 상황에 대한 정서적 처리를 더 잘하도록 이끄는 것 같다. 즉, 평생 동안 책을 가까이 하는 것은 사회적 지능의 관점에서 이로움이 있을 수 있고, 이것은 나이가 들면서 더 잘하게 되는 것 중 하나이다.

워렌 버핏 Warren Buffett 은 추정하기를 자신의 하루 일과의 80%를 책을 읽는 데 쓴다고 한다.[22] 평생 동안, 특히 노년기에 한 독서는 정신 능력을 보존하는 비밀 중 하나인 것 같다. 이 책을 읽는 것 역시 당신에게 도움이 될 것이다. 물론 소설책을 읽는 것이 사회적 지능을 위해서는 더 좋다. 한 연구에서,[23] 연구자들은 6년간 거의 300명의 노인들의 기억과 사고 능력을 매년 측정했다. 그리고 실험 참여자들은 자신의 어린 시절부터 현재까지의 독서와 글쓰기 습관에 대한 설문들에 응답했다. 실험 참여자들이 별세한 후(이분들의 돌아가신 평균 연령은 89세였다), 연구자들은 치매의 징후를 찾기 위해 뇌를 부검했다. 이때 보통 기억의 문제와 관련된 뇌 손상, 반점 축적, 신경 엉킴의 정도를 조사한다. 평소에 책을 읽는다고 응답한 사람들은 뇌 손상, 신경 엉킴이 덜하고, 6년간 진행했던 기억 검사에서 감퇴의 속도가 더 더딘 것을 발견했다. 게다가 노년기에도 여전히 책을 많이 읽었던 사람들은 다른 종류의 정신적 활동에 참여했던 사람들에 비해 기억 감퇴가 30% 이상 줄었다. 책을 가장 많이 읽은 집단의 사람들은 치매의 물리적 징후가 가장 적게 나타났다(물론 이것이 오래도록 독서를 계속 할 수 있었던 원인이었을 수도 있다). 그러나 노년기에 평균적인 독서를 하는 사람보다 더 독서량이 적었던 사람들은 기억 감퇴가 거의 50% 이상 빨리 찾아왔다. 독서는 당신의 뇌에 도전을 준다. 자, 이제 이 책을 계속 읽어야 할 또 하나의 이유가 생겼다!

독서는 인생의 아주 어린 시기부터 할 수 있는 두뇌 훈련의 한 형태이다. 그리고 책이 있는 가정에서 자란다는 것은 그 사람의 인생에 큰 이로움을 가져다줄 수 있다. 책은 즐겁고 강력한 학습의 도구가 될 수 있다. 20년 이상 수행한 대규모 연구에 따르면,[24] 책이 있는 집에서 성장한 사람들은 고등교육을 이수할 가능성이 더 큰데, 이는 인생의 후반기의 더 높은 소득과 더 나은 인지적 기능과 연결되어 있다. 이 연구는 또한 소득이나 교육 수준에 상관없이, 가정에 더 많은 책이 있었던 부모는 책이 별로 없었던 부모에 비해 자식들의 교육 수준이 더 높았다는 것을 발견했다. 부모의 교육 수준, 직업, 계층에 관계없이 책이 많은 집의 자식들이 평균 3년의 교육을 더 받는 것으로 나타났다. 또한 500권 정도의 책이 있는 집에 사는 아이들이 더 많이 교육받는 것으로 나타났고, 심지어 집에 작은 책 컬렉션을 갖고 있는 것도 효과가 있었다. 요점은 단순히 책이 많은 것이 아니라 책을 읽는 것이다. 하지만 책을 쉽게 접할 수 있으면 책을 쉽게 읽을 수 있을 것이다. 따라서 어릴 때부터 책에 노출되어 독서를 하면 나중에 뇌에 좋은 일이 생길 수 있다.

기본으로 돌아가라: 읽기, 쓰기 그리고 타자 치기?

나는 종종 내가 고등학교 때 1990년 즈음 들었던 가장 중요한 수업은 타자 연습이라고 농담을 하곤 한다. 아마도 내가 고등학생이었던 시절이 타자를 배우기 위해 타자기를 사용했던 마지막 세대였을 것이다. 그리고 그 기술은 나에게 도움이 되었다. 타자 치는 것을 배우는 것은 컴퓨터를 사용하는 데 도움을 준다(많은 아이들이 지금도 컴퓨터로 타자 연습을 하는 한 가지 이유이기도 하다). 하지만 손 글씨 쓰기를 배우는 것은 더 많은 도움이 된다. 키보드를 사용하여 타자를 배우는 것은 실용적인 가치가 있지만 정자체나 필기체를 이용해 손 글씨를 배우는 것은 창의성이나 이해의 측면에서 인지적인 이로움뿐만 아니라 개인적인 가치도 있다(손으로 쓴 글은 더 많은 느낌을 전달하며, 누구의 글씨인지도 알아볼 수도 있다). 대부분의 사람들은 손으로 쓰는 것이 타자만큼 빠르지는 않아서(요즘 대학생들 역시 이런 경향이 드물지 않다), 중요한 정보를 적어야 하는 상황에서는 손으로 필기를 하는 것이 어려울 수 있다. 왜냐하면 이것은 선생님이 하신 말씀을 이해하고 소화하여 선택적으로 중요한 것만 적어야 해서 법원의 속기사들처럼 그냥 단어들을 기계적으로 기록하는 것과는 다르기 때문이다. 퓰리처상을 받은 지리학자인 재레드 다이아몬드 Jared Diamond 를 비롯하여 많은 명성 있는 작가들은 가끔 컴퓨터를 사용하여 글을 쓰는 것을 삼가고 손으로 글을 쓰기도 한다. 이것이 더 글을 유기적으로 그리고 창의적으로 만든다고 한다.

　노인들이 기술이나 컴퓨터를 피하려 한다는 많은 고정관념들이 있음에도 사실 많은 노인들이 컴퓨터를 잘 다루고 이메일을 사용하거나 웹 검색을 하는 등 인터넷 관련 지식이 많다. 물론 아직도 많은 노인들은 인터넷에 겁을 먹고 젊은 사람들과 같은 방식으로 이용하지는 않는다. 중년의 성인들이 나이가 들어가면서 자신들이 지금까지 배웠던 기술들은, 특히 직장에서는 새로운 기술로 대체될 것이며, 이는 더 현대적인 기술의 유용성을 통합하는 것을 어렵게 만든다. 또한 일부 응용 소프트웨어나 웹사이트들은 노인들에게는 별 쓸모가 없다. 그래서 이런 노인들은 트위터나 페이스북을 사용할 필요성을 찾지 못할 수도 있고, 이런 사이트들이 지나치게 비공식적이거나 비인격적인 의사소통 방식이라고 생각하기도 한다. 그러나 77세에 우주를 여행한 존 글렌 John Glenn 은 나이가 들어서도 장거리 자동차 여행을 할 때 인터넷을 이용한 장치를 사용하기도 하고, 호텔을 찾거나 여행의 도움을 받기 위해 차 안에서 온스타 OnStar 서비스를 이용하기도 한다고 말한다.

　우리가 나이가 들어도 컴퓨터 기술을 사용하는 것을 피해서는 안 되는 것이 확실하다. 한 연구는[25] 컴퓨터를 사용하는 노인들이 치매의 위험이 더 낮다는 것을 보여준다. 물론 이에 대한 인과적인 증거가 존재하는 것은 아니다. 게다가 다른 연구는 인터넷에 친숙한 노인들은 단순히 독서를 할 때보다 인터넷 검색을 할 때 뇌 활동이 유의미하게 더 많이 나타나는 것을 보여준다.[26] 젊은이들은 보통 컴퓨터 앞에 앉아서 인터넷 검색을 하는 직업을 갖고, 그 결과 직장에서나 개인적 혹은 사회적 목적으로 컴퓨터를 과하게 사용하게 될 수 있다. 이러한 과다 사용은 우리를 더 가만히 앉아 있게만 만들고 페이스북에 취해 자신이 사회적 활동을 하고 있다는 환상에 젖게 만든다.

최근의 통계가[27] 말해주듯이 노인들도 인터넷을 사용한다. 노인 10명 중 6명이 규칙적으로 온라인에 접속하고, 4명 중 3명이 스마트폰을 가지고 있다. 인터넷을 사용하는 노인들 중 71%는 매일 혹은 거의 매일 인터넷에 접속한다. 그들은 인터넷을 통해 방대한 양의 정보를 찾고 옛 친구들을 찾으며, 무거운 백과사전을 뒤적이던 시절을 추억하기도 한다. 그러나 노인들은 또한 빠르게 업데이트되는 블로그와 같이 웹상의 모든 정보를 믿어야 하는지 여부를 알지 못하며, 새로운 소프트웨어와 업데이트를 계속 다운로드해야 하는 필요성을 이해하지 못한다. 게다가 이메일과 웹사이트는 노인들을 대상으로 하는 많은 사기극의 원천이 될 수 있다.

노인들은 또한 페이스타임이나 스카이프와 같은 인터넷 서비스를 통해 가족들과 적극적으로 연락하고 싶어 한다. 그러나 여전히 단순하고, 친숙하며, 진짜 목소리를 들을 수 있는 전화를 그냥 읽을 수만 있는 문자 메시지보다 더 선호한다. 또한 명심할 것은 컴퓨터 분야에서 재사용하는 용어들 때문에 노인들이 처음엔 무척 혼란스러워한다는 것이다. 예를 들어, 윈도우, 태블릿, 쿠키, 마우스 등 이런 단어들은 40년 전에는 모두 다른 의미들을 가지고 있었다. 노인들은 이런 단어의 새로운 의미가 무엇인지에 대해 혼란이 오거나 기존 의미와 간섭이 일어날 수도 있다. 왜냐하면 그들은 태블릿이라는 단어에 대해서 우리 아이들은 컴퓨터와 관련된 뜻이라고만 알고 있는 데 반해 그 원래 뜻 혹은 알약의 한 형태 까지도 알고 있기 때문이다. 교실에서 노트북을 사용하지 못하게 하거나 학교에서는 스마트폰 사용을 금지하는 것과 같은 시계를 거꾸로 돌리는 것에서 이로움을 찾기도 한다. 몇몇 학교는 실제로 학생들의 학업 성적을 올리기 위해서 휴대폰 사용을 금하기도 한다.[28] 기술은 우리가 그것을 단지 게으른 것이 아닌 더 나은 삶을 위해 사용하기만 한다면 나쁘지 않다. 일반적으로, 특히 노인들에게는, 시간과 돈을 잘 사용한다는 측면에서 적절한 방식으로 기술을 사용하는 것이 중요하다.

자기 자신, 친구 그리고 같은 연령대와의 경쟁

사람들은 때때로 우호적인 경쟁을 즐긴다. 심지어 자기 자신과의 경쟁일 때도 마찬가지이다. 어느 연령대의 사람들이건 경쟁은 동기를 부여시킨다. 우리는 종종 직업, 소득 그리고 다른 형태의 생산성과 행복의 수준의 측면에서 자신과 비슷한 수준의 사회적 계층에 속한 다른 사람들과 자신을 견주어보는 사회적 비교를 한다. 우리는 또한 자기 자신과의 비교도 한다. 10년 전보다 몸무게가 더 많이 나가기 때문에 살을 빼야하고, 예전만큼 빨리 달릴 수는 없지만, 이제는 친구와 함께 마라톤을하고 싶다. 어떤 경우는 자기 자신을 부모님들이 자신의 연배였을 때와 비교하기도 한다. 이러한 비교를 통해 더 건강해지기 위한 자신의 목표를 설정하기도 한다. 많은 사람들이 순수한 쾌락이나 즐거움 때문에 여러 활동에 참여하기도 하지만, 때로는 자신에게 동기부여하기 위해 목표를 설정하거나 우호적인 경쟁이 필요하다.

오늘날 우리가 얼마나 빨리 달리는지 혹은 심장박동 수는 어떻게 되는지, 그리고 우리가 하루에 걷는 걸음 수 등 기술을 이용해서 목표를 세울 수 있는 많은 방법들이 있다. 내가 지금은 내 자식들보다 더 빨리 달릴 수 있다. 물론 가끔 일부러 져주긴 하지만 말이다. 그러니 그 아이들이 나보다 더 빨리 달리게 될 시점이 내 인생에서 분명히 온다. 그리고 이것은 분명 좋은 일이다. 당신은 젊었을 때의 자신이나 그 나이 대의 사람들과 경쟁해서는 안 되며, 지금 당신의 연배들과 경쟁해야 한다. 그리고 지금 현재의 자신과 경쟁할 때는 자신의 능력을 유지하거나 개선하기 위해 노력해야 한다. 자기 효능감 연구로 유명한 스탠퍼드대학교의 저명한 사회심리학자인 알버트 반두라 Albert Bandura 도 마라톤 연습을 할 때 자신과 비슷한 연령대의 사람들과 비교해야지 자신의 젊었을 때와 비교해서는 안 된다고 말했다. 마라톤 시합에 나온 모든 사람들을 제친다는 생각보다는 비슷한 연령대의 사람들 중에서 가장 잘한다는 목표가 보다 현실적이며 의미 있다는 것이다. 반두라는 또한 우리가 즐기는 활동들에 균형을 맞출 필요가 있다고 제안한다. 반두라 자신도 지금은 마라톤보다 정원 가꾸기와 토마토 키우기에 많은 시간을 쓰는데, 자신이 지금 90세가 넘은 것을 고려하면 자신이 꽤나 잘하고 있다고 생각한다고 말했다.

우리가 사회적 혹은 자기 자신과의 비교를 하는 것은 아주 당연한 일이다. 종종 노인들은 자신의 기억력이 예전 같지 않다고 말하면서, 그래도 같은 연령대의 자기 친구들과 비교하면 꽤 괜찮다고 생각한다. 일반적으로 최적의 비교 대상은 젊은 세대가 아니라, 자기 자신과 연령대가 비슷한 집단이다. 컴퓨터 기반 두뇌 훈련이 인기 있는 한 가지 이유는 이것이 이러한 유형의 비교 결과를 제공하기 때문이다. 이러한 두뇌 훈련은 당신의 연령대의 사람들과 당신을 비교해서 당신이 얼마나 잘하고 있는지에 대한 정보를 제공하기도 하고, 당신의 뇌 연령을 낮추기도 하며, 지금 현재의 '인지 연령'을 어느 정도 추정해주기도 한다. 우리는 더 젊어지고 싶고, 우리의 기억력은 20년 전과 비슷하기를 바란다. 두뇌 훈련 프로그램이 제공하는 이러한 피드백은 주목하지 않을 수 없고 큰 보상이 된다. 75세의 노인에게 55세 수준의 인지 수행을 보인다고 말한다면 얼마나 큰 보상이 되겠는가? 그러나 나는 20세 때보다 40세가 되면 더 많은 지식과 통찰력이 있다고 생각한다. 따라서 더 젊은 뇌를 가졌다는 것이 항상 칭찬으로 해석되는 것만은 아니다.

또 다른 종류의 비교는 자신의 가족력과의 비교이다. 우리가 많은 시간과 돈을 두뇌 훈련에 투자하는 한 이유이기도 하다. 우리는 나이가 들면서 자신의 현재 건강이나 앞으로의 건강에 대해서 생각할 때 자신의 부모님과 자신을 종종 비교한다. 가족력에 대해서 아는 것이 자신이 행동을 변화시킬 하나의 동기가 될 수 있다. 예를 들어, 내 어머니는 39세에 피부암으로 돌아가셨다. 나는 내가 40세 생일 파티를 할 수 있다는 것에 감사하긴 했지만, 우리 가족 중에 피부암 환자가 있다는 것은 내 아이들을 이 뜨거운 캘리포니아에서 키우는 것에 대한 걱정을 하게 만들었다. 최근에 80세가 되신 내 아버지는 내가 자란 작은 마을을 아직도 자전거를 타고 돌아다니시고 피아노를 연주하시고, 전일제로 일하신다. 자신의 가족력을 살펴보는 것은 정신적으로 예리해지기 위해 당신이 해야 할 일들을 알 수 있고 또한 우리가 건강하다는 것에 대해 매년 얼마나 운이 좋은지 깨닫게 만들 수도 있다.

우리는 과도하게 햇빛을 받는 것이나 담배를 피우는 것을 피하면 암을 예방할 수 있다는 것을 안다. 또한 규칙적인 운동은 심혈관계 질환을 예방할 수 있다는 것도 안다. 그러나 가족력에 대해 인식하는 것 역시 우리로 하여금 두뇌 훈련을 더 하게 만들어서 우리 뇌를 건강하게 유지할 수 있도록 한다. 특히 가족 중에 치매로 고통받는 사람이 있다면 특히

나 더 그렇다. 사랑하는 부모와 가족들이 노망이 나면 어떤 일이 일어나는지를 보게 되며, 치매에 걸리지 않기 위해 자신들이 무엇을 해야 하는지를 알고 싶어 하는 것이다. 이러한 비교와 걱정을 통해 사람들은 더 건강한 삶의 방식을 추구하게 된다. 하지만 이와 함께, 효과가 항상 나타나지는 않는 컴퓨터 기반 두뇌 훈련을 받게 될 가능성 또한 높아진다.

일상에서의 두뇌 훈련

우리의 일상에서도 두뇌를 자극하는 일들이 부족하지 않기 때문에 뇌에 자극을 주기 위해 비디오 게임을 찾을 필요는 없다. 일상 속에서 일어나는 많은 판에 박힌 일과 습관이 있지만, 가끔 새로운 도전에 직면하기도 한다. 예를 들어, 자동차에서 이상한 소리가 난다는 것을 알아차리거나 지붕에서 물이 새거나, 배가 고픈데 저녁으로 무엇을 해 먹어야 하는지를 결정하는 일 등이다. 이러한 예는 모두 도전적인 문제 해결 과제이다. 어떤 것이 조금 더 해결하기 쉬울 수도 있지만, 각각의 문제를 해결하기 위해서는 규칙과 추론 과정을 이해할 필요가 있다. 어떤 경우는 기계공이나 수리공과 같은 특정 영역에 대해 나보다 더 많이 아는 사람에게 도움을 구해야 할 수도 있다.[29] 때로는 그 문제를 해결하기 위해 자신이 가지고 있는 자원이 무엇인지 살펴야 할 경우도 있다. 우리가 좋아하는 배달 음식점을 찾아봐야 할 수도 있고, 냉장고에 있는 재료를 가지고 저녁을 만들어야 하는 경우도 있다. 비록 당신이 손재주가 없어서 집에서 생기는 문제들을 누군가가 대신 고쳐주는 것이 더 나을지라도 (때로는 이러한 결정 자체가 지혜가 있다는 신호이기도 하다), 이와 관련하여 누구에게 전화를 해야 하고, 관련된 견적을 받고, 품질이나 자신이 원하는 바를 양보하지 않고 비용을 절감할 수 있는 다양한 선택지와 방법을 찾는 것 모두가 도전적인 과제들이고, 한 형태의 두뇌 훈련이 될 수 있다.

단지 저녁 식사로 무엇을 준비할지 결정하는 것 혹은 조금 더 큰 규모라면 주방을 리모델링하는 것(비록 당신은 단 한 개의 공구를 만지지도 않을지라도)은 시작부터 끝까지 그 과정에 대한 계획을 세우고, 진행상황을 보는 것만으로 충분히 까다로운 활동이 될 수 있다. 많은 경우 이러한 일상의 활동들이 우리 뇌에 자극을 줄 수 있다. 따라서 저녁을 준비하는 것과 같은 약간 단순한 일을 잘 마무리해도 성취감을 맛보아야 한다. 특히나 새로운 주방을 꾸미는 것과 같은 조금 더 어려운 일을 성공적으로 완수하는 것은 큰 보상이다.

내 삶 주변의 이러한 도전들 이외에도 파티에 누구를 초대할지, 누구와 친하게 지낼지, 다양한 사회적 상황에서 적절한 예절을 갖추는 것 등 당신의 두뇌를 훈련시킬 수 있는 다양한 사회적 문제들이 있다. 따라서 비디오 게임 훈련이나 십자말풀이와 같은 것만이 두뇌 훈련의 묘약이라고 생각하기보다는 당신의 집 안과 사회적 환경 속에 있는 수많은 도전 과제에 당신의 주의와 뇌를 사용하면 좋겠다. 그 결과는 실용적이며, 유용하고, 때로는 큰 만족감을 준다.

두뇌 훈련, 블루베리 그리고 적포도주만 있으면 된다고?

과학이 아직 인지 감퇴를 멈추기 위한 특효약을 찾지는 못했지만, 만약 찾아서 그것이 이루어진다면, 사람들은 빠르고 간단한 무언가와 관련된 발견에 가장 잘 반응할 것이다. 특히 앉아서 즐기는 동안 할 수 있는 것들, 예를 들어 약을 먹거나 게임을 하거나 자신들이 이미 좋아하는 먹을 것이나 마실 것을 선호할 것이다. 블루베리, 컴퓨터 기반 두뇌 훈련, 적포도주 그리고 초콜릿이 이 기준에 딱 부합한다.

적포도주를 마시는 것이 건강에 좋다는 생각은 아직도 논쟁 중이다. 몇몇 연구자들은 이것이 '너무 좋아서 의심스러운' 일이라는 것을 찾아냈다. 한 저명한 연구자는 실제로 적포도주의 '혜택'(혹은 그 사람이 적포도주를 너무 많이 마셔서 취했는지도 모른다)을 지나치게 과장했다. 일부 연구에서 다량의 레스베라트롤^{적포도주 속 화합물}을 투여받은 쥐가 더 건강하고 오래 살았다는 결과를 보여주긴 하였지만, 뉴욕 타임즈의 한 기사는 약 68kg의 사람이 쥐가 얻은 것과 같은 수준의 이로움을 얻기 위해서는 하루에 750병에서 1,500병의 적포도주를 마셔야 될 것이라고 지적했다![30] 한 소규모 연구에서는[31] 50세에서 70세 사이의 건강한 사람들이 3개월 동안 코코아 플라보놀이 많이 함유된 혼합물을 마셨을 때, 통제 집단의 사람들에 비해 기억 검사의 수행이 더 좋아졌다. 내 딸은 이 연구를 무척 좋아하는데, 특히나 내가 뭔가를 잊어버릴 때마다 아주 밝게 "아빠, 기억력이 좋아지게 우리 초콜릿을 더 먹어야 해요!"라고 말한다. 이 연구 결과를 확고히 믿는 사람들이 분명히 있다. 하지만 대부분의 초콜릿 바 제품에는 충분한 양의 진짜 코코아가 들어 있지 않거나 실제 도움이 되는 플라보놀이 활성화되지 못하는 방식으로 처리되어 있다.[32]

분명히 블루베리, 초콜릿, 적포도주에는 이론적으로 기억력에 도움을 주는 좋은 것들이 들어 있다. 그러나 눈에 보이는 효과를 얻기 위해서는 엄청난 양을 먹어야 한다. 하루에 초콜릿 바를 일곱 개씩 먹는 것은 어떤 측면에서는 매력적일 수도 있는 일이지만, 당연히 다른 바람직하지 않은 결과들도 초래할 것이다. 예를 들어, 살이 찐다든지 너무 많은 알코올을 섭취해서 오는 해로운 효과들 말이다. 대부분의 연구들은 사람들에게 실제 초콜릿이나 적포도주를 제공하지 않고, 대신에 코코아 추출물 음료나 레스베라트롤 알약을 준다. 인지 감퇴를 예방하는 것은 수많은 요인과 방책들이 종합적으로 관련되어 있다는 것이 사실이다.

단순히 어느 한 물질이 기억을 증진시키거나 치매의 가능성을 줄인다는 것은, 그것이 인지 감퇴를 막는 데 실질적인 영향이 없다면, 그 물질이 이러한 감퇴를 일으키는 원인 자체에 대항하고 있다는 것을 의미하지는 않는다. 설사 그 물질이 효과가 있더라도 치매를 일으키는 원인을 없애는 것인지는 알지 못한다. 어떤 사람들은 운동을 하는 것이 당신의 뇌 건강과 기억 증진에 좋다는 조언을 들으면 놀란다. 종종 두뇌 게임은 두뇌 건강에 좋고, 몸을 사용하는 운동은 우리 몸에 좋다고 생각하기 쉽기 때문이다. 게다가 사람들은 운동을 더 해야 한다는 소리를 별로 좋아하지 않는다. 의사들도 흔히 운동을 권하는 것처럼(물론 의사들이 정신적 예리함을 위해서만 특별히 운동을 권하는 것은 아니다), 그 조언에는 새로운 것이 없다. 당신이 열쇠를 어디에 두었는지 기억하기 위한 새로운 영양소나 치료법을 발견하는 것과 비교해볼 때, 운동을 더 많이 하는 것은 중대한 과학적 발견으로 들리지 않는다. 하지만 단지 신체 운동을 조금 더 하는 것이 곧 뇌를 운동시키는 것이라 할 수 있다.

쉽게 배우면 빨리 잊는다: 고생해서 하는 학습의 장기적 이로움

두뇌 훈련을 위한 좋은 과제는 단지 훈련을 위해 필요한 것이면 충분할 수도 있다. 그 과제가 꼭 십자말풀이나 컴퓨터 기반의 두뇌 훈련의 형태를 갖지 않아도 된다. 당신이 잘 사용하지 않는 손으로 이를 닦거나 마우스를 사용하는 것은 처음엔 큰 좌절을 안겨줄 수 있지만 당신의 뇌에 자극을 줄 수 있다. 어떤 과제에 작은 어려움이 더해지면 수행의 속도는 느려지지만 더 나은 학습의 결과를 가져온다는 것이다. 이러한 생각은 로버트 비요크 Robert Bjork 와 엘리자베스 비요크 박사 Dr. Elezabeth Bjork 가 말한 '바람직한 어려움'이라는 개념에 기초해 있다.[33] 학습의 맥락에서 초보자들의 오류와 학습 과정의 둔화는 학습자들에게 어려움으로 다가 오지만, 결국 장기기억은 더욱 강화된다. 예를 들어, 상식 퀴즈를 풀 때 정답을 듣기 전에 정답을 생각해내려는 시도 자체가 나중에 그 답을 오래 기억할 확률을 높일 수 있다. 바람직한 어려움은 우리가 무언가를 더 잘하도록 도울 수 있지만, 이러한 접근은 다소 직관에 반하는 것처럼 보일 수 있다. 전형적으로, 우리는 빠르고 쉽게 배우기를 원하지만, 종종 쉬운 배움은 빠른 망각으로 이어진다. 정복할 수 있는 도전이나 장애물을 만드는 것은 언어를 배우거나 악기를 연주하기, 운동을 배우는 것 등 다양한 영역에서 뇌를 훈련시키고 도전할 수 있는 유용한 방법이 될 수 있다. 이러한 바람직한 어려움에 기반한 접근은 또한 균형감각을 익히는 데도 사용될 수 있는데, 약간 고르지 않은 바닥이나 자갈과 같은 좀 어려운 지형에서 훈련하는 것이 더 나은 균형감을 갖기 위한 이로운 방법이 될 수 있다.[34]

통합적 접근의 이로움

신체 운동이 뇌 건강과 기억력을 향상시킨다면 만약 신체 운동과 두뇌 훈련을 동시에 할 경우 이로움이 있을까? '신체－게임 훈련'이라고 알려진 이 접근을 한 혁신적인 연구에서 검증했다.[35] 이 연구에서 노인들은 정신 및 육체적 활동을 함께 할 수 있도록 계획된, 신체 활동이 필요한 비디오 게임을 했다. 24시간 동안의 훈련 후에 노인들은 신체 기능과 몇몇 인지 검사의 점수가 상승했다. 이 결과는 이러한 접근이 뇌 건강을 개선할 수 있는 유용한 방법이 될 수 있음을 제안한다. 아직 이 '신체－게임 훈련'이 주는 이로움의 원인은 불명확하지만, 몇몇 고령자 공동체에서 이러한 통합적 접근을 채택하여 사용한 것을 보면 이 접근은 충분한 가능성을 갖고 있다.

'통합적 접근'을 이용할 경우 보통 인지 감퇴를 줄인다고 이미 알려진 활동을 이용한다. 한 소규모 탐색 연구에서는,[36] 치매의 초기 증상이 나타난 한 집단의 중년 환자들이 20가지 유형의 처치를 이용한 치료를 수개월에 걸쳐서 받았다. 이러한 치료법은 식생활, 생활 습관, 운동, 수면, 대사 기능 등 다양한 지표의 개선을 목표로 하여 각 개인의 특정한 요구에 맞춘 것이었다. 환자들은 컴퓨터 기반 두뇌 훈련, 걷기, 요가, 잠자기 전 3시간 금식 등 다양한 활동을 했다. 또한 비타민, 약, 프로바이오틱스^{활생균}, 레스베라트롤, 코코넛 오일 등을 복용하고 항염식단 역시 제공받았다. 이 연구에 참여한 많은 사람들에게서 6개월 동안 치매의 징후가 역전되는 현상이 나타났다. 이는 전폭적이고 다면적인 치료적 접근이 치매 예방의 미래가 될 수 있음을 보여주는 결과이다. 그러므로 당신의 뇌를 계속 건강하게 유지하는 단 하나의 방법은 없는 것 같다. 다양한 방법들이 올바른 방식으로 조합될 때, 뇌 건강을 위한 최선의 방책이 될 수 있을 것이다.

균형 감각 훈련의 중요성

생후 1년은 신생아가 균형을 잡고 스스로 걸음을 내딛기 위해 노력하는 시기이다. 이러한 노력은 그때에 그치지 않고, 우리는 삶 속에서 균형을 찾기 위해 다양한 방식으로 노력을 하고 있다. 우리가 하는 활동에서도 균형이 필요하다. 책상 앞에 앉아서 하루에 8시간씩 오래도록 하는 컴퓨터 기반 두뇌 훈련이나, 한 가지 특정 과제만 수행하는 것은 부정적인 결과를 초래할 수 있다. 아마도 우리가 반복적으로 듣는 가장 안전하면서도 복잡한 조언은 '중용을 지켜라'일 것이다. 직장일과 가정일의 균형을 갖는 것은 끊임없는 도전이다. 신체의 균형을 잡는 것은 당연하게 생각할지도 모르지만, 나이가 들수록 특히 중요해지는 균형의 한 형태이다. 아장아장 걷는 아이 때는 시행착오를 통해 삶의 초기에 균형을 잡는 법을 배우며 여러 번 넘어져도 계속 다시 일어날 수 있다. 하지만 나이를 먹으면서, 특히 노인들의 주요 사망 원인인 넘어짐을 막기 위해 신체 균형을 유지할 필요가 있다.

농구 선수이자 감독으로 미국인의 우상인 존 우든은 92세의 어느 날 밤, 항상 다니던 침실에서 화장실로 가는 도중 일어났던 사고를 생생히 떠올렸다.[37]

> 저는 그저 잠들기 전 화장실에 가는 길이었는데, 내 신발이 카펫에 걸리는 바람에 넘어졌습니다. 중심을 잡고 일어나려 했지만 그럴 수 없었습니다. 그저 바닥에 납작 엎드려 고통스러워했죠. 몇 분간 좀 충격을 받은 채로 있었습니다. 그 후 통증이 밀려왔습니다. 그 시간 내내 깨어 있었고 추웠습니다. 웃다가도 눈물도 나고 … 할 수 있는 것은 그것뿐이었습니다. 무엇보다도

감기까지 걸렸습니다. 담요나 뭐 덮을 것이 있는 곳까지 기어서 갈 수도 없었죠. 그냥 그 자리에 있어야만 했습니다.

존 우든은 밤 9시부터 바닥에 누워서 다음날 아침 7시까지 거기 있었다. 대부분의 사람들이 잠자고 있는 밤, 무려 10시간 동안이다. 그의 친구와 가사 도우미가 아침에 집에 도착해서야 도움을 받을 수 있었다. 우든은 발견되자마자 병원으로 옮겨졌고 부러진 팔과 쇄골, 팔목을 치료받았다. 결국 살아남긴 하였지만 낙상 사고 때문에 긴 밤을 바닥에 누워 보내며 도움을 기다려야만 했다.

매년 200만 명 이상의 나이 든 미국인들이 낙상 관련 부상으로 응급실에 간다.[38] 낙상은 치명적인데, 삶의 종결을 알리는 신호가 될 수도 있다. 낙상과 그와 관련된 부상, 예를 들어 고관절 골절은 노인의 삶에 심각한 영향을 끼칠 수 있으며 독립적인 삶이 불가능하게 만들 수도 있다. 사람들은 종종 정신적 예리함을 유지하기 위해 두뇌 훈련에 집착하지만, 특정 근력 강화 운동과 함께 하는 균형 운동은 낙상 예방과 걷기에 도움을 줄 수 있다. 많은 두뇌 훈련 요법과는 달리 균형 훈련은 언제 어디서나, 그것도 공짜로 할 수 있다. 당신이 불안정해질 때, 붙잡을 수 있는 어떤 물건 혹은 튼튼한 사람만 근처에 있다면 간단한 균형 운동을 할 수 있고, 이는 당신의 뇌와 몸을 건강하게 하여 낙상을 예방할 수 있다. 처음에는 의자나 벽을 지지대로 사용하여 안전하게 균형을 잡는 데 도움을 받을 수 있다. 하루 10분 미만으로 할 수 있는 간단한 균형 훈련 프로그램들이 많이 있다. 뇌의 가장 원시적인 부분 중 하나인 소뇌와 같은 균형 관련 뇌 영역은 이러한 균형 훈련으로 막대한 이로움을 얻을 수 있다. 균형을 잘 잡는 연습은 뇌와 몸을 함께 훈련시켜서 낙상을 예방할 수 있다.

균형 감각은 하루에도 몇 번씩 하는 의자에서 일어나기와 같은 일상적인 일들을 하는 데도 중요하다. 사실 이런 일을 하면서 거의 특별한 생각을 하지는 않았을 것이다. 한 연구에 따르면[39] 1분에 30회 이상 의자에서 일어나기를 할 수 있는 사람들은 이 기준을 충족시키지 못하는 사람들에 비해 치매 발병 확률이 더 낮고 더 오래 산다고 한다. 치매 여부와 뇌졸중 병력(비록 그 크기가 아주 작아서 발견하지 못한 경우라도)을 예측할 수 있는 또 다른 간단한 과제는 한 발로 서 있기이다. 놀랍게도 이 과제는 수명에 대한 좋은 예측 요인이기도 하다. 이 과제는 눈을 뜨고 한 발로 서서 60초를 견디면 되는 것이다. 10초 이상 견딜 수 있다면 좋은 균형감을 가지고 있다는 것을 뜻한다. 이 과제를 잘 못하는 사람들은 나중에 뇌졸중이나 치매의 위험이 더 크다고 알려져 있다. 자신의 인상적인 힘과 체력으로 유명한 운동 선수자 잭 라레인 Jack LaLanne 은 노인들을 위한 운동 프로그램인 '더 나은 삶을 위한 균형 훈련'을 운영했다. 이 프로그램은 혼자서 고독하게 균형 훈련을 하는 것을 넘어서 균형감에 초점을 맞춘 많은 수업에서 사회적 상호작용을 촉진하는 데까지 나아간다. 우리의 바쁜 삶 속에서 때로는 균형감은 다중 작업을 덜 하는 것과 같이 일을 줄이는 것 역시 포함한다. 이를 통해 우리는 안전에 집중할 수 있다.

우리 일상의 중요한 활동을 더 잘할 수 있는 데 도움이 되는지에 대한 논란이 있는 컴퓨터 기반 두뇌 훈련과는 달리, 균형 훈련은 낙상을 예방한다고 증명되었다. 내가 말하고자 하는 요점은 당신이 두뇌를 훈련하고 그 기능을 향상시키기 위해서 자원을, 그것이 시간이든 돈이든 동기이든 간에 좋은 균형을 갖는 데 집중해야 한다는 것이다. 이는 여러 활동

나이 듦의 이로움

을 하는 데 균형을 잡을 필요가 있다는 것도 의미하며, 낙상 예방을 위한 균형 훈련을 해야 한다는 것도 역시 의미한다. 예전과 달리 잘 되지 않으면 곧 알아차릴 수 있는 기억력과는 달리, 균형감은 정신적으로 큰 충격을 주고 삶을 바꾸는 낙상 사고로 고통받기 전에는 간과하기 쉬운 문제이다. 낙상을 경험하기 전 균형 훈련에 대한 필요성을 인지해야만 한다.

이 장을 마치며

　컴퓨터 기반 두뇌 훈련은 우리의 정신에 도전을 주는 한 방법으로 엄청난 가능성을 지니고 있다. 여러 가지 게임을 이용해서 뇌에 단계적으로 자극을 주고, 각 사람의 두뇌 연령을 계산하여 피드백을 제공할 수 있다. 그러나 현재까지는 이 훈련이 우리의 기억력을 향상시키거나, 사람의 이름을 더 잘 외우게 하거나, 열쇠를 더 잘 찾도록 도와준다는 충분한 증거가 있는 것은 아니다. 컴퓨터 기반 두뇌 훈련 게임을 하고 인터넷을 이용하는 것은 호기심 많은 두뇌를 자극하고 보상을 주는 활동이지만, 신체 운동과 같은 신뢰할 수 있는 활동을 대체한다는 측면에서는 기회비용이 꽤 크다고 할 수 있다. 두뇌 훈련은 그것이 효과가 있다고 믿을 때 이로움이 있을 수 있으며, 그러한 위약 효과는 실제로 강력하다. 또한 두뇌 훈련을 하면 화면을 쳐다보는 시간이 길어지고 가만히 앉아 있게 되며 다른 사람과 상호작용을 덜 하게 된다. 이러한 두뇌 훈련의 상쇄 비용은 실제 얻는 이로움에 비해 더 클 수도 있다. 어떤 형태로든 두뇌 훈련을 시도하는 것은 새롭고 도전적인 활동이 되지만, 균형감을 향상시키는 것이 노인들에게 가장 필수적인 훈련 활동일 수도 있다. 의미 있는 방식으로 정서적 기술이나 신체적 이로움을 얻는 데 도움을 줄 수 있는 간단하고도 비용이 적게 드는 활동들이 있다. 바로 독서와 걷기가 대표적인 활동이다.

나이 듦의 이로움

습관과 취미
오랜 그리고
새로운 친구들

습관과 취미
오랜 그리고
새로운 친구들

한 노인이 의사를 찾아가 오래 살려면 어떻게 해야 하냐고 물었다. 그러자 의사가 다음과 같이 말했다고 한다. "술과 담배를 끊고, 후식도 그만 드세요. 이렇게 하면 더 오래 살 수는 없을지 몰라도 당신의 삶이 더 길어 보일 수는 있겠네요."
당신을 100세까지 살게 만들고 싶어 하는 것들을 포기하면 당신은 100세까지 살 수 있을 것이다.

우디 앨런 Woody Allen 미국의 영화감독, 시나리오 작가

아마도 사람들은 우리가 나이 들어가면서 우리의 습관이나 일상이 더 깊이 내면화되고 변화시키기 어렵게 된다고 생각할는지도 모르겠다. 어떤 측면에서 맞는 말이긴 하지만 노인들은 더 오래 살면서 천천히 환경에 적응해가며 습관을 바꾸는 경험을 많이 해왔다. 이는 우리들이 나이 들면서 자신들의 방식만을 고집하는 것은 아니라는 것을 의미한다. 종종 습관을 넘어서는 것은 창의력을 발휘하도록 이끌며, 새로운 모

나이 듦의 이로움

험의 문을 열 수 있게 한다. 예를 들어, 많은 노인들은 수년간 휴가를 가지 못한 것에 대한 보상으로 은퇴 후 너무나도 원했던 여행을 떠날 것이다.

생활 습관을 바꾸는 것은 삶의 어느 시점에서든 긍정적인 결과를 낳을 수 있다. 탄산음료를 마시거나 비디오 게임을 하는 것과 같은 습관은 보통 10대에 형성되어 우리의 신체적·정신적 삶의 질에 장기적인 영향을 미칠 수 있다. 그러나 나이가 들면서 우리는 이러한 행동들을 상당 부분 수정할 수 있는 것도 사실이다. 더 좋은 식습관을 갖도록 하는 간단한 행동의 변화나 술과 담배를 피하는 것은 장기적인 이로움이 있을 수 있다. 사람들이 나이가 들면서 갖는 습관과 취미가 다양하다. 예를 들어, 퀼팅, 그림 그리기, 걷기, 체스놀이, 요가, 마작, 주사위놀이, 조류 관찰, 스포츠 등은 취미와 습관이 될 수 있으며, 이러한 활동은 즐거움과 개인적인 성취감을 줄 수 있고, 인지적인 자극제가 되며, 사회적인 상호작용을 촉진시킨다. 운동부터 낮잠에 이르기까지 노후에 건강한 습관을 유지하는 것은 신체적·정신적 건강에 중요할 수 있다.

우리는 또한 바꾸기 원하지 않는, 적응에 유리한 일상적인 일들과 습관 역시 가지고 있다. 예를 들어, 자동차 열쇠를 집 안의 같은 장소에 놓아두는 것은 아침에 급하게 외출할 때 쉽게 열쇠를 찾도록 해준다. 일상의 규칙을 정하는 것은 보통 도움이 되지만, 그 규칙이 깨졌을 때 느끼는 좌절과 분노는 꽤나 해로울 수 있다. 한 연구에 따르면, 일상의 규칙에 대한 강한 선호나 욕구 때문에 노인들은 불안, 우울 그리고 인지적 불평에 더 쉽게 노출된다고 한다.[1] 따라서 정해진 규칙이나 습관을 바꿔야만 할 필요가 있는 상황(예를 들어, 여행 시 낯선 음식 먹기)에서는 적응적인 유연성이 필요하다. 좌절감이 느껴지지 않을 정도에서는 짧은 기간이라도 일상의 습관을 변화시키는 것은 적응적이고 이로울 수 있다.

노인들이 정말 더 고집스러울까?

　노인에 대한 한 가지 고정관념은 노인들은 더 고집스럽고 완고하며 새로운 경험에 대해 덜 개방적이라는 것이다. 그런데 사실은 많은 노인들이 새로운 경험에 무척 개방적인 것을 볼 수 있다. 예를 들어, 은퇴한 직후 노인들은 여행이라는 모험을 즐기고 새로운 문화를 경험하기 위해 외국으로 여행을 가기도 하고, 자신들이 익숙하지 않은 영역에 대한 관심과 호기심을 만족시키기 위해 자신의 전문 분야가 아닌 영역의 다양한 수업을 듣기도 한다. 이러한 예들은 노인들이 새로운 것을 배우고 유사한 관심을 가진 새로운 사람을 만나는 데 관심이 많다는 것을 뜻한다.

　일상적인 생활의 측면에서는 노인들이 매주 새로운 식당을 방문하기보다는 친숙한 식당에서 식사하는 것을 더 선호할 수 있다. 그러나 이것이 노인들이 새로운 경험을 추구하는 데 관심이 없다는 것을 의미하지는 않는다. 나는 종종 새로운 식당에서 식사하는 것을 좋아하시는 한 노부부와 식사를 한다. 이들과 함께 잘 아는 식당에서 식사를 할 때면 나는 이미 맛이 검증된 메뉴를 주문하는 것이 시시하다고 느껴져서 새로운 메뉴를 주문하고 싶은 충동을 느끼곤 한다. 이때 이 노부부는 항상 그 식당에서 가장 검증된 메뉴를 주문한다. 이것이 어쩌면 삶의 지혜의 한 형태일는지도 모르겠다. 그들은 내가 시킨 색다른 음식을 좋아하고, 또 맛을 보지만, 이내 그것을 주문하지 않은 것을 다행으로 생각한다. 이 노부부는 또한 아이스크림을 좋아해서 오랫동안 즐겨 먹었다. 최근에 이들이 동네에 오이 맛이나 노란 장미 맛이 나는 아이스크림을 파는 다른 아이스크림 집을 가게 되었다. 이 새로운 아이스크림 가게에서는 이 노부부가 초콜릿이나 바닐라 같은 전통적인 것을 주문하지 않고 새로운 맛 아이스크림을 주문하면서 자신들의 호기심을 충족시켰다. 실제로 요즘 은퇴자들의 3분의 2 정도는 여가 시간에 늘 하던 것을 하기보다는 새로운 것을 시도하는 것을 더 선호한다고 한다.[2] 그러나 많은 노인들이 브랜드에 대한 충성도가 높아서 자신들에게 익숙한 브랜드의 상품을 수십 년간 사용하는 것도 사실이다(예를 들어, 아스피린은 바이엘사의 것만 복용하는 것처럼 말이다).[3]

운동 습관과 걷기의 이로움

피트니스 센터에 등록하고 가지 않으면 좌절감이 들면서 돈을 낭비하는 것이지만, 노인들을 위한 운동 수업에 가거나 다른 사람들과 만나서 걷고 운동하는 것은 삶에 힘을 주고 사회적인 이로움도 있다. 성공적인 노화에 대한 잭 라레인 Jack LaLanne 의 주요한 생각은 다음과 같은 간단한 문장에서 찾아볼 수 있다. "조금씩 자주 운동하고, 좋은 음식을 먹고, 긍정적인 마음 상태를 유지하라." 그의 책 『영원히 젊게 살기 Live Young Forever』에서 라레인은 건강하게 오래 살기 위한 그만의 비결과 접근법들을 요약해놓았다.[4] 물론 그는 매일 두 시간씩 운동하지만 그것은 자신의 '자아 ego'를 위한 것이고, 일반인들은 일주일에 서너 번 정도 한 번에 30분씩 운동하라고 조언한다. 그리고 한 운동을 한 달쯤 하고 약간 다른 운동을 하라고 권유한다. 즉, 운동 일과가 항상 규칙적일 필요는 없다.

그의 책에서 역시 언급하였다시피, "당신의 몸을 아프게 히는 유일한 방법은 사용하지 않는 것이다." 그는 또한 "활동하지 않는 것이 바로 살인자이다. 운동을 하기에는 너무 늙었다는 것은 없다는 것을 명심하라." 라레인은 많은 형태의 운동을 이야기했지만, 그저 걷는 것은 운동의 첫걸음이다. 최근의 한 연구에서[5] 운동으로서의 걷기는 아무리 늦은 나이에 시작해도 효과가 있고, 특히 계속 앉아만 있는 사람들에게 가장 큰 이로움이 있다는 것을 발견했다. 노인들에게 운동의 중요성을 교육하고 장려하기 위해 국립노화연구소는 'Go4Life'라는 프로그램을 개발했다.[6] 이 프로그램은 사람들이 일상생활 속에서 신체 활동을 잘하도록 돕기 위해 만들어졌다.

때로는 운동이 어떤 이로움을 주는지에 대해 배우는 것이 사람들에게 동기부여가 될 수도 있다. 예를 들어, 한 연구에서[7] 걷기의 이로움에 대해 교육받은 노인들은 걷기로 인한 낙상과 같은 부정적인 결과를 들은 노인들에 비해 더 오래 걸었다. 청년들은 메시지의 구조나 정서적인 방식에 의해 영향을 받지 않은 반면, 노인들은 긍정적인 메시지에 더 잘 반응하였다. 이러한 결과는 이 책이 노년기의 긍정적 측면을 부각시키는 한 가지 이유일 수 있다. 메시지에 담긴 긍정성은 사람들로 하여금 새로운 건강 습관을 형성하는 데 중요한 역할을 한다. 즉, 걷기가 주는 건강상의 이로움을 강조하는 긍정적 형태의 메시지를 주는 것은 걷지 않고 가만히 앉아 생활하는 것이 건강에 미치는 손해와 나쁜 결과와 같은 부정적 형태의 메시지를 주는 것에 비해 노인들을 더 많이 걷게 만든다.

일부 사람들, 심지어 의사들조차 운동은 운동선수들과 건강한 젊은 성인에게 가장 적절한 활동이라고 생각할 수 있다. 의사들은 노인들에게 신체적이나 정신적으로 건강한 삶을 유지하는 유용한 방법으로 걷기를 추천하지 않는 경우들이 있는데, 이는 노인에 대한 고정관념 때문일 수 있다. 의사들은 모든 연령대의 사람들이 운동을 통해 상당한 이로움을 얻을 수 있다는 증거가 있음에도 불구하고,[8] 65세 이상의 관절염 환자들에게는 65세 미만의 환자들보다 신체 활동을 덜 추천한다. 즉, 몇몇 의사들은 일주일에 몇 번씩만 걸으면 되는 간단하면서도 가장 좋은 공짜 약을 노인들에게 처방하는 것에 대한 편견을 가지고 있는 것이다.

건강을 위한 습관을 가지면 의사를 찾아가야 할 횟수를 줄일 수 있다. 이를 잘 알고 있는 보험회사는 노인들의 건강 유지를 장려하기 위해 많은 시간과 돈을 사용한다. 소식지를 보내기도 하고, 심지어 노인들을 위한 피트니스 센터 무료 사용권을 제공하기도 한다. '실버 스니커즈 Silver Sneakers'라고 알려진 한 프로그램은 평소에는 노인들이 자신의 주거지 근처 피트니스 센터를 다닐 수 있고, 여행 시에는 같은 가맹점인 다른 피트니스 센터를 이용할 수 있다. 하나의 센터만 다닐 수 있는 것보다 훨씬 큰 융통성이 있으며 운동을 하지 않을 핑계를 애초에 방지할 수 있다. 이러한 건강한 습관을 갖는 것은 예방 의학의 관점에서 생각해볼 수 있다. 예전에 LA로 자식과 손주들을 방문한 뉴욕의 한 할아버지와 이야기한 적이 있는데, 이분은 무료이면서 융통성 있고, 새로운 사람도 만날 수 있는 이 피트니스 프로그램을 아주 좋아했다. 그의 가족들도 긴 방문 동안 아버지가 집에만 계시지 않아서 좋았다는 말을 했다. 이처럼 피트니스 센터 무료 회원권은 거절하기 힘들다. 하지만 그저 밖에 나가서 친구를 만나는 것이 가장 좋은 무료 의약품일는지도 모른다. 왜냐하면 그것은 신체적이나 사회적인 이로움을 모두 갖고 있기 때문이다.

걷기는 건강한 습관이지만 습관을 변형하는 것은 더 좋은 운동 방법이 되기도 한다. 한 가지 좋은 습관의 다양한 변형은 당신에게 자극이 되고, 같은 운동을 반복하기 때문에 생기는 지루함이나 과도한 신체의 소모를 줄여줄 수 있다. '거꾸로 걷기'는 손뼉을 치며 거꾸로 걷는 운동이다. 이때 신중하게 걸을 필요가 있다. 꽤나 단순해 보이지만 몇 발자국만 거꾸로 걸어보면 이것이 얼마나 어려운지를 알 수 있다. 손뼉 치며 거꾸로 걷기는 또 다른 수준의 운동인데, 몇 가지 단순한 운동의 조정이 필요하다. 한 연구는 짧은 시간 동안 거꾸로 걷기가 사고와 집중력 검사에서 이로움을 가져왔다는 것을 보여주었다.[9] 거꾸로 걸으며 부가적으로 손 운동을 하는 것은 몸 전체의 운동 경험이 된다. 산을 오르며 이러한 신체 활동을 하는 것은 고대 중국에서 유래했다고 한다. 이 운동이 어려워 보이긴 하지만 이것을 통해 걷고 있는 순간에, 그리고 자신의 존재감에 대해 더 집중하게 한다. 이는 그 순간 자신의 내면에 도달하도록 도움과 동시에 뇌를 더 탄력 있게 만드는 활동이다.

우리에게 더 잘 알려진 일상적 운동 중 하나는 달리기 혹은 조깅이다. 간단하고 편리하지만 힘들기도 하며 아주 효과도 좋다. 사람들은 규칙적으로 달리기를 하는데, 대회나 마라톤이라는 목표를 갖고 달리기를 하는 사람도 있지만 대부분은 단순히 운동 목적으로 달리기를 한다. 달리기가 인기가 있긴 하지만 노인들에게는 계속 유지할 만한 습관이 아닐 수도 있다. 한 최근 연구는[10] 다른 형태의 운동 대신에 혼자서 달리기를 하는 것이 노인들의 전반적 건강에 도움이 되는지를 조사하였다. 5년 동안 달리기를 했던 사람들 대부분 50대 후반 은 실제로 무릎의 건강을 잃었다. 너무 많이 달리면 관절에 통증과 상처가 생기는 등의 부정적인 효과가 생기고 달리기를 통한 이로움이 줄어든다.[11] 몇몇 유명한 노인들 (존 글렌 John Glenn, 존 우든 John Wooden 그리고 빌 클린턴 Bill Clinton)도 중년기에는 달리기를 했지만 나이가 들면서 걷기로 운동을 바꿨다. 왜냐하면 달리기로 인한 신체의 손상이 걷기에서는 덜 하기 때문이다. 직장에서도 '걷기 회의'나 '걷기 컨퍼런스' 등이 열리곤 하는데, 사람들이 함께 걸으면서 회의를 하면 몸과 마음이 모두 더 건강하게 자극되기 때문이다.

만약 당신이 체력과 인내심이 있다면 중심근력 강화운동도 집에서 할 수 있다. 고양이 정장과 풍성한 가발로 유명한 가수 셰어 Cher 는 70대에도 규칙적으로 코어 근육 강화 운동을 하는데, 5분간 '플랭크'를 한다고 한다. 플랭크는 두 팔의 팔꿈치와 발가락을 이용해서 몸을 엎드린 자세로 유지하는 운동이다. 나를 포함해 많은 사람들이 이 자세로 1분 동안 가만히 있는 것을 힘들어한다. 그러나 모두 그런 것은 아니다. 셰어는 일주일에 5일씩 나이 핑계를 대지 못하게 하는 트레이너와 운동을 한다고 한다.[12] '믿어요 Believe'나 '시간을 돌려줘 Turn Back Time'와 같은 노래로 유명한 셰어는 운동이 주는 이로움에 대한 헌신과 믿음belief 이 어떻게 당신의 몸이 회춘turn back time 하도록 도와주는지를 보여주고 있는 것 같다.

식습관에 대한 단상

우리는 어린 시절부터 식습관과 섭식 행동이 발달하지만 인생 전반에 걸쳐 상당한 변화를 겪기도 한다. 어린아이들과 10대들은 단것, 탄산음료, 설탕을 갈망하지만 어른들은 이들에게 더 많은 야채를 먹도록 권유한다. 하지만 나이가 들면서, 우리는 더 건강에 좋은 음식을 먹을 필요가 있다는 것을 알게 되고, 설탕과 탄산음료는 커피나 술에 그 자리를 내줄지도 모른다.

잭 라레인은 자신은 어린 시절에 설탕과 건강에 안 좋은 가공 패스트 푸드에 중독되었다 말했다. 질풍노도의 시기를 보낸 자신의 어린 시절을 회상하면서 자신을 "끔찍한 아이였고 … 지옥과 같았다."라고 말했다. 성질이 나쁜 것 외에도 두통과 폭식증을 앓았고, 14세에는 고등학교를 잠시 중퇴했다. 이듬해인 15세에 그는 건강식품 운동가인 폴 브래그^{Paul} _{Bragg}의 '고기와 설탕의 해악'에 초점을 맞춘 운동과 건강에 관한 강연을 들었다. 그 강연에서 큰 영향을 받은 라레인은 그 후 자신의 습관을 과감하게 바꾸고 새로운 식단과 운동에 집중했다. 자신의 말로 '다시 태어났다'고 했고, 영양에 대해 새롭게 집중하면서 매일 운동을 하기 시작했다.[13]

몇몇 노인들은 나이가 들면서 식습관에 급격한 변화를 갖기도 한다. 예를 들어, 빌 클린턴 전 대통령은 조깅과 치즈버거를 좋아했던 것으로 유명했다. 운동하러 가는 길에 맥도날드에 들리는 사진이 찍힌 것으로 봐서 이 두 활동을 종종 함께 했을 것이다. 하지만 심장병을 앓고 몇 번의 수술을 한 후에는 그의 식습관은 급격히 변했다. 지금 클린턴은 채식주의자이다. 나이가 들면서 그는 힘들게 자신의 식습관을 바꿔서 30파운드 이상을 감량했다. 그리고 지금은 더욱 열정적인 모습으로 산다. 클린턴은 "저는 제가 건강상 고위험군에 속한 사람이라는 것을 깨닫고, 더 이상 이렇게 바보 같은 짓을 하지 않기로 결정했습니다. 무엇보다도 할아버지가 되고 싶었고, 그러려면 장수의 가능성을 극대화할 수 있는 음식을 먹어야만 했습니다."[14]라고 말했다. 주치의가 제안한 대로 일주일에 한 번씩 철분과 아연 그리고 근육량을 유지하기 위해 연어와 오믈렛을 먹는다. 섭식 행동의 변화에 더해서 클린턴은 가능하면 야외에서 하루에 2마일에서 3마일을 걷고 웨이트 트레이닝을 하고 균형 훈련을 위해 운동구를 사용한다. 클린턴은 골프도 계속 치는데, 항상 카트 없이 골프 코스를 걸어 다닌다. 조깅과 맥도날드를 걷기와 채식주의 식단으로 대체하면서 클린턴은 할아버지로서의 삶을 즐길 수 있게 되었고, 그의 아내 힐러리 Hillary Rodham Clinton 와도 더 잘 보조를 맞출 수 있게 되었다.

한편 워렌 버핏 Warren Buffett 은 자신이 매일 정크 푸드를 먹고 코카콜라를 몇 캔씩 마시는 식습관에 대해 정기적으로 논의한다. 그는 이런 습관을 버리면 더 이상 자신이 살 수 없을 것이라 생각한다. 버핏은 "만약 내가 브로콜리와 물을 먹고 산다고 해서 더 건강하게 100세에 도달하게 될 것이라는 어떤 증거도 없습니다."라고 말한다. 수십억 달러를 마음껏 쓸 수 있는 버핏이라면 고급 식사를 하고 있을 것이라고 생각할 수도 있다. 그는 다음과 같이 말한다. "제가 보험 통계를 들여다봤더니, 가장 사망률이 낮은 나이가 여섯 살이더군요. 그래서 저도 여섯 살 아이들처럼 먹기로 했습니다. 이게 가장 안전한 방법입니다."[15] 이것은 건강 전문가 잭 라레인이 한 다음의 말과 극명한 대조를 이룬다. "사람이 만든 것이라면 먹지 말라."

우리 모두가 가지고 있는 한 가지 흔한 습관은 아침 식습관인데, 종종 아침만 먹거나 커피만 마시거나 또는 둘 모두를 포함한다. 아침 식사는 단순한 영양 이상의 것이 될 수 있다. 존 우든은 농구 감독직에서 은퇴하고 아내와 사별한 뒤 여러 해 동안 정기적으로 캘리포니아의 엔시노 Encino 라는 동네의 작은 식당으로 아침 식사를 하러 다녔다. 그는 많은 친구들을 사귀었고, 함께 식사하는 사람들은 서로의 이름을 모두 알았다. 그곳은 우든의 콘도와 아주 가까웠는데, 그는 항상 같은 음식을 주문했다. 달걀 두 개, 핫케이크 두 장 그리고 베이컨이나 소시지 두 조각이었다.[16] 거의 항상 같은 자리에 앉아서 조간신문을 읽으며 자기 주변에서 밥을 먹는 단골손님들과 당시의 최근 사건들에 관해 이야기했다.

이들은 스포츠에 대해서는 거의 아는 것이 없어서, 주로 정치, 종교, 차기 선거 등에 관해 이야기했고, 어젯밤 농구 경기에 대해서 말하는 경우는 거의 없었다. 당연히 우든도 젊어서는 다른 식습관과 운동 습관을 가지고 있었다. 수년 전 UCLA에서 감독직을 수행할 당시에는 이른 아침에 파울리 파빌리온 옆의 트랙을 5마일씩 걸었었다. 또한 지금은 '존 우든 도넛'으로 유명한 글레이즈 블루베리 버터밀크 클래식 도넛을 사러 스탠스 도넛 Stan's Donuts 가게에 자주 들렀었다.[17] 그의 삶에는 꾸준하게 사람들과 상호작용하고 좋은 음식을 먹고 오래 지속되는 우정을 가능하게 하는 '규칙적인' 어떤 것이 있었을 것이다.

아침 식사로 매일 베이컨과 달걀을 먹는 습관은 건강한 습관일까 아닐까? 커피와 녹차 혹은 오렌지 주스는 어떨까? 다양한 영양분을 섭취하는 것은 필수적인데, 무엇을 먹어야 되는지를 아는 일은 혼란스럽다. 지방을 먹지 말라고도 하고, 먹으라고도 하고, 저지방, 트랜스지방, 좋은 지방, 전지방 … 너무 어렵다. 달걀은 또 어떤가? 흰 달걀을 먹어라, 노른자를 먹어라, 날달걀을 먹어라, 또 유기농 방사 사육한 달걀을 먹어라 등등 아주 복잡하다. 최근의 식단들의 대부분과 과학적 발견은 지난 50년 동안 노인들이 들어오던 것과는 정반대일 수 있다. 지방은 좋은가 나쁜가, 탄수화물은 어떤가? 버터와 마가린 중 콜레스테롤 수치가 높은 것은 무엇일까? 유기농 쇠고기와 풀 먹이는 쇠고기의 이점은 무엇인가? 오늘날 당신이 버터 없이 빵을 먹어야 하는지, 아니면 빵 없이 버터를 먹어야 하는지는 불분명하다. 이는 어떤 연령대의 사람들에게도 혼란스러운 시간일 수 있지만, 특히 이미 수년에 걸쳐 확립된 식습관들을 거스르는 것이라면 더욱 혼란스러울 것이다.[18] 사실 아주 오랫동안 석면과 흡연은 안전하다고 생각되었다. 무엇이 먹기에 좋은 음식이고 무엇이

나이 듦의 이로움

나쁜 음식으로 여겨지는지를 기억한다는 관점에서 오래 사는 노인들은 최근의 건강과 음식에 관한 조언들을 들으면 엄청난 혼란에 빠질 수 있다. 아마도 음식에 관한 책을 쓴 마이클 폴란^{Michael Pollan}의 다음과 같은 조언을 따르는 것이 가장 쉬운 일일 것이다. "당신의 증조할머니께서 음식이라고 생각하지 못한 것들은 먹지 마라!"[19]

수면 습관: 노년기 낮잠과 숙면의 이로움

나이가 들면서 점점 흔해지는 수면 장애는 극적으로 부정적인 영향을 끼칠 수 있다. 이러한 효과는 기억력 저하에서 체중 증가에 이르기까지 다양하며, 만약 당신이 잠을 제대로 자지 못한다면 (막 부모가 된 사람들이 보여주듯이) 쉽게 짜증을 내는 것은 말할 것도 없다. 나이가 들수록 수면의 양뿐만 아니라 질도 떨어질 수 있다. 우리는 수면에 방해를 받거나 자다가 화장실에 갈 때만큼 수면의 질의 변화를 의식하지 못할 수 있다. 전형적으로 노인들은 젊은 성인들보다 더 자주 수면 장애를 경험하게 되며, 건강한 노인들이라도 몇 번씩 밤에 깨는데, 이는 무슨 병이 있어서 그런 것도 아니다. 노인들은 깊은 잠을 잘 자지 못하고 더 일찍 깨고 밤 내내 깨곤 한다.[20] 이러한 수면의 중단은 낮 동안의 운동 부족, 알코올이나 카페인의 섭취, 밤새 소변을 자주 봐야 하는 야뇨증, 또는 수면 무호흡과 같은 수면 장애 등 많은 요인에 의해 야기될 수 있다. 한 연구는 노인들의 수면의 어려움이 기억력 저하와 수면무호흡과 같은 수면 장애를 일으킬 수 있다는 것을 보여준다.[21] 수면무호흡증은 사람들이 알지 못하는 사이에 호흡이 멈추고 다시 시작되는 것이 반복되는, 잠재적으로 심각한 수면 장애로, 낮 동안 인지능력에 뚜렷한 영향을 미칠 수 있다.

그러나 나이가 들었다고 해서 꼭 수면에 문제가 있는 것은 아니다. 왜냐하면 밤에 잘 자기 위해 낮에 할 수 있는 일들이 많이 있기 때문이다. 이러한 일들 중 일부를 습관화하고, 일정한 취침 루틴을 갖는 것은 숙면을 취하는 것을 용이하게 할 수 있다. 몇몇 연구는 야외에서 낮 시간을 보내고 자연에서 신선한 공기를 마시면 밤에 더 질 좋은 수면을 할 수 있다고 제안한다.[22] 낮에 규칙적인 식사 시간, 친구들과의 만남, 규칙적인 운동시간과 같은 일과를 정하는 것도 잠을 잘 자는 비결이 될 수 있다. 한 연구에서[23] 숙면을 취하는 사람들과 불면증이 있는 사람들 모두 하루 종일 다양한 활동을 했는데, 정해진 규칙에 의해 이런 활동을 한 집단은 숙면을 하는 사람들이었다. 이는 규칙적인 일과를 통해 우리는 생물학적 리듬을 정하고 우리 몸이 일정한 시간에 잠자리에 들 수 있도록 한다는 것을 말해준다. 또 다른 연구에서는[24] 매일 같은 시간에 식사, 옷 입기, 목욕과 같은 일상의 활동을 하는 것이 수면의 질을 향상시키는 것과 관련이 있다는 것을 발견했다. 정해진 일과를 잘 따르는 사람들은 쉽게 잠에 들 수 있고, 잠자는 동안 덜 뒤척이며 더 오래 잘 수 있다. 또한 이들은 자신의 수면의 질을 더 높게 평가했다.

낮잠은 아주 저평가된 습관이다. 스탠 버만 Stan Berman 은 '스탠스 도넛'을 40년 이상 경영해왔다. 그는 항상 일찍 일어나며 점심 식사 후에 잠깐 낮잠을 잔다. 이것은 그의 중요한 루틴으로 그는 지난 40여 년간 하루 이상 아파서 일을 못 한 적이 없었다. 어떤 사람들은 낮잠을 게으르고 나른한 날의 일부로 볼 수도 있지만, 많은 연구들은 짧은 낮잠이 생산성을 향상시킬 수 있을 뿐만 아니라 얼마나 오래 사는가에 대한 지표가 되기도 한다.[25] 게다가 '미녀는 잠꾸러기'라는 말은 미신이 아닐 수도 있다. 잠자는 동안 우리 몸은 젊고 건강한 피부의 필수 요소인 콜라겐과 엘라스틴을 회복시키는 성장 호르몬을 분비하기 때문이다. 또한 연구들은 불면증과 치매 발병과의 연관 관계에 대한 결과도 보여준다.[26] 내 아버지가 내가 어렸을 때 항상 하셨던 말씀이 바로 '잠이 보약이다'이다. 벤자민 프랭클린 Benjamin Franklin 도 다음과 같이 말했다. "일찍 자고 일찍 일어나라. 그러면 건강해지고, 부유해지며, 현명해질 것이다."

노년기의 성생활

성행동이나 다른 형태의 친밀감의 표현은 노년의 삶의 중요한 일부가 될 수 있다. 활발한 성생활을 할 수 있는 건강과 신체적인 능력이 저하될 수 있고 많은 약물들이 성욕에 방해가 될 수 있지만, 노인들은 여전히 성에 관심이 많다. 게다가 어릴 때만큼 자주 혹은 많이 성관계를 가질 필요도 없다. 한 연구에서는[27] 40세에서 99세의 성인 및 노인 여성의 60% 이상이 자신의 성생활에 전반적으로 만족한다고 응답했는데, 이는 섹스 파트너의 여부나 심지어 성행위 여부에 관계없이 나타난 응답이다. 나이와 함께 만족도 역시 높아졌는데, 이 연구에 참여한 가장 늙은 여성 집단이 자신의 성생활에 '매우 만족'한다고 응답한 비율은 가장 젊은 여성들이 같은 대답을 한 비율보다 약 두 배 정도 높았다. 노인들이 성에 대한 관심이 적다는 몇몇 암시에도 불구하고, 실제 많은 노인들은 건강하고 오래 지속되는 관계를 유지하는 데 성이 중요하다고 여긴다.[28] 성행위를 습관이나 취미로까지 여기지는 않겠지만, 많은 노인들은 이것을 꽤 자주 찾고 하려고 힌다. 성에 대헤 잭 라레인에게 묻자, 그는 다음과 같은 농담을 했다. "그는 나이가 많은데도 자신의 아내와 여전히 거의 매일 밤 사랑을 나눴다고 말했다. 월요일에도 거의, 화요일에도 거의, 수요일에도 거의, ⋯." 저명한 성치료사이자 『50세 이후의 성 Sex After 50』의 저자인 루스 웨스트하이머 박사Dr. Ruth Westheimer 는 더 이상 불꽃이 일어나지 않는 습관이나 일상을 깨버리라고 부부들을 격려하는 것으로 잘 알려져 있다. 그녀는 이를 위한 자신만의 묘책을 자신의 책에서 개략적으로 소개한다.[29] 그녀 자신도 마사지를 받으면 키가 180cm로 커지는 것같이 느껴진다고 말하며(실제 그녀의 키는 149cm 정도이다), 마사지가 신체 접촉을 위한 아주 편안하고 중요한 방법이라고 이야기한다. 물론 87세인 그녀(두 번의 이혼과 한 번의 사별)가 자신의 성생활에 대해서는 자세히 말하지 않았지만, 활동적인 삶을 살기 위한 한 가지 습관은 빨리 걷기와 전화 통화하면서 걷기라고 말했다. 그녀는 또한 80세까지 스키를 탔던 것도 이야기했다. 그녀는 또한 자신이 활력 있는 삶을 살아가는데 호기심이 중요한 역할을 한다고도 이야기하며 다음과 같이 말했다. "저는 아직도 배우는 데 호기심이 있어요. 물론 아직도 가르치고 있기도 하지요. 예일대학교와 프린스턴대학교에서 가르쳤지만 지금도 강의를 들어요. 그저 가만히 서 있는 것에 만족하지 않아요. 아직도 무언가를 더 배우고 싶지요. 콘서트에도 가고, 제가 루스 박사인 것도 무척 좋은 일이죠. 저는 이제 혼자 산 지 16년도 더 되었습니다. 하지만 잘 걷고 잘 말할 수 있는 유쾌한 노년의 신사를 만날 수 있다면 정말 좋겠어요. 아주 행복할 거예요."[30]

노년기의 운전 습관

운전은 10대 후반이 되면 배우는 기술인데, 평생 다양한 운전 습관을 형성한다. 노인 운전자들은 감각 능력의 감퇴가 오면서 야간에 잘 보이지 않으며 반응 시간도 느려져서 종종 사고가 난다. 노인 운전 사고는 때로는 끔찍하고 대중들에게까지 잘 알려지기도 한다. 이러한 사고 소식 때문에 노인들이 안전하지 않은 운전자로 낙인찍히곤 하는데,[31] 실제로 도로 위에서 가장 위험하며 교통사고를 가장 많이 일으키는 집단은 가장 경험이 없는 어린 연령대(만 16세에서 만 19세)이다. 젊은 성인들과 비교해서 노인들은 안전벨트를 더 잘 착용하며 본인들에게 익숙한 길로만 다니는 경향이 강하다. 또한 노인들은 밤이나 날씨가 좋지 않을 때, 아플 때에는 운전을 덜 한다.[32] 게다가 지난 20년 동안 치명적인 자동차 충돌 사고는 35세에서 54세(대부분은 산만한 운전자들이다)보다 70대에서 훨씬 많이 줄었다. 우버나 리프트 같은 회사들이 많은 노인 운전자들을 고용하는 이유도 바로 이 때문일 것이다. 노인 운전자들은 자신들이 운전 경험이 충분하다고 생각하며 손님과의 상호작용 역시 즐거워한다.

운전이 더 큰 자유를 줄 수 있지만 노인들은 여러 가지 일을 동시에 하기 어려워진다. 운전을 하며 전화를 하는 것은 어느 연령대이건 위험한 행동인데, 특히 노인들에게는 더하다. 이것을 노인들은 잘 알고 있고 그래서 운전 중 전화를 하거나 문자메시지를 보내는 일을 전반적으로 덜 한다. 88세이지만 아직 정정하신 내 아버지는 손녀딸을 태울 때는 자신에게 말을 걸지 말라고 손녀들에게 부탁한다. 아버지는 손녀들과의 대화가 운전을 방해한다는 것을 인식하고 계신다. 그리고 노인들은 도로 위에서 발생할 수 있는 위험을 피하는 방법을 알고 있다. 예를 들어, 내가 재레드 다이아몬드 Jared Diamond 와 집에서 UCLA까지의 출퇴근 길에 대해서 이야기할 때, 그는 위험하게 좌회전하지 않고 여러 번 우회전을 해서 위험한 상황을 만들지 않는다고 한다. 이렇게 돌아가면 2분을 더 운전하게 될 뿐이다. 이러한 위험을 줄이는 습관은 작은 것이지만, 노인 운전자들에게는 안전에 대해 더 잘 인식하도록 도울 수 있다.

특이한 습관이 성공적인 노화의 비밀일까?

우리는 종종 100세 이상을 사는 노인들의 이야기를 듣는다. 그들에게 '장수의 비결이 무엇인지' 또는 '지금까지 살면서 했던 일들이 무엇인지' 물었을 때 돌아오는 대답을 들으면 눈이 휘둥그레진다. 최근 한 매체에서 인터뷰를 한 몇 분의 100세 노인들의 반응은 다음과 같다. "지난 40년 동안 닥터페퍼를 하루에 세 캔씩 마셨어요." "규칙적으로 스시를 먹고 잠을 잘 잤습니다." "하루에 한 갑씩 담배를 피우고 아이 없이 총각으로 지냈지요." "매일 사람들에게 친절하게 대하고 신을 찬양하세요. 그리고 돼지 족발을 드세요." 규칙적으로 담배를 피우는 것, 닥터 페퍼를 마시는 것 그리고 돼지 족발을 먹는 것을 장려할 만한 과학적 근거는 전혀 없다. 하지만 이 인터뷰를 한 사람들은 모두 100살을 넘게 살았다. 중요한 것은 이 사람들은 분명 '극단'에 위치해 있다는 것이다. 이들은 노인의 평균 기대 수명을 훨씬 넘겨서도 건강하게 산 사람들이다. 결과적으로 이 인터뷰를 한 사람들은 건강하게 장수하는 사람들이 해야 할 전형적인 예시를 보여주는 것이 아니라 아주 특이한 사례라는 것이다. 분명한 것은 장수의 비결은 너무나 다양하고, 노화의 과학과는 모순되는 것들도 있고, 관습적인 지혜와는 상반되는 것도 있다. 즉, 어떤 특별한 비결을 찾는 것은 어렵다. 어떤 습관들의 일부는 건강한 삶을 촉진한다고 알려진 과학적 발견과 배치되는 것을 보면 노화, 특히 노년기의 노화에 영향을 미치는 유전적·후생 유전적·환경적 요인들 사이에는 굉장히 복잡한 상호작용이 있을 수 있다.

어떤 이들은 장수에 도움이 되지 않는 나쁜 습관이라고 해도 그것이 즐거운 인생을 살 수 있게 해준다면 괜찮다고 생각하기도 한다. 예를 들어, 가수이자 작곡가이며 시인이자 소설가인 레너드 코헨 Leonard Cohen 은 그의 80세 생일파티 때 "다시 시작할 딱 좋은 나이다."라고 말하며 다시 담배를 피울 것이라고 선언했다.[33] 그는 2년 뒤 밤에 넘어져서 죽었다. 연구에 따르면 어떤 나이에도 담배를 피우는 것은 합리적이지 않지만, 코헨의 선언은 도발적인 질문을 던진다. "언제까지 우리는 미래를 위해 현재의 삶을 제쳐두어야만 하는가? 차라리 현재의 즐거움을 취해야 하지 않는가?"

위니 랭글리 Winnie Langley 는 1914년 6월 제1차 세계대전이 발발한 바로 다음 날부터 담배를 피우기 시작했는데, 그때 그녀의 나이는 겨우 7세이었다. 당시 그녀는 하루에 다섯 개비의 담배를 피웠다고 했다. 그녀의 100세 생일 케이크의 촛불로 자기 담배에 불을 붙이는 유명한 사진이 있다. 그러나 그녀가 결코 담배 연기를 들이마신 적은 없다는 것은 다행한 일이다. 그녀는 세계대전 중의 두려움을 진정시키기 위해 담배를 피웠다고 말했다. 그녀는 결국 102세의 나이에 담배를 끊도록 설득되었는데, 이는 그녀의 시력이 너무 좋지 않아서 담뱃불을 붙일 성냥 끝을 볼 수도 없었기 때문이다. 아이러니하게도 그녀는 담배를 끊은 지 7개월만에 죽었다.[34]

석낭한 앙의 술과 커피를 마시는 것이 장수에 영향을 준다는 연구가 있다. 한 연구에서 캘리포니아 오렌지카운티 내의 레저 월드 ^{Leisure World} 와 라구나 우즈 ^{Laguna Woods} 같은 큰 은퇴자 마을에 사는 90세 이상의 노인들에게 지금 가지고 있는 습관을 전부 적도록 요청했다. 이 습관들과 장수의 관계를 보기 위해서 말이다.[35] 연구자들은 비타민이나 칼슘 보충제를 복용하는 것과 장수 사이에는 큰 연관 관계를 발견하지 못했다. 차를 마시거나 탄산음료를 마시는 것 역시 어떤 긍정적 혹은 부정적 효과를 찾지 못했다. 다소 놀라운 것은 적당한 양의 술을 (일주일에 한두 잔에서 하루에 한 잔 정도) 마시는 것이 장수와 연관이 있는 것 같았다. 아마도 다른 사람들과 술을 마시는 것은 스트레스를 감소시키는 효과가 있고 이 이로움이 꽤나 오래 지속되는 것 같다. 만약 당신이 커피를 마시고 다른 사회적 활동을 한다면 이 습관을 즐겨보라. 하루에 한 잔의 커피를 마시는 90세 이상의 노인들이 평균적으로 커피를 마시지 않는 사람에 비해 더 오래 산다.

100세 노인들의 조언과 더불어 UCLA의 우리 실험실에 103세 어르신이 기억 연구에 참여하셨다. 실험실에 오시기 전에 이 어르신은 자신의 아들과 함께 가도 되냐고 물어보셨고, 그 아들의 나이도 무려 79세였다. 그녀의 기억을 검사한 후 내 대학원생인 알렉스 시겔 ^{Alex Siegel} 은 정중하게 그녀에게 성공적인 노화의 열쇠가 무엇이냐고 여쭤보았다. 다음의 내용이 그 어르신이 말씀하신 내용이다.

- 몸을 움직이는 것이 중요하다(그녀는 지금도 댄스 수업을 듣고 있다).
- 주변의 친구들을 돌보고 정치에 관심을 갖는 것이 중요하다.

- 매일매일 이상적인 목표를 이루려고 조금씩이라도 노력하라.
- 본인의 건강을 챙겨라(담배를 피우지 말고 술을 거의 마시지 마라).
- 친구에게 친절히 대하고 판단하지 마라.

자, 여기까지이다. 이것이 바로 100년을 넘게 산 어르신의 장수 비결이다. 이분은 여전히 기억 연구에 참여하신다!

저평가된 좋은 습관: 사람 만나기

나의 이웃 중에 동네 커피숍에서 정기적으로 만나서 백개먼Backgammon이라는 주사위놀이를 하는 한 노인 그룹이 있다는 것을 발견했다. 한 그룹은 아침에 만나고 다른 그룹은 오후 늦게 만난다. 더 많은 사회적 지지를 받는 사람들은 고독한 사람들에 비해 더 오래 산다는 증거도 있다.[36] 이렇게 사람들과 만나는 습관은 노년의 부인들이 빨간 모자와 보라색 드레스를 입고 서로서로 정기적으로 만나서 즐거운 시간을 보내는 빨간 모자 소사이어티 Red Hat Society 를 조직하는 데 영감을 주었다. 노신사들을 위한 이러한 모임은 '로메오 ROMEO'로 알려져 있다. 여기서 로메오는 은퇴한Retired 노신사들의Old Men 외식 Eating Out 모임을 의미한다. 이 모임의 회원들은 다양한 식당에서 만나서 활력 있는 사회생활을 한다. 이 두 모임은 모두 잘 짜인 방식으로 회원들의 사회화를 돕고 서로 잘 아는 사람들과 시간을 보낼 뿐만 아니라 새로운 사람들도 만날 수 있게 한다. 이러한 정기적인 사교 모임은 특히 노인들의 면역 체계를 강화하는데, 이는 감기나 독감을 예방하는 데 아주 중요한 부분이다. 몇몇 연구는 또한 이러한 사교가 감정에도 긍정적인 영향을 주며 적극적인 사교 활동을 하는 사람들은 그렇지 못한 사람들에 비해 치매가 발병할 확률도 더 낮다는 증거를 보여준다.[37] 그러므로 사교 모임을 갖는 습관은 건강한 노화와 장수를 포함한 다양한 측면에서 이로움이 있다.

가족 의례와 전통이라는 습관

정기적으로 가족여행을 가든지 명절을 축하하는 것과 같은 가족의 전통은 가족 구성원을 반복적으로 함께 모을 수 있다는 측면에서 중요하다. 어떤 가족은 금요일 밤에 저녁을 함께 먹기도 하고 일요일에 브런치를 먹기도 한다. 이들은 이 시간이 바로 가족과 친구들이 함께 정기적으로 만날 수 있는 기회라고 말한다. 이러한 가족의 전통과 의례의 결과로 사회적 관계가 만들어진다. 할아버지나 할머니가 하교하는 손자들을 찾아온다든지, 함께 체스를 하거나 낚시를 가고 농구 경기를 관람하거나 심지어 (우리 동네의 아이들과 어른들이 매주 하는 활동인) 동네의 쓰레기 수거 트럭을 보는 것과 같은 단순한 활동들도 가족의 전통이 될 수 있다.

가족 휴가를 떠나는 것도 중요한 습관이 될 수 있다. 어떤 연령대의 가족 구성원도 이러한 가족 휴가를 아주 긍정적으로 기억하며 이러한 사건들이 자신의 인생에서 얼마나 잘 기억되는가를 생각하며 놀란다. 어떤 연구는[38] 휴가는 '기억이라는 자산'으로까지 간주될 수 있다고 제안하는데, 이는 아주 오랫동안 생생하게 이 일화들이 기억되기 때문이다. 얄궂게도 어떤 사람들은 휴가를 가는 것을 까먹기도 하고, 휴가를 며칠씩 사용하지도 않는다. 또는 휴가를 갈 시간과 돈이 없다고 느끼기도 한다. 그러나 휴가야말로 당신을 수년 동안 형성된 나쁜 습관으로부터 벗어나게 할 수 있는 가장 좋은 방법이다. 또한 휴가는 젊은이들과 노인들 모두에게 오래도록 기억될 활동이다. 일부 가정은 가족 구성원이 1년에 2주의 시간을 내서서 한 장소에 온 가족이 모임으로써 구성원의 시간을 공유하기도 한다. 심지어 짧은 시간 동안 운전해서 간 새로운 호텔도 기억에 남을 휴가 장소가 될 수 있고, 집 근처에 머무르는 동안 가졌던 습관과 일상들에서 탈출하는 하나의 방법이 될 수 있다. 휴일이 즐거운 많은 이유들이 있지만 하나의 공통된 이유는, 특히 나이가 들수록 휴일에는 특별한 전통을 가지고 가족들이 한곳에 모인다는 것이다. 노인들은 종교적인 의식이나 추수감사절 예식이야말로 계속 계승해야 할 가장 중요한 의식이라고 말한다.[39] 비록 자신들이 종교가 없다 하더라도 부모와 조부모들은 크리스마스, 하누카,* 부활절, 유월절 등의 종교적인 기념일에는 가족들이 함께 모여서 즐거움을 나누고 세대를 넘어 전승해야 할 전통에 대한 이해를 더할 수 있다고 말한다. 생애 초기에 아이들은 산타, 선물, 사각형 말, 긴 저녁 식사, 부활절 달걀 찾기 등으로 이러한 휴일을 바라본다. 하지만 나이가 들면서는 이러한 기념일의 문화적 중요성, 매일 반복되는 일상으로부터의 탈피 욕구, 가족이 함께 모이는 것의 즐거움 등에 더 의미를 두게 된다. 재즈 피아니스트이자 자랑스러운 할아버지인 데이브 브루벡 Dave Brubeck 이 말하길, 자신에게 가장 즐거운 이벤트 중 하나는 자신의 자녀들, 손주들과 함께 부활절에 달걀을 찾는 것이라고 한다. 이러한 가족 모임은 아이들에게 즐거움을 주고 가족들과 연결되는 기회를 제공한다는 것만으로도 전통이 된다. 내

---

* 역자 주: 유대교 명절.

가 아는 한 가족은 온 가족이 1년에 한 번씩 골프 휴가를 간다. 이런 전통을 유지하고 다음 세대로 전승하는 역할을 바로 노인들이 담당한다.[40] 한 연구에 따르면[41] 조부모들의 65%는 지금 그들의 자녀들이나 손주들이 행하고 있는 의례들은 자기 자녀들에 대한 자신의 보살핌에 뿌리를 두고 있다고 말한다. 이는 이러한 습관과 의례가 가족의 전통으로 전승됨을 시사한다.

서로의 습관과 일상이 충돌할 때

낮잠 시간, 식사 시간, 노는 시간, 간식 시간, 취침 시간은 모두 하루의 중요한 일과이지만 각각의 시간들은 각 연령에 따라 다른 경험들로 채워진다. 한 조부모가 자신들의 아들과 손주들의 집을 방문한 상황을 예로 들어보자. 이 시간은 모두에게 즐거운 시간이지만, 언제 그리고 어떻게 일상과 습관이 이루어지는가는 집단에 따라 다를 것이다. 아기는 하루에 두 번 낮잠을 자야 하고, 부모들은 자녀들의 다루기 힘든 행동을 막기 위해 일정한 시간에 밥을 먹여야 하는 반면, 나이 든 어른들은 스케줄이 아주 다를 수 있다. 이것은 갈등으로 이어질 수 있고, 조부모들은 젊은 가족 구성원의 일상을 수용하는 것은 불필요한 부담을 수반한다고 느낄 수도 있다. 일상이 나이에 따라 변화한다는 것은 나이 든 성인들이 젊은 사람들과 같은 일상을 가지지 않을 수도 있다는 것을 의미한다. 우리가 나이가 들면 피곤할 때마다 낮잠을 잘 수 있지만, 두 살짜리 아이가 예정된 낮잠을 못 자는 것은 가족 전체의 나머지 하루를 망칠 수 있다.

UCLA에 있는 내 기억 실험실에서는, 우리가 노인들과 약속을 잡으면 그들은 종종 약속 시간보다 30분 일찍 실험실에 도착한다. 대개 이것은 그들이 장소를 찾거나 교통 체증을 피할 수 있는 충분한 시간을 갖기를 원하기 때문이고, 그들은 일찍 도착한 후에 기다리는 것을 불편해하지 않기 때문이다. 종종 일찍 도착하는 사람들이 그렇듯이, 나이 든 어른들은 제시간에 오는 것을 중요시한다. 여기서 세대 차이를 볼 수 있는데, 많은 젊은 사람들은 제시간에 도착하지 못해 약속 시간에 맞춰 갈 수 없다는 문자를 보내는 일이 많다. 젊은 사람들은 자신들이 더 바쁘거나 일정이 자주 바뀐다고 주장할 수 있지만, 노인들도 매우 바쁘다고 말하는 것은 마찬가지이다. 하지만 노인들은 더 체계적인 스케줄을 가지고 있고, 시간을 잘 지킬 계획을 가지고 있고, 또한 시간 엄수를 기대하기 때문에 약속 시간을 잘 지키는 것 같다. 예를 들어, 저녁 6시에 장인어른을 만날 약속을 했다면 이는 장인어른께서 5시 45분에 그곳에 도착하실 것이라는 것을 의미한다. 이렇게 약속 시간보다 일찍 도착하면 그 여분의 시간에 노인들은 예상할 수 있는 어려움에 대처할 수 있게 된다. 주차하는 데 걸리는 시간이나 처음 가보는 길을 찾아가는 데 걸리는 시간과 같은 것 말이다. 특히 이런 습관은 진료 예약 때문에 의사를 만나러 가거나 여행을 계획할 때, 또는 정확한 반납 기일에 도서관에 책을 반납하는 것과 같은 평범한 일에도 유용하다. 하지만 다른 연령대에도 이렇게 시간을 잘 지키는 사람들이 분명히 있다. 내 딸아이도 뭐든지 늦는 것을 싫어하는데(아마도 할아버지의 영향이 큰 것 같다), 유치원에 처음 가는 날 바로 전날 밤에 유치원에 늦지 않게 가기 위해 유치원에 입고 갈 옷을 입고 잠을 자기도 했다.

습관의 다양성과 변화가 주는 이로움

우리는 보통 책을 1페이지부터 읽기 시작하고 음악의 처음부터 연주하기 시작한다. 습관을 통해 나는 많은 피아노 곡의 첫 여덟 마디를 기억할 수 있다. 항상 곡의 처음 부분부터 연습을 시작하지만 그 곡의 끝부분까지 연습하지 않는 경우도 있다. 그 결과 나는 음악의 처음 부분을 연습하는 데 더 많은 시간을 보내고 나머지 부분에는 훨씬 덜 시간을 쓴다. 만약 내가 곡의 중간이나 끝부터 연습을 시작한다면 그 곡을 더 잘 칠수 있을지도 모르겠다. 우리는 무언가를 배울 때 우리의 습관에 의존하곤 한다. 예를 들어, 처음부터 시작한다든지, 쉬운 것부터 먼저 한다든지, 실수를 피하려고 하는 것, 또한 비슷한 것들을 동시에 공부하는 것등이다. 만약 당신이 조류를 관찰하고 있고 서로 다른 조류의 유형에 대해 더 배우기 원한다고 생각해보자. 전형적인 학습 방법은 먼저 참새가어떻게 생겼는지 배우고, 잘 배웠는지 확실히 한 다음, 종달새가 어떤것인지 배우기 위해 많은 시간을 보낸다. 그다음은 파랑 어치 … 이런식이다. 더 좋은 방법은 그것들을 한데 섞어서 한꺼번에 하나, 다른 하나, 다른 하나 이렇게 구분하는 것인데, 이런 방법이 우리가 자연에서새의 종류를 학습하는 방법이다. 이렇게 많은 새들이 섞여 있는 상태에서 배우는 것은 느리고 학습자들에게 일시적인 좌절감을 줄 수도 있지만, 망각은 덜 하게 된다. 이것이 바로 바람직한 어려움이다.[42]

우리가 학습을 위해 가지고 있는 습관들은 때로는 가장 쉽게 사용하는 것들이지만 그것이 항상 가장 효과적인 것은 아니다. 그래서 학습을좀 더 어렵게 만드는 바람직한 어려움6장에서 논의한 개념을 활용하면 이득을 얻을 수 있다. 일상적인 습관을 통해 우리는 생각 없이 일을 성취할 수 있도록 만들기도 한다. 내가 체육관에 가면 별 생각 없이 항상 같은 순서로 웨이트트레이닝을 한다. 책을 읽을 때도 우리는 보통 시작부터 끝까지 다 읽을 것이라고 생각하면서 처음부터 읽기 시작한다. 그러나 이러한 독서 습관을 깨볼 필요도 있다. 중간부터 읽기 시작하기, 훑으면서 읽기, 개요부터 먼저 읽고 자세히 읽기 등이다. 이러한 새로운 습관은 만약 당신이 시간이 없거나, 이 책에 관심이 있는지 없는지 확실하지 않거나, 특정한 정보를 더 효과적으로 얻기 원할 때라면 유용할 것이다. 때때로 뇌를 재훈련시키는 좋은 방법은 규칙적으로 하는 것에 변화를 주는 것이다. 익숙한 길을 역순으로 걷거나 새로운 길을 걷는 것, 심지어 다른 시장에서 쇼핑하는 것조차 당신의 뇌에 자극을 주고 친숙함을 깨트릴 수 있다. 새로움은 일을 더 흥미롭고 보람 있게 만드는 데 도움이 된다. 예를 들어, 당신이 이전에 알아차리지 못한 것을 알아차릴 수도 있고, 혹은 당신이 변화할 수 있다는 것조차 알지 못한 방식으로 개선될 수 있다.

이 장을 마치며

우리는 종종 우리가 가지고 있거나 끊임없이 깨뜨리려고 하는 '나쁜 습관'에 초점을 맞추지만, 습관은 여러 가지 면에서 우리를 도와주고 노후에 특히 중요할 수도 있다. 학습된 습관과 예측 가능한 일상은 또한 직업적 및 개인적인 환경 모두에서 중요한 안전 기제를 제공할 수 있다. 노인들은 구조를 보장하고 불확실성을 줄이며, 생산적인 삶의 방식을 가능하게 하는 중요한 안내 원칙들을 제공하기 위해 습관에 의존하게 될 수 있다. 그러나 노인들은 새로운 경험에 대해 개방적인 경우가 많고 나이가 들면서 일생을 거쳐 습관을 변화시킨다. 노년기에는 운동을 열심히 하는 것부터 친구들을 만나는 것에 이르기까지 건강한 습관을 유지하는 것이 중요하다. 놀랍게도 나이가 들면서 우리의 습관은 변화 가능하며 적응적이고 그때그때의 필요와 관심에 반응할 수 있다. 이러한 일상의 유연성은 성공적인 노화에 매우 중요하다.

은퇴 후의 삶

삶을 다시 연결하기

은퇴 후의 삶

삶을 다시
연결하기

65세에 은퇴하는 것은 말도 안 되는 소리이다. 난 65세에도 여드름이
났다.

조지 번즈 George Burns 100세까지 산 코미디언

은퇴란 어느 날 직장에서 퇴근해 집에 와서 이렇게 말하는 순간이다.
"여보, 나 집에 왔어요. 영원히."

진 페렛 Gene Perret 캐롤 버넷 쇼의 작가이자 연출가

오늘날 은퇴에 대한 명확한 정의는 없다. 은퇴라는 단어의 의미가 얼
마나 불명확한지를 보여주는 한 최근 조사에 따르면,[1] 65세 이상 성인의
83%는 자신을 '은퇴자'로 응답하였지만, 이들은 그 단어의 정확한 의미
에 대해 각기 다른 생각을 가지고 있다고 한다. 자신이 정규직에서 은퇴
했다고 하는 많은 사람들은 실제로는 반만 은퇴한 상황이거나 새로운
직장에서 시간제 근무자로 일하고 있는 경우가 많다. 또한 공식적으로

은퇴했다고 해도 여전히 컨설턴트, 전문 협회의 회원, 고문, 자원봉사자 혹은 멘토로 자신의 직업과 연결되어 있다. 은퇴는 또한 다음의 인용 문구에서 보여주듯이 많은 어려움을 가져올 수도 있다.

> 은퇴는 그 어떤 힘든 일보다도 더 많은 사람을 죽인다.
>
> 말콤 포브스Malcolm Forbes 기업가

> 은퇴한 남편은 종종 아내의 전일제 직장이 된다.
>
> 엘라 해리스Ella Harris 작가

당신이 은퇴를 한다면 무엇이 가장 그리울까? 아직 은퇴를 하지 않은 사람들이라면 가장 많은 대답은 바로 '수입'이다. 그러나 이미 은퇴를 해서 은퇴자의 삶이 실제 어떤지를 잘 알게 된 사람들의 대답은 사뭇 다르다. 최근 조사에서 은퇴자들은 자신들의 인간관계가 가장 그립다고 대답했다. '인간관계의 단절', '목적의식의 상실' 그리고 '지적 자극의 부족' 이 세 가지 대답을 합하면 은퇴자들이 경험하는 가장 절실한 그리움의 65% 이상이 된다.[2] 이것은 노화의 또 다른 역설을 보여준다. 우리가 여전히 일하고 있는 나이 대에 생각하는 것과 우리가 은퇴할 나이에 다다랐을 때 실제로 중요한 것 사이의 현저한 대조 말이다.

어떤 연구들은 일찍 은퇴한 사람들이 더 사망할 가능성이 높다는 것을 보여주지만, 그들이 건강하지 못하기 때문에 은퇴했는지 혹은 그들의 은퇴 자체가 건강하지 못한 행동으로 이어졌는지를 판단하기는 매우 어렵다. 연구자들은 건강한 성인들이 65세보다 1년씩 늦게 은퇴함에 따라 인구 통계학적 변수, 생활 방식, 건강 요인을 전부 통제한 후에도 모든 원인에 의한 사망 위험이 11%씩 낮아진다는 것을 발견했다.[3] 또한 자신을 '건강하지 못한'이라고 묘사한 어른들이 계속 일을 하면 더 오래 살 가능성이 높다는 것을 발견했는데, 이것은 건강이라는 요인 이외의 다른 요인들이 사망률에 영향을 줄 수 있다는 것을 시사한다.

사람들은 그들의 미래나 먼 은퇴에 대해 생각하는 데 많은 시간을 보낼 수 있다. 은퇴가 더 가까운 현실이 되면, 약간의 망설임과 저항을 경험할 수도 있는데, 이는 우리가 아직 은퇴 준비가 되지 않았거나 은퇴하기에는 어린 나이라고 생각하기 때문이다. 어떤 사람들이나 어떤 문화에서는 은퇴라는 단어에 문제가 있다거나 혹은 시대에 뒤떨어진 개념으로 생각한다. 심지어 은퇴라는 단어 자체를 부담스러워하기도 한다. 어떤 사람들은 은퇴라는 용어 자체를 반대하기 때문에 'AARP'는 더 이상 미국 은퇴자 협회 American Association of Retired People 라고 부르지 않는다(그들은 그냥 이를 '알프'라고 부르는데, 이는 샤프 sharp 와 각운이 맞는다). 실제로 미국 은퇴자 협회의 회원이 되기 위해 은퇴를 할 필요도 없다. 단지 50세만 넘으면 된다.

때때로 우리는 은퇴할 때 우리가 어떻게 될지 걱정한다. 오직 골프와 마작으로만 우리가 바쁠 수 있고, 즐거울 수 있으며, 행복할 수 있다고 생각할 수도 있다. 게다가 어떤 사람들은 은퇴 후 다른 사람들의 건강과 삶의 질이 어떻게 악화되었는지를 보았고, 과학적인 연구도 이러한 관찰을 뒷받침한다. 프랑스의 작가이자 철학자인 알베르트 카뮈 Albert Camus 는 "일이 없으면 모든 생명은 썩는다. 그러나 영혼 없이 일만 하는 것은 삶을 숨 막히게 하여 죽게 만든다."라고 말했다.

당신이 은퇴 후 추구하는 목표는 무엇일까? 어떻게 하면 단절 없이 세상과 연결되어 살 수 있을까? 이러한 질문은 다시금 역설을 마주하게 한다. 우리는 즐겁게 은퇴하기 위해 여러 해 동안 일하지만 실제 인생에서 이 단계로 넘어갈 때에는 걱정에 걱정을 더 하게 된다. 코미디언이자 텔레비전 스타인 밥 뉴하트 Bob Newhart 는 자신이 은퇴 후 삶을 위해 골프를 연습했는데, 자기에게는 효과가 없다고 말했다. 그는 은퇴할 필요성을 느끼지 못했고, 그의 스탠드업 코미디의 일상은 일종의 동기부여였다. 그는 공연을 앞두고 예민해지는 것에 거의 중독되어 있었는데, 이는 일종의 좋은 스트레스이다. 왜냐하면 자신의 일은 사람들에게 인생에서 가장 중요한 일들 중 하나인 웃고 미소 짓고 사소한 것에서 재미를 찾게 하는 일이기에 이를 위한 준비가 필요하기 때문이다.

은퇴자가 된 것의 의미

우리는 은퇴할 때 인간관계가 단절될 뿐만 아니라 자신의 핵심 정체성의 변화를 경험할 수도 있다. 시간이 흐르면서 우리는 자신의 직업과 강한 유대감을 형성하고, 상당한 전문성과 지식을 갖게 되며, 직장에서 다른 사람들과의 사회적 관계를 형성해왔다. 팔순이 되신 내 아버지는 은퇴하지 않으셨다. 그는 자기 일이 자신을 규정할 정도로 자신의 일을 사랑한다. 그의 인생에서 가장 큰 스트레스는 자신이나 그의 주변에 있는 누군가가 은퇴를 고민할 때이다. 은퇴를 바라보는 관점과 은퇴 전후의 자신을 어떻게 규정하느냐 역시 남자와 여자 사이에 차이가 있을 수 있다. 사회적 지지도의 질과 양은 남자와 여자에게 다를 수 있고 우리가 은퇴했을 때 이것은 중요하다. 특히 자신의 인간관계가 주로 직장을 중심으로 형성되었을 경우에는 말이다. 은퇴에 관한 한 연구에서 한 응답자는 다음과 같이 말했다.[4] "은퇴 전에 저는 저 자신을 저의 일로 규정했었어요. 은퇴를 하고 나서는 이제 저를 제 여가시간에 제가 하는 일로 규정합니다. 지금 저는 할머니이고, 프랑스어를 배우는 학생이며, 요리사이자 자원봉사자입니다. 저를 새롭게 규정하고 제가 되고 싶은 모습을 찾고 있는 중입니다."

전설적인 농구 감독인 존 우든John Wooden 은 자신이 UCLA의 감독으로 있을 때 다른 감독들, 선수들, 다른 유명인 등 많은 친구들이 있었다. 그가 가장 소중히 여겼던 시간은 이 친구들이 자신의 엔시노 아파트에 들를 때였다. 그는 그가 감독으로 있을 때의 선수들이었던 카림 압둘 자바Kareem Abdul-Jabbar 와 빌 월튼Bill Walton 과 오랜 우정을 쌓았는데, 이들은 그가 UCLA 병원에서 임종을 맞이할 때 그의 옆을 지켰던 친구들이었다. 이 두 사람은 우든과 여러 가지 면에서 달랐지만 모두들 은퇴하면서 긴밀한 사회적 유대관계를 형성했다.

한 사람의 직업은 그가 자기 주변의 세상을 어떻게 생각하고 관찰하는가에 지속적인 영향을 미칠 수 있다. 예를 들어, 은퇴한 의사는 놀이터에 있는 아이가 감기나 독감 또는 더 나쁜 증상을 보인다는 것을 즉시 인식할 수 있다. 단순히 은퇴한다고 해서 지난 몇십 년 동안 당신이 하던 일이나 해왔던 생각을 그만두는 것은 아니다. 나의 장인어른의 나이는 여든여덟인데 반쯤 은퇴하신 부동산 중개인이다. 여전히 집들의 가치를 평가하고 주변 사람들이 집을 사야 할지 결정하는 데 도움을 주신다. 우리의 전문성은 나이가 든다고 없어지는 것이 아니다. 왜냐하면 그것은 자신의 관심사와 연결되어 있기 때문이다. 예를 들어, 회계사는 숫자를 가지고 일했던 과거 경험 때문에 나이가 들어서도 여전히 숫자에 특별한 관심을 갖는다. 숫자에 대한 이러한 관심은 수에 관한 정보에 대한 기억을 향상시킬 수 있다.[5] 언어와 수학에 대한 요구가 많은 직업을 가진 사람은 늙어서도 그 정보처리를 담당하는 뇌 영역이 잘 보존되어 있다는 연구 결과도 있다.[6] 그러므로 지난 30년간 당신이 어떤 직업을 가지고 일했냐는 당신의 뇌를 변화시키고 은퇴 시에 당신이 무엇을 하며 어떤 생각을 하느냐에 중요한 역할을 하게 될 것이다.

우리가 직장에서 은퇴하면, 보통 가족 구성원으로서의 역할, 우리가 직장 생활을 하는 동안에도 해왔던 역할을 이제 더 많이 하게 된다. 사실 어머니나 아버지, 삼촌이나 이모, 조부모와 같은 역할에서 은퇴한다는 것은 없다. 사실 우리가 나이를 먹으면 이 가족 구성원으로서의 역할이 때로는 우리 자신을 규정하기도 한다. 당신이 은퇴를 하게 되면 이전에 가지고 있던 직책이나 직업으로 자신의 정체성을 갖는 경우가 줄어든다. 물론 어떤 사람들은 자신들의 직업적 정체성에 강하게 고착되어 있기도 하지만 은퇴 후 주어지는 새로운 역할이나 여가 활동 역시 아주 중요하게 생각한다.

은퇴의 단계

몇몇 은퇴에 관한 이론은[7] 은퇴를 앞둔 근로자들이 몇 단계를 거친다고 제안한다. 첫 단계에서는 자신의 직업이나 직무에 여전히 적극적이며 은퇴가 어떤 것을 수반할 것인가에 대해서는 모호한 생각과 환상만을 가지고 있다. 은퇴가 임박해짐에 따라 계획이 더 구체화된다. 일단 근로현장에서 공식적으로 떠나게 되면서 '허니문 단계'가 찾아오는데, 이 단계에서는 많은 사람들이 원하던 여행을 하고 종일 근무할 때는 할 수 없었던 활동들에 몰두한다. 이 허니문 단계가 끝나면 정서적 환멸의 단계가 뒤따른다. 이 단계가 되면 자신의 삶의 구조가 망가졌다고 느끼고 삶의 만족도가 떨어진다. 이제는 규칙적인 활동을 찾고자 하며 더 안정된 일상생활의 즐거움을 가질 수 있도록 삶의 여러 부분을 조정하게 된다. 은퇴를 상상하고 경험하는 방식에는 문화적인 차이가 있으며, 은퇴는 사람들에게 삶의 유한성을 상기시킬 수도 있다.[8] 은퇴한 후 특별한 여행, 가족 방문, 조부모 역할, 자원봉사 또는 아르바이트를 할 수도 있지만, 풀타임으로 일할 때보다 덜 서두른다. 이것이 많은 사람들에게 은퇴가 어떻게 작용하는지를 보여주는 모델이지만, 모든 사람들이 똑같이 이 단계들을 거친다는 것을 의미하지는 않는다. 사실 은퇴는 필요할 때, 때로는 재정적인 이유로 혹은 더 나은 삶의 만족도를 위해 새로운 단계를 창조할 수도 있다.

침묵의 살인자, 외로움

> 몇 해를 살았느냐가 아니라 친구가 몇 명인가로 나이를 세고, 눈물이 아니라 웃음으로 당신의 인생을 평가하라.
>
> 존 레논 John Lennon 가수이자 작곡가이며 '비틀즈'의 공동 리더

은퇴는 때때로 우울증과 신체 건강의 변화와 관련하여 놀랄 만큼 어려운 전환이 될 수 있다. 당신은 직업, 사회 집단, 사회적 지위 그리고 만족스러운 욕구들을 놔두고 떠나게 된다. 연구자들에 따르면 완전한 은퇴는 은퇴 후 6년 동안 정신 건강이 안 좋아지는 것뿐만 아니라 질병이 증가하고 이동성 및 일상생활에서 어려움을 보이는 것과 관련이 있

다는 것을 발견했다.[9] 게다가 다른 연구들에 따르면 은퇴 후 삶에 잘 적응하지 못하면 음주와 흡연이 증가한다고 한다.[10] 그러나 우리가 불행한 은퇴에 영향을 주는 가장 간과하고 있는 한 가지 원인은 바로 사회적 관계의 손실이다. 사실 노인들에게 전반적인 건강에 외로움이 미치는 부정적 효과는 하루에 담배를 15개비씩 피우는 것, 알코올 중독자가 되는 것 그리고 운동을 하지 않는 것과 비슷하다. 또한 외로움은 은퇴자들에게 비만보다도 두 배나 더 해로울 수 있다.

한 은퇴자는 다음과 같이 말했다.[11] "저는 하루 종일 사람들과 함께 상호작용했었는데, 이제 은퇴를 하니 그것이 너무 그립습니다. 직장 생활에서의 사회적 상호작용을 어떻게 대체하느냐가 제게는 중요한 일이었습니다. 이제 은퇴 후 새로운 활동들을 통해 그 공백을 메우는 교회의 친구들, 요가를 함께하는 친구들 그리고 여행을 함께하는 친구들이 생겼습니다."

삶의 질에 은퇴가 미치는 영향을 직접적으로 연구하는 것은 쉽지 않다. 왜냐하면 사람들의 은퇴 시점이 제각각이고 각자의 이유 때문에 은퇴를 하며 어떤 사람들은 완전히 은퇴하는 것이 아니기 때문이다. 어떤 연구는[12] 은퇴 전후의 과정을 거치면서 은퇴자들의 자존감이 안정된 상태를 유지하며 우울증과 불안의 비율은 실제로 감소한다는 결과를 보여준다. 아마도 이는 일과 관련된 스트레스가 감소하고 여가 활동에 쓸 수 있는 시간이 증가하기 때문일 것이다. 일반적으로 높은 사회적 지지를 받는 것, 휴가를 즐기는 것, 만족스러운 결혼 생활을 하는 것, 즐거운 취미를 갖는 것은 은퇴 만족도 상승과 관련이 있는 것으로 나타났다.[13]

새로운 친구를 사귀는 것이 외로움과 싸우는 유용한 방법이 될 수 있지만, 사람들은 또한 그들이 평생 동안 사귀었던 친구들에 의존할 수도 있다. 노년기는 사람들이 과거의 우정을 다시 불태우거나 동문 모임에 참석하려고 하는 시간이기도 하다. 우정은 특히 은퇴와 같은 인생 전환기에 외로움을 예방하는 최고의 방략 중 하나이다. 한 예로, 7명의 남성들이 76년 넘게 친구로 지내왔다. 그들은 수십 년 동안 매달 만나고 있다. 이 남자들은 여덟 살 때부터 친구였는데, 같은 선생님들을 만났으며 같은 학교에 다녔다. 이들은 공통점이 참 많은데, 모두 스포츠와 영화를 좋아하고 모두 해군에서 복무했다. 더욱 인상적인 점은 이 일곱 명 중 여섯 명이 아직도 처음 결혼한 아내와 살고 있다는 것이다. 이 아내들이야말로 이 남성들이 긴 우정을 유지할 수 있었던 일등공신들이다.[14] 은퇴가 어떻게 전반적인 결혼 만족도에 영향을 미칠 수 있는지에 대해서는 불분명하지만, 처음에 은퇴할 때 부부로서 집에서 더 많은 시간을 함께 보내는 것이 갈등으로 이어질 수 있다는 증거가 일부 있다. 그러나 연구에 따르면 이러한 갈등은 새로운 일상이나 여행 혹은 아르바이트를 하는 것이 은퇴 후 삶의 일부가 되면서 사라진다고 한다.[15]

은퇴는 예전에 일할 당시에 형성되었던 사회 집단의 변화를 가져올 수 있다. 남성과 여성은 사회적 관계를 형성하고 발전시키는 데 차이가 있다. 여성들이 이러한 사회적 관계를 훨씬 더 추구하는 반면, 남성들은 노년기에 이러한 우정의 필요성을 인식하지 못할 수 있다.[16] 앞서 얘기한 로메오 ROMEO 라는 친목 단체는 노년의 남성들이 예전 직장에서의 사회적 관계를 그리워한다고 종종 말하듯이 남성들 사이의 정기적인 사교 모임을 촉진시킨다. 남성들 사이의 우정은 그들의 건강과 삶의 질을 개선하고 소속감과 목적의식을 고취시킬 뿐만 아니라 행복감을 높이고 스트레스를 줄이며 자존감을 고양시킨다. 또한 흡연, 도박, 음주, 약물 중독 등의 건강하지 못한 삶의 방식으로부터 멀어지게 하는 효과도 있다.

노인 회관에서의 정기적인 모임이나 아침에 함께 모여 간단히 커피 한 잔씩 하는 것도 아주 큰 이로움이 있다. 물론 당신이 자주 만나서 이야기하고 의지할 수 있는 친구가 있다는 것이 무엇보다도 중요하다. 어떤 연구에 따르면 성인 남성들이 특히 우정을 유지하고 발전시키는 것에 취약하다고 한다.[17] 슬프게도 가까운 친구가 하나도 없다고 말하는 미국인의 숫자는 최근 10년간 대략 세 배나 늘어났다. 또한 사람들이 자신의 삶에서 얼마나 많은 측근들을 가지고 있느냐에 대한 대답에 가장 흔한 반응은 바로 '0'명이다. 아마도 이러한 결과는 오늘날 우리가 사람들과 함께 있는 시간보다 스크린 앞에서 더 많은 시간을 보내기 때문일 것이다.

노년기의 바쁨의 윤리

어떤 사람들은 은퇴를 하면 그동안의 쌓였던 긴장을 풀고 편안함을 즐기고 싶어 한다. 하지만 여전히 많은 사람들은 활동적이고 바쁘게 보내야 하고 일을 할 때 바빠서 하지 못했던 활동들에 참여해야 할 필요성을 느낀다. 은퇴를 무제한의 자유 시간으로 생각할 수도 있지만, 역설적으로 한가하다는 것은 사실 은퇴를 고려하는 사람들에게는 고민거리이다. 은퇴한 노인들이 흔히 쓰는 어구 중 하나는 "나 요즘도 바빠요."이거나 은퇴가 '좋은 형태의 바쁨'이라는 것이다. 추리소설 『셜록홈즈 Sherlock Holmes』의 작가인 코난 도일 Conan Doyle 은 이 부분을 포착하고 다음과 같이 말했다. "전 한번도 일 때문에 바빠본 적이 없어요. 하지만 한가함은 저를 완전히 탈진시키죠."[18]

성공적인 노화를 위한 농구 감독 존 우든의 간단한 조언은 바쁘게,

석극적으로 살며, 삶의 다양성을 가지라는 것이다. 이것으로 그는 30년 이상 동안 성공적으로 은퇴 후의 삶을 살았다. 몇몇 연구에 따르면 급여를 받지 않고 일하는 은퇴자들이 실제로는 굉장히 바쁘고, 이 사람들은 심지어 그들이 현역으로 일하고 있을 때보다 은퇴 후가 더 바쁘다고 이야기한다.[19] 그러나 이 바쁨의 질은 은퇴 전후가 다르다. 은퇴자들은 자신이 무슨 일을 해야 하는지에 대한 통제권이 더 많다. 바쁘고 싶은 욕구와 바빠서 얻는 즐거움을 우리는 '바쁨의 윤리'라고 부른다. 존 우든은 98세에도 빽빽한 일정을 손으로 적어둔 수첩을 가지고 다니면서 세심하게 어떤 일정을 추가해야 하는지를 골랐다. 이는 루스 박사Dr. Ruth, 필리스 딜러Phyllis Diller, 마라 안젤로우Mara Angelou, 프랭크 게리Frank Gehry, 재레드 다이아몬드Jared Diamond, 밥 뉴하트, 잭 라레인Jack LaLanne 그리고 데이브 브루벡Dave Brubeck 까지 모두 비슷했다. 내가 이 책을 쓰는 과정에서 만난 이 바쁜 노인들은 나와의 인터뷰가 그들이 원하는 것이라며 자신의 일정표에 약속을 써넣었다. 그들은 자신의 바쁜 일정에 하나의 일정이 더해지는 일임에도 불구하고 자신의 경험이 이 책에 중요하게 사용될 것이라고 느꼈기 때문에 이 일을 했던 것 같다. 최근의 한 연구에 따르면 바쁜 일정을 소화하고 있는 노인들은 덜 바쁘고 좀 더 한가한 삶의 방식을 영위하는 노인들에 비해 기억력이 더 좋고 더 날카로운 인지능력을 가지고 있다고 한다.[20] 밥 딜런Bob Dylan 이 그의 노래 '괜찮아요, 엄마(난 단지 피 흘리고 있을 뿐이에요I'm Only Bleeding. It's Alright, Ma)'에서 썼듯이, "바쁘게 태어나지 않은 사람은 바삐 죽는다."

사실, 거의 모든 연령대의 사람들이 뭔가를 미루는 경향이 있음에도 불구하고 바쁘고 활동적으로 지내려고 노력한다. 아마도 이것은 많은 일에 압도되어서 그럴 수도 있는데, 우리는 종종 이메일에 답장을 하거나 스팸 메일을 지우는 것과 같은 작은 일들로 우리 시간을 채우느라 바쁘기도 하다. 단지 바쁘기만 한 것은 성공적인 은퇴 후의 삶의 열쇠가 아니다. 그 바쁨은 우리가 선택한 활동이 의미 있고 본질적인 중요성이 있어야 한다. 은퇴 후의 삶은 다른 일들을 해야만 한다는 압력 없이 개인적인 목표를 추구할 수 있는 시간이며 이것을 꾸준히 하는 것은 중요하다. 한 남성이 전에 회사에서 중역이셨던 그의 아버지께서 은퇴를 하시자 이메일을 읽을 시간이 생겨서 받은 편지함에 들어온 스팸 메일까지 하나하나 읽으신다고 나에게 말했다. 즉, 우리는 중요한 일에 집중하고 균형을 맞출 필요가 있는데, 한 사람의 손에 더 많은 시간이 주어질 때는 더욱 그럴 것이다.

노인들은 자신의 성인 자녀나 친구들에 의해 자신이 바쁘다고 인식됨으로써 은퇴를 정당화할 필요가 있다고 느낄지도 모른다. '바쁨의 윤리'는 은퇴자들이 자신의 여가 시간을 지켜야 할 필요가 있다고 느낄 때 작동할 수 있는데, 다른 사람들에게 자신들이 '계속 바빠서' 일상적인 일을 할 시간이 없다고 말하는 것도 하나의 예가 될 수 있다. 자신의 책 『아니요, 독서회에는 가입하고 싶지 않아요 No, I Don't Want to Join a Book Club』에서 버지니아 아이언사이드 Virginia Ironside 는 왜 사람들이 늙으면 아무것도 하지 않으려고 하는지, 그러나 그녀 자신은 왜 나이 60세에 책을 쓰기로 결심했는지에 대해 이야기한다.[21]

물론 사람들은 실제로 은퇴를 하기 전까지는 은퇴자의 삶이 어떨지 잘 모른다. 사람들은 다양한 이유 때문에 은퇴를 고려하거나 혹은 피하려 한다. 건축가인 프랭크 게리는 아직도 활동적으로 새롭고 도전적인 건축 프로젝트를 계획하지만 이제 늙어서는 실제 그가 진행할 프로젝트를 고를 때는 훨씬 까다롭다. 반면 그가 젊은 시절에는 자신에게 들어오는 모든 프로젝드를 뭐든지 하려 했다. 왜냐하면 그것이 성공적인 인생을 만든다고 생각했기 때문이다. 이와는 대조적으로 존 우든은 1975년 챔피언십 경기를 이틀 앞두고 (심지어 그의 아내에게조차도) 놀랍고 영감을 주는 깜짝 발표를 하며 왕조의 사령탑을 물러났는데, 이 발표는 팀이 사상 유례없는 열 번째 전미 챔피언십 우승을 달성하는 데 큰 동기가 되었다. 우든 감독은 그 당시 65세였고, 그 영광에 집착하기보다는 자신의 유산을 즐기고 싶었다. 그는 가족이라는 큰 사회적 관계망이 있었고, 이보다 더 큰 UCLA와 운동선수들의 커뮤니티라는 관계망도 있었기에 자신의 은퇴를 즐길 수 있었다. 하지만 그가 95세 때에 함께 이야기를 나누었을 때, 그는 여전히 선수들을 돕고 새로운 코치를 지도할 수 있는 컨설턴트로 일하는 것을 꺼리지 않을 것이라고 말했다.

성공적인 노년기를 보내고 있는 많은 전문가들은 자신들이 은퇴를 하지 않을 것이라고 말한다. 그들은 또한 자신의 일들 중 즐겁게 할 수 있는 일들에 우선순위를 두며 부정적인 측면을 최소화시키는 효과적인 방법이 무엇인지 보여준다. 아마도 이것은 이들이 나이도 들었고, 조직에서 가장 선배이며, 그 분야에서 존경을 받고 있기 때문에 가질 수 있는 특권일 것이다. 필리스 딜러는 은퇴를 하면서 코미디언을 그만두고 그림을 그리고 피아노를 연주했다. 그녀는 자기 집에서 활기 넘치는 파티를 열며 자신이 그린 그림들을 판매하기 위해 전시하기도 했다. 그녀는 자신이 은퇴 후에도 활동적으로 살기 위해 십자말풀이도 해보고 신문도 읽어보았지만, 자신에게 가장 즐거움을 주는 활동은 사람들과 만나는 것이라고 했다. 허드슨강에 성공적으로 비상 착륙을 한 조종사인 설렌버거 Sullenberger 는 그 사건 이후에 곧 은퇴를 했고 영웅이자 조종 전문가로 인정받는 그 성공을 즐겼다. 미국 전역을 돌며 사람들에게 영감을 주는 강연을 했으며 항공 안전과 조종사들의 작업 환경에 대한 의회 연설도 하였다. 하지만 이렇게 몇 달간 휴식한 후, 그는 다시 유에스 에어웨이즈US AIRWAYS로 돌아와 항공사의 안전 관리에 대한 조언을 담당하는 컨설턴트 역할을 맡았다. 그는 은퇴 후에도 항공 안전과 조종사직에 대한 자신의 지지는 계속될 것이라고 말했다.[22]

많은 사람들은 종종 은퇴를 하나의 목표로 가지고 있지만 다른 관점에서는 목표에 대해 새롭게 생각해보는 힘들고 도전적인 시간이 될 수도 있다. 은퇴 후 새로운 길을 선택할 수도 있지만, 강렬하고 꾸준히 활력을 주는 즐거움은 사실 사람을 활기차게 만든다는 것을 깨달을 수도 있다. 예를 들어, 재즈 피아니스트 데이브 브루벡의 경우를 보면, 그의 주치의는 그에게 라이브 공연을 할 수 있는 데까지 하라고 조언했다고 한다. 왜냐하면 주치의가 보기에 그가 무대에 오르기 전보다 분명히 연주 후 컨디션이 좋아보였기 때문이다. 브루벡은 주치의의 조언에 동의하면서 다음과 같이 말했다. "공연을 시작할 때보다 끝날 때 더 에너지가 넘쳐요. 무대 위에서 걸어 다닐 힘도 없다가도 피아노 앞에 앉으면 흥분이 몰려오면서 피곤함이 싹 사라져요."[23] 그렇게 나이가 많은 브루벡은 산소 탱크까지 찬 채로 정기적으로 라이브 공연을 했다.

밥 뉴하트 역시 유사한 생각을 말해줬다. 그는 아직도 전국을 돌며 스탠드업 코미디 공연을 한다. 매 공연 전에는 예민해지고 불안해하지만 바로 이 느낌이 그를 계속 무대로 오르게 만드는 힘이다. 뉴하트는 다음과 같이 말한다.

나는 여전히 스탠드업 코미디 쇼를 하면서 활동적으로 지냅니다. 근육이 있다면 사용해야지요. 아마 저는 이렇게 활동하지 않으면 미쳐버릴 겁니다. 저는 은퇴를 할 수가 없어요. 골프도 쳐봤지만, 매일 골프만 칠 수는 없지요. 정신과 의사에게도 가봤는데, 그는 저한테 그냥 은퇴하지 말고 책 제본 같은 할 일, 앞으로 20년 후를 미리 계획한 후에 은퇴해야 한다고 말했지요. 하지만 저는 지금 하는 일이 즐거워서 그만둘 수 없기 때문에 그런 준비 따위는 하지 않았어요.[24]

작가이자 교수인 재레드 다이아몬드는 담낭의 생리적 기제를 연구하던 과학자에서 세계적인 현장 연구자이자 작가로 자신의 직업을 바꾸었다. 그리고 그 이유는 분명하다. 그는 담낭 연구를 30년 더 연구하고 싶지 않았고 추구하고자 하는 다른 열망을 가지고 있었던 것이다.

은퇴의 열쇠는 우리가 가장 관심을 가지고 있는 것에 대해 호기심을 갖고 그러한 길과 모험을 추구하는 반면 자극이나 보상을 거의 제공하지 않는 다른 형태의 일에 대한 관심을 줄이는 것일지도 모른다. 여가생활로 꼭 십자말풀이를 할 필요는 없다. 의미 있는 방식으로 우리의 뇌와 기억을 강화시킬 수 있는 사회적 상호작용을 포함하는 다른 여러 활동들이 있다. 독서 동아리에 가입하면 지적인 상호작용과 사회적 의사소통 두 가지 모두 얻는 것이 가능하지만, 많은 다른 활동들 역시 사고 과정에 자극을 주고 사회화에 도움이 된다. 스포츠 팀을 응원하면 정보를 늘 갱신해야 하며 팀과 당신과 함께 그 팀을 응원하는 팬들 사이에 정서적 연결이 만들어지기도 한다. 또한 다른 팬들과 함께 경기들에 대한 생생하고 이로운 대화를 나누는 재미도 있다.

파라마운트 픽쳐스 Paramount Pictures 라는 주요한 할리우드 스튜디오를 여성 최초로 경영했던 쉐리 랜싱 Sherry Lansing 은 '포레스트 검프 Forrest

Gump', '브레이브 하트 Braveheart', '타이타닉 Titanic' 등과 같은 영화를 제작하는 데 큰 역할을 했다. 그녀도 처음에는 은퇴를 한다는 것이 아주 어려운 일이라고 생각했다. 그러나 이제 72세의 나이로 은퇴를 했고, "은퇴를 한 지금 그 어떤 때보다도 더 바쁩니다. 그리고 제 마음에서 우러나오는 일을 하고 있기 때문에 너무 행복합니다."[25]라고 말한다. 그녀는 은퇴한 후로 많은 자선 활동에 전념했고, 캘리포니아대학교 평의회 회원으로 일하며 비영리 단체인 'Stand up for Cancer'를 공동 설립했다. 현재 그녀의 가장 중요한 역할 중 하나는 그녀가 젊은 여성들의 멘토라는 것이다.

존 우든이 은퇴했을 때 그는 여전히 활동적으로 일하고 싶어 하며 UCLA와의 연결 끈을 놓고 싶지 않아했다. 그때 UCLA의 운동부 부장은 제이 디 모건 J. D. Morgan 이었는데, 그는 우든이 운동부에 사무실을 갖고 은퇴 후에도 UCLA와 연결되어 일을 하기 원했다. 그래서 그는 우든에게 새로 임명된 농구 감독과 사무실을 공유하면 어떻겠냐고 제안했다. 그러나 우든은 그렇게 하면 새로운 감독의 권리를 침해하고 압박하는 일이라는 것을 깨닫고 대신에 당시 야구팀 1학년 감독이었던 게리 아담스 Gary Adams 와 사무실을 함께 쓸 수 없냐고 모건에게 부탁했다. 사실 야구는 우든이 가장 좋아하는 스포츠였기 때문이다. 게리 아담스는 그 후 UCLA 야구팀의 감독으로 38년간 일했고 우든과 아담스는 아주 좋은 친구가 되었다. 그리고 이러한 조합은 이 두 감독 사이에 직업적으로나 개인적으로 많은 소중한 교류를 가능하게 했다.

영화배우 딕 반 다이크 Dick Van Dyke 는 90대에 자신이 쓴 책 『움직임을 쉬지 마라: 노화를 위한 조언과 진실 Keep Moving: And Other Tips and Truths About Aging』에서 가장 중요한 것은 계속 움직이고, 춤추고 노래하며, 긍정적으로 사는 것이라고 말했다. 그가 '메리 포핀스 Mary Poppins', '치티치티 뱅뱅 Chitty Chitty Bang Bang' 그리고 '딕 반 다이크 쇼 Dick Van Dyke Show'에서 했던 것처럼 그는 아직도 춤과 노래를 즐긴다. 그는 다음과 같이 말한다. "모든 사람은 춤추고 노래해야 합니다. 사람들이 '난 노래 못 해'라고 말하지만 사실 누구나 노래할 수 있습니다. 노래를 못 한다는 것이 노래를 하지 않을 이유가 될 수 없습니다."[26]

은퇴 정책과 은퇴하지 말아야 하는 이유

노인들은 가장 빠르게 성장하는 천연자원 중 하나라고 노인 인구학을 연구하는, 그리고 노인들이 노동 현장에서 얼마나 가치 있는가를 알고 있는 많은 학자들은 논평한다. 재레드 다이아몬드는 노인들은 자신들이 잘하고 좋아하는 일을 계속 하게 하는 것이 중요하다고 이야기한다. 그들에게 야망 넘치는 젊은 사람들과 비슷한 주당 60시간의 일을 하도록 요구해서는 안 된다. 그의 책 『어제까지의 세계 The World Until Yesterday』에서 (일부 국가들처럼) 65세에 의무적으로 은퇴를 해야 하는 정반대의 극단의 정책을 '바보같이 당당한 정책'이라고 간주한다.[27]

유명한 오페라 작곡가 주세페 베르디 Giuseppe Verdi를 성공적인 노화를 위한 롤 모델 중 하나로 보고 있는 다이아몬드는 베르디가 자신의 음악 활동을 오페라 '아이다 Aida'를 썼던 58세의 나이에 끝내려 했다는 점을 지적했다. 하지만 베르디는 출판업자들에게 설득되어 두 개의 오페라를 더 작곡했는데, 74세에 쓴 '오텔로 Otello'가 하나이고, 80세에 쓴 '팔스타프 Falstaff'가 두 번째였다. 이 두 작품 모두 종종 그의 가장 위대한 작품으로 여겨진다. 즉, 우리 자신도 내가 언제 은퇴해야 할지에 대해 가장 좋은 판단을 내리는 것이 아니다. 이제 80세가 다 되어가는데도 다이아몬드는 그의 다음 책을 쓸 작업을 하고 있다. 또한 그는 그의 아내와 장성한 두 아들과 함께 지난 7년간 하지 못했던 일인 아프리카로 가족 휴가를 떠날 시간을 조정하는 중이다. 이것은 노년기야말로 일과 가족 휴가의 균형을 맞추기에 적기라는 것을 시사한다.

노년에 재고용된다는 것은 어려운 일일 수 있다. 특히 노인에 대한 편견이나 차별이라는 장벽은 여러 영역에서 만연되어 있다. 그러나 일부 회사들은 노인들을 채용하기 위해 특별한 노력을 기울인다. 이 노인들은 미래의 직장이 될 회사에 도움이 될 수 있는 분야에서 경력을 쌓은 사람들이다. 예를 들어, 우버 Uber 는 고령자를 운전자로 채용하기 위해 '라이프 리이매진드 Life Reimagined, AARP의 비영리 자회사'와 제휴를 맺고 있다. 많은 사람들이 어떻게 생각하든지 간에, 실제 나이 든 운전자들은 젊은 운전자들보다 도로에서 더 안전하다. 전반적으로, 노인들은 운전하는 동안 위험을 감수하지 않고, 과속하지 않으며, 운전하는 동안 문자메시지를 보낼 가능성이 낮기 때문에 사고를 덜 낸다. 내가 우버 승용차를 처음 탄 것은 72세의 은퇴자가 운전하는 차였는데, 그는 더 많은 사람들을 만나 상호작용을 하기 위해 운전을 하기 시작했다고 한다. 나는 그때 캘리포니아의 어바인에 있었고, 이전에 어바인에 가본 적이 없었다. 택시를 부르는 대신 나는 우버를 타보기로 했다. 몇 분 만에 도착한 다정한 운전사는 얼굴에 환한 미소를 띠고 있었고 그가 어렸을 때 오렌지 나무로 가득했던 동네를 안내해주었다. 내가 우버를 처음 이용하는 것이었기 때문에 그는 우버 애플리케이션의 많은 유용한 기능들을 보여주었고 그가 2년간의 우버 운전 경력을 통해 찾아낸 우버 거래의 묘수들을 가르쳐주었다. 그는 자신이 원할 때만 일을 하며 자기 스케줄을 자신이 완전히 관리한다고 말했다. 그의 아내 역시 그가 이 일을 하는 것을 격려하며 가끔은 집에서 좀 나가서 운전 좀 하고 오라고 말하기도 한다고 했다.

'홈 디포 The Home Depot'는 많은 노인을 고용하는 또 다른 회사다. 이 회사의 관리자들은 노인들이 믿을 만하고, 수십 년의 업무 경험을 가지고 있으며, 다른 직원들을 지도할 수 있다고 말한다. 게다가 노인들은 몇 달 후에 이사하거나 임신하거나 떠날 가능성이 훨씬 적다. 한 관리자는 50세 이상 직원의 이직률이 30세 미만 근로자의 10분의 1이라고 알려주었다.[28] 많은 고객들이 그들의 집과 관련된 질문들을 가지고 홈 디포에 온다. 나도 여러 번 이런 질문들을 했었는데, 종종 내 집을 관리하기 위해 혼자서 해야만 하는 일에 대해 조언을 구할 때 나를 참을성 있게 대할 나이 든 어른 직원을 찾아다닐 것이다. 많은 나이 든 직원들은 다년간의 집수리 전문 지식과 이전 직장에서의 고객 서비스 경험을 가지고 있다. 티모시 솔트하우스 Timothy Salthouse 교수는 "일부 직업에는 빠른 문제 해결이 필요한데, 여기서 사람들은 항상 한계에 도달한다. 예를 들어, 프로 운동선수들과 항공 교통 관제사들과 같은 직업이 이에 해당한다. 하지만 많은 직업은 십자말풀이와 같다. 새로운 문제 해결 방법보다는 경험이 더 중요하다."[29] 따라서 노인들은 그들의 수년간의 경험을 이런 유형의 아르바이트에 잘 활용할 수 있다.

전설적인 농구 해설가인 빈 스컬리 Vin Scully 는 엘에이 다저스 Los Angeles Dodgers 와 65년 넘게 함께 일했다. 1950년 브루클린에서 시작해서 66년 동안 로스앤젤레스에서 일한 것이다. 그는 자신의 90세 생일이 다가올 때쯤 은퇴했다. 방송인으로 마지막 몇 년 동안 그는 의도적으로 출장을 줄이고, 홈경기에만 해설을 했다. 다저스의 홈경기가 있는 날이 마침 그

나이 듦의 이로움

의 은퇴 후 첫날이었는데, 사람들이 그날 무엇을 했냐고 물었을 때, 그는 세차도 하고 다른 국가적 소일거리인 고지서 요금을 지불하는 등의 일상적인 일을 했다고 대답하며 다음과 같이 말했다. "제 아내 샌디 Sandi 는 저보고 중국어를 공부하는 것처럼 중요한 일을 하느라 하루 종일을 보낸다고 말하라고 했어요. 그래서 제가 아내에게 그랬죠. 사람들은 나에 대해 그보다 더 잘 안다고요."[30]

30년 이상 '레터맨 쇼 Late Show with David Letterman'의 진행자였던 데이비드 레터맨 David Letterman 은 70세가 된 2015년에 은퇴했다. 이 날을 회상하며 그는 "스티븐 콜베어 Stephen Colbert 가 프로그램을 이어받아 그의 새로운 쇼를 방송한 그날을 기억할 수 있어요. 저는 제가 기분이 언짢아지거나 감정적으로 문제가 생기거나 쫓겨났다는 느낌을 받을 줄 알았어요. 그런데 그게 더 이상 내 문제가 아니라는 것을 깨달았죠. 그러니까훨씬 좋아졌어요."[31] 은퇴 후에 레터맨은 기후 변화의 영향에 대한 내셔널 지오그래픽 시리즈 제작에 관여하는 새로운 시도를 하길 원했었다. 더 큰 무언가의 일부가 되어야 할 필요성을 보여주면서 이제 그는 환경문제를 다음 세대를 위한 중요한 도전으로 인식하고 있다(그는 12살짜리 아들도 있다). 그는 자신의 쇼에서 수염을 말끔히 깎은 모습과는 대조적으로 수염을 많이 기르고 다른 사람들이 그를 어떻게 보는지에 대해서는 덜 걱정한다. 이제는 자신의 쇼의 인기도가 얼마인지를 걱정하는 데그 많은 시간을 쓰지는 않는다. 은퇴 후 그는 가족과 스키를 즐기고, 기후 문제에 시간과 에너지를 쏟았다. 최근에는 세계 에너지의 미래에 대해 더 공부하기 위해 인도에도 방문하였다. 그러나 다른 은퇴자들처럼 그의 완전한 은퇴의 삶도 짧게 끝났다. 레터맨 쇼에서 은퇴한 지 2년이 지나서 넷플릭스에서 6회분의 토크쇼를 진행하는 것에 합의하였는데,

이 일은 심야에 하는 텔레비전 프로그램이 아니기 때문에 밤늦게까지 일하는 것을 요구하지는 않았다. 은퇴 후의 삶에 대해 배운 바에 대해 레터맨은 다음과 같이 말했다. "은퇴 후 삶에서 내가 배운 것은 이것이다. 가족들과 더 많은 시간을 보내기 위해 은퇴를 생각한다면 먼저 가족들의 시간을 확인하기 바란다."[32]

어떤 사람들은 90대가 돼서도 은퇴하기를 원하지 않아서 새로운 직업을 갖기도 한다. 93세인 베티 라이드 소스킨 Betty Reid Soskin 은 캘리포니아 리치몬드에 있는 '로지 더 리베터 Rosie the Riveter' 제2차 세계대전 국립역사공원의 공원관리인으로 일하고 있다. 소스킨은 자신의 블로그에 자주 글을 쓰고 미국 공영 라디오방송 NPR 이나 『피플 People』 매거진과 인터뷰를 했다. 그녀의 유명세 때문에 공원 입장객이 두 배로 증가했고 역사공원의 관람 프로그램에 참여하기 위해서는 한 달 전에 예약을 해야 한다. 이에 따라 공원 측은 프로그램의 숫자를 늘렸다. 85세의 나이에 프로그램 해설사로 이 공원에 취직한 그녀는 하루에 5시간씩 일주일에 5일을 일한다. 그녀는 지금 직장을 얻기 전에 약 90여 년을 살면서 가졌던 많은 역할들(아내, 어머니, 예술가, 관리인, 상인, 행정 보좌관, 주 입법부의 현장 대표, 연구 프로젝트 관리자, 버클리 시의 비서실장 등)이 자신의 현재 직업에 지혜와 통찰력을 더해준다고 말한다. 그녀는 아직 은퇴할 계획이 없다.[33] 물론 프로 구단에서 선수 생활을 하던 운동선수가 선수에서 은퇴한 뒤 관리인이나 감독 혹은 구단주로 일하는 것과 같은 중간 지대 같은 것도 있다. 아이스하키 스타인 웨인 그레츠키 Wayne Gretzky 나 농구 스타였던 매직 존슨 Magic Johnson 이 이러한 예를 보여줬는데, 실제로는 그들이 사랑했던 그 전문 운동 영역을 결코 은퇴하지 않은 사례이다.

스탠 버만 Stan Berman 은 87세의 나이에도 여전히 UCLA 근처의 웨스트우드에서 50년 이상 스탠스 도넛 Stan's Donuts 을 경영하고 있다. 지난 5년 동안 일하는 시간을 줄였지만 은퇴는 아직 고려하고 있지 않다. 거의 매일 이른 아침부터 매장에 나와서 도넛을 먹고 단골손님들과 이야기를 나누고 심지어 도넛 배달까지 한다. 그는 이 일은 자기 천직이라고 말하면서 여행을 갈 때가 아니면 거의 하루도 결근하지 않는다. 잭 라레인, 존 글렌 John Glenn, 루스 박사 그리고 프랭크 게리, 이들 모두가 이구동성으로 말하는 것은 은퇴가 두렵다는 것이다. 왜냐하면 자신들이 하고 있는 일이 바로 자신의 열정을 대변하기 때문이다. 그들이 하나같이 이야기하는 것은 은퇴한 후 금방 삶이 황폐해진 친구들과 동료들을 보아왔다는 것이다. 그리고 몇 년 후면 이들의 부고를 신문에서 보게 된다고 한다. 이러한 사례들을 통해 그들은 계속 활동적인 삶을 살기 위해 스스로에게 동기를 부여하고 완전히 은퇴하는 것이 아니라, 세상과의 연결을 지속할 수 있는 방법을 찾으려 한다.

카림 압둘 자바는 1969년부터 1989년까지 20년 동안 프로농구 선수로 뛰었다. 그리고 42세의 나이로 은퇴를 했는데, 전미 농구 협회에서 가장 많은 득점을 기록한 선수로 남았다. 그는 프로농구 선수로 뛴 시간보다 더 오랜 시간을 은퇴자로 생활했다. 그가 말하길 은퇴 후의 삶은 그의 삶에서 너무 흥분되고 보람된 시간이었다고 한다.[34] 이런 그의 증언은 그의 선수 시절 뛰어난 동료들과 훌륭한 농구 선수로서의 경력을 감안한다면 놀라지 않을 수 없다. 그는 지금 아동 문학, 아프리카계 미국인의 역사, 미스터리 소설 등을 포함한 다양한 주제에 대한 책을 쓰고 있다. 그는 즐거운 은퇴 후 삶을 위한 세 가지 방법을 다음과 같이 요약한다.

- 은퇴를 은퇴로 생각하지 마라. 은퇴는 어떤 것의 끝이 아니다. 은퇴라는 용어 때문에 이제 당신이 어떤 것에도 기여하지 못할 것이라고 생각해서는 안 된다.
- 성공을 위해 가지 말고 중요한 것을 위해 가라. (그는 현재 중학생들을 위한 시리즈 소설을 쓰고 있다. 그에게는 완전히 새로운 도전이다.)
- 아마도 가장 중요한 점일 텐데, 사람들의 삶 속에서 존재감을 찾으며 관계를 유지하라.

압둘 자바는 자신이 '막 사람들과 이야기를 잘하는 사람'이 아님에도 불구하고, 자주 자신의 친구와 가족을 방문하고 전화해서 그들이 뭘 하고 사는지에 관심을 둔다고 한다. 또한 그는 새로운 사람들을 만난다. 자신이 책을 쓰는 시간은 철저하게 고독한 시간이기에 암 환자를 만나거나 미국의 국제 문화 대사로 일하면서 다른 국가를 방문하고, 과학·기술·공학·수학 교육의 중요성을 알리기 위해 학교에 방문하는 등 자원봉사 활동을 열심히 한다. 그는 말하길 나이와 배경이 다른 사람들을 만나는 것은 사람을 더 의미 있고 충만하게 만든다고 한다.

은퇴를 하려는 사람들은 다양한 신체적인 이유가 있을 수 있다. 예를 들어, 건설 현장과 같은 신체적인 노동을 많이 요구되는 직업을 가지고 있다면 나이가 들면서 긴 시간 일을 하거나 무거운 물건을 들어 올리는 일이 힘들어질 수 있다. 그러나 나이가 들면서 더 잘할 수 있는 직업도 많다. 지혜가 쌓이고 그 가치가 더해지는 직업의 경우 은퇴를 하는 것이 어렵고 또 불필요하다. 예를 들어, 일부 교수들과 정치인들은 그들의 경력의 최고조가 60대와 70대에 이르는 경우도 있다. 재레드 다이아몬드는 이제 거의 80대인데 아직도 소규모 학부 강의를 규칙적으로 하고 있으며, 젊은 학생들과 나와 같은 젊은 동료들과 상호작용하는 것을 즐긴다. 자신이 담당한 학부 수업에 자신이 쓴 책으로 강의를 하고 학생들로부터 피드백과 통찰을 얻어서 다음에 쓸 책에 대한 아이디어를 얻는다.

일부 노인들은 젊은 사람들과 함께 일하면 더 활동적이고 자극이 되며, 현명하기까지는 아니더라도 젊어지는 느낌을 받는다고 한다. 세대 간의 교류는 지식과 정보가 서로 교환될 수 있다는 장점이 있다. 젊은 사람들은 노인들에게 새로운 기술의 경향을 가르쳐줄 수 있고, 노인들과 부모들은 여러 가지 방식으로 젊은 사람들의 롤 모델이나 멘토가 될 수 있다. 재레드 다이아몬드나 밥 비요크 Bob Bjork 교수를 비롯하여 많은 사람들이 UCLA에서 나에게도 중요한 멘토로서의 역할을 해주었다.

완전한 은퇴 대 부분적 은퇴

부분적으로 은퇴한 많은 노인들은 자신이 이전보다 더 즐겁게 직장 생활을 한다고 한다. 왜냐하면 일을 조금만 하고 여가 시간이 많으면서도 여전히 수입도 있고 직업을 통한 만족감도 느끼기 때문이다. 왜 이와 같은 경우는 노인들에게만 적용될까? 우리가 육아를 할 때나 나이가 들면서 신체적 문제에 직면했을 때는 적용할 수 없을까? 로라 카스텐센 Laura Carstensen 이 자신의 책 『길고 멋진 미래 A Long Bright Future』에서 제안한 한 가지 혁신적인 아이디어는 사람들이 정규직장과 직장에서의 성공, 그리고 관련된 직업적 책임을 가지기 전에 실제로 '최소한의 은퇴'를 이른 시기에 할 수도 있다는 것이다. 이러한 '부분적 은퇴'의 기간 동안 사람들은 육아를 할 수도 있고 다른 해야 할 일들이나 관심 있는 일들을 할 수도 있다. 대부분 사람들의 기대 수명이 늘어난 점을 감안할 때 이러한 부분적 은퇴 이후에 다시 종일 근무로 복귀할 수 있다는 것이다. 부분적 은퇴를 먼저 한 뒤 근로 현장에 정규직으로 복귀한다는 이 독특한 형태의 아이디어는 부모로 하여금 아이들과 더 많은 시간을 보낼 수 있게 하는데, 이는 많은 이로움이 있다. 아직까지는 미국의 문화가 65세까지 일하는 것을 강조하고 기대하고 있지만, 다른 문화나 미국과 비슷한 국가에서도 덜 일하지만 미국과 비슷한 수준 혹은 더 나은 삶의 질을 가지고 있는 경우들이 있다.

미국인들은 1년에 평균 약 1,800시간을 일하는데, 이는 노동에 많은 시간을 쓴다는 것을 말해준다. 사람들은 종종 자신들에게 할당된 휴가도 사용하지 않거나 혹은 사용하지 못한다. 은퇴 전에 우리가 휴가를 가거나 휴식을 취할 시간을 갖지 못한다면 은퇴로 전환할 준비가 되어 있지 않다는 것을 뜻한다. 이것은 미국인들에게만 해당되는 것이 아니다. 예를 들어, 그리스인들도 1년에 2,000시간 이상 일한다. 반면에 독일인은 1년에 1,400시간 일하지만 독일의 생산성은 여전히 아주 높다. 프랑스는 8월에는 아예 일을 하지 않는 것 같은데도 전반적인 생산성에 아주 부정적인 영향을 가져오지 않는다.[35] 노년기에 일을 적게 하는 것은 건강과 삶의 질의 관점에서 이득이 있다. 그리고 부분적 은퇴가 '적게 일하지만 많은 것을 하는' 접근을 시행하는 한 방법이 될 수 있다. 인생의 전환은 효율성을 갖게 만들 수 있다. 아이를 갖게 되면서 나는 확실히 시간을 더 효율적으로 사용하게 되었다. 사실 경험 많은 나이 든 노동자들은 더 효율적인 방식으로 일한다. '경제학의 아버지'로 불리며 경제학자이자 철학자인 아담 스미스 Adam Smith 는 다음과 같이 말했다. "꾸준하

세 일할 수 있을 만큼 적당한 양의 일을 하는 사람은 가장 오랫동안 건강하게 살 수 있을 뿐만 아니라 가장 많은 일을 할 수 있다."[36]

최근에 나는 내 치과 의사로부터 다음과 같은 편지를 받았다.

> 46년간 치과 의사를 했는데, 이제 저는 조금 천천히 가기로 했습니다. 좋은 포도주를 만드는 일이 이제 저의 열정이고 이 열정을 따라 살기로 했습니다. 선생님과 선생님 가족의 건강을 돌보는 일은 저에게 큰 기쁨이었고, 선생님 때문에 저는 엄청난 보람과 놀랄 만한 흥미를 가지고 제 일을 할 수 있었습니다.

이 편지를 받고 더 이상 그가 내 치과 주치의가 될 수 없다는 것에 실망했지만 동시에 그가 자신의 열정을 따라 살 수 있다는 데 감명을 받았다. 그는 이제 자기 환자들을 같은 병원의 다른 의사들에게 넘겨주고 있었지만, 여전히 몇몇 나이 많은 환자들(그가 30년 이상 진료한 환자들)의 진료는 계속 한다고 한다. 여전히 자신의 기존 직업과 연관된 일을 하면서 더 많은 시간을 자신이 현재 가진 열정에 투자하는 예를 보여준다.

은퇴에 관해 우리가 일반적으로 관찰할 수 있는 것은 비록 아주 성공한 사람들이 은퇴를 기피하지만 이들이 어떠한 형태로든 부분적 은퇴를 하게 되면 이것은 자신들이 좋아하는 일을 더 많이 하고 좋아하지 않는 일을 더 적게 한다는 것을 말한다. 한 노인은 "나는 이제 점점 쇠약해지죠. 사람들이 내가 관심 없는 일을 나보고 하라 하면 저는 거절합니다."라고 말했다.

더 큰 것의 일부가 된다는 것

특정한 직업이나 분야에서 여러 해 일을 한 후, 사람들은 종종 '자기 자신보다 더 큰 것'에 기여하고 싶다는 생각을 한다. 때로는 종교 단체, 자선 단체, 지역 사회 조직, 사회단체 혹은 가족에 집중하는 등 개인이 아닌 집단에 더 많이 관여하게 된다. 이러한 변화는 또한 자신의 직업적 활동과 이 일들을 결합하는 과정을 만들기도 한다. 그래서 다음 세대를 위해 더 좋은 세상을 만드는 것에 초점을 맞추는 것을 의미하는 '생산성' 이라는 발달 과업에 더 충실해질 수 있는 것이다. 한 연구에 따르면 세대 간 시민 교류 활동을 하는 자원봉사 집단에 속해 있으면 다음 세대와 더 강한 유대감을 가질 수 있고 더 많은 공헌으로 이어진다고 한다.[37] 예를 들어, 허드슨강에 기적적으로 착륙한 바로 직후, 설리는 자신이 사고 전부터 많은 관심을 가져왔던 이슈인 항공 안전 개선을 주장했다. 은퇴 후에 그는 이 문제에 대해서 의회에서 연설을 했고, CBS 뉴스의 항공 안전 전문가로 위촉되는 등 항공 안전의 개선을 주장하는 데 추가적인 역할을 맡았다.

세상을 더 나은 곳으로 만드는 일에는 젊은 사람들을 지도하고 이 세상에 대한 더 나은 이해에 기여하는 것도 포함될 수 있다. 많은 나이 든 어른들은 멘토로서 봉사하는 것을 행복하고 기쁜 일로 여긴다. 작가, 코미디언, 교수와 같은 직업이 대표적인데, 이 직업들은 멘토링을 그 분야의 미래를 연결하고 방향을 제시하는 방법으로 본다. 어떤 사람들은 자신들의 인생과 중요하게 기여한 바에 대해 기록하는 자서전을 쓰기도 한다. 놀랄 만한 수의 사람들은 아이들을 위한 책을 쓰기도 하는데, 보통 가족 중에 더 젊은 사람이나 친구들과 팀을 이뤄 더 젊은 세대에게 자신들의 메시지와 이야기를 전달하기 위해서이다. 예를 들어, 존 우든, 존 글렌, 루스 박사, 밥 딜런, 키스 리차드Keith Richards (그의 딸과 함께) 그리고 카림 압둘 자바는 모두 어린이 도서의 저자들이다. 수스 박사Dr. Seuss 의 생전에 출판된 마지막 책인『오, 당신이 갈 곳! Oh, the Places You'll Go』은 삶의 여정, 알려지지 않은 모험 그리고 인생의 새로운 시작의 도전을 개관하고 있다.

재키 로빈슨Jackie Robinson 은 시민 권리 운동의 선구자였으며 현대 시대 메이저리그를 뛴 최초의 아프리카계 미국인이었다. 메이저리그에서 10년간 뛰어난 성적을 거둔 뒤 37세의 나이에 은퇴한 후, 다음과 같이 말했다. "야구 경기도 훌륭했지만, 당신의 경력이 끝난 뒤에 하는 일이야말로 가장 훌륭한 일이다."[38] 로빈슨은 메이저리그 최초의 아프리카계 미국인 텔레비전 야구 분석가가 되었고, 미국 주요기업의 최초의 아프리카계 미국인 부회장이 되었다. 이는 그가 메이저리그에서 은퇴한 뒤 이룬 수많은 성취와 사회 공헌의 일부에 지나지 않는다.

존 글렌은 1959년 나사에 의해 최초의 미국인 우주인으로 선출되었다. 공식적으로 45세에 미 해병대와 나사를 은퇴한 뒤 그는 1974년에 상원의원이 되어 1999년까지 일했다. 72세이자 여전히 상원에서 일하고 있던 1998년에는 우주에서 비행한 최고령자가 되었다. 이렇듯 그는 많은 '한 번 더' 경력을 가지고 있다. 그는 또한 오하이오주립대학교의 존 글렌 행정대학교와 많은 일을 함께 하고 있는데, 공공 행정 발전을 위해 이 대학교를 세우는 데 역시 그가 깊이 관여하였다. 그의 아내와 그는 이 대학교에서 종종 작은 세미나를 열어 강연을 한다. 글렌은 또한 마소닉 청년 조직에서 프리메이슨Freemason 으로 활동했으며, 장로교회에서 장로의 직분을 감당하고 있기도 하다.

손주 돌보기: 다음 세대를 위한 공헌

많은 은퇴한 노인들은 손주를 돌보느라 여념이 없고, 어떤 이들은 이일 때문에 은퇴를 계획하고 있기도 하다. 그러나 처음 손주를 보게 되는 미국인의 평균 연령은 점점 높아지고 있다. 다양한 이유로 사람들은 아이를 낳는 것을 인생의 후반으로 미루는데, 이는 자녀를 많이 낳을 수 없게 하고 조부모와 손주들 사이의 세대 차이를 크게 만든다. 이것은 종종 손주가 생기기만을 기다리는 많은 노인들과 은퇴한 어른들에게는 걱정거리가 된다.[39]

일반적으로 손주들을 돌보는 것을 즐기는 사람들은 더 젊게 느끼고 나이가 들면 늦게 된다고 믿으며 이 일을 즐기지 않는 사람들보다 더 오래살기를 희망한다.[40] 조부모가 된다는 것은 종종 더 건강하게 살고 싶다는 동기부여가 된다. 그러나 많은 사람들은 할아버지 할머니가 되기위해 서두르지는 않는다. 내가 아는 한 여자 친구의 어머니는 이 친구가 고등학교나 대학교 때 데이트를 하러 나가면, "자정까지는 들어와라. 아직 할머니가 되고 싶지는 않아."라고 했다고 한다. 젊은 나이에 조부모가 된다는 것이 어떤 의미에서는 노화를 가속화시킬 수 있지만 손주들과의 긍정적인 상호작용은 더 젊게 살도록 이끌 수도 있다.

코미디언이자 작가이면서 배우인 리타 러드너 Rita Rudner 는 "당신의 부모가 손주들을 돌볼 수 있을 만큼 젊을 때 아이를 낳아라."라고 한 적이 있다. 조부모들은 단지 이곳저곳에서 손주들을 돌보거나 아이들 생일에 전화를 하는 것보다 훨씬 더 많은 일을 한다. 미국에서 거의 육백만 명의 아이들이 조부모들과 함께 산다. 이들 중 반은 손주들에 대한 법적인 양육권이 있는데, 이는 부모가 자식을 돌볼 수 없거나 경제적인 어려

나이 듦의 이로움

움 때문이다.[41] 예를 들어, 올림픽 체조 종목에서 여러 개의 금메달을 딴 시몬 바일스 Simone Biles 도 그녀의 부모가 약물과 알코올 중독으로 어려운 상황에서 조부모가 시몬을 키웠다. 시몬의 조부모는 젊은 나이에 시몬과 시몬의 동생을 입양했다. 많은 가정에서 조부모는 손주들에게 주요한 재정적 기여를 한다. 학교 교육비를 내고, 옷을 사주고, 음악 수업에 돈을 지불하고 심지어 손주들에게 차를 사주거나 대학교 등록금을 주기도 한다. 더 길어진 수명을 고려할 때 한 가정의 여러 세대가 어린아이들과 상호작용하고 이들을 돕는 것이 가능하다. 물론 아직도 손주를 기다리고 있는 많은 노인들이 있는 것도 사실이긴 하다.

대부분의 은퇴자들은 손주들과 함께 시간을 보내는 것은 자기 자식들과 함께 시간을 보내는 것만큼 혹은 그 이상의 즐거움을 준다고 이야기한다.[42] 손주들이 너무나 사랑스러워서 은퇴자들은 은퇴의 가장 첫 이유는 가족들과 더 가까워지기 위함이라고까지 말한다. 노인들은 손주들과 더 잘 연결되기 위해 페이스타임이나 스카이프와 같은 기술을 사용하는 법을 배운다. 조부모가 되는 것에 수반하는 기쁨 때로는 걱정 이외에 손주를 돌보는 것에는 정신 건강에 이로움이 있을 수 있다. 일부 연구는, 일주일에 하루 손주를 돌보는 할머니들이 치매에 걸릴 확률이 낮다는 것을 보여주었다.[43] 그러나 일주일에 5일 손주를 돌보는 것은 할머니들의 기억력 저하와 관련이 있었다. 이는 아이를 돌보는 것이 얼마나 과중한 부담이 될 수 있는지를 보여주는 결과이다. 코미디언이자 작가인 진 페렛 Gene Perret 은 다음과 같이 말한다. "내 손주들은 내가 세상에서 제일 나이가 많은 줄 알아요. 그리고 그 아이들과 두세 시간 함께 있으면 나도 역시 그렇게 믿게 되죠." 할아버지의 경우, 연구에 따르면 손주들과 의미 있는 관계를 갖고 있는 할아버지들은 우울증이 발병할 가능성이 낮아진다.[44] 손주를 보고 곁에 있는 것은 건강한 삶을 살기 위해 더 많은 의미와 동기를 부여할 수 있다. 조부모들 또한 자신들이 부모였을 때처럼 행동하지 않을 수 있다. 그들은 이제 손주들을 위해 쓸 수 있는 시간이나 돈 혹은 이 둘 모두가 자신들이 일하느라 바쁜 부모였을 때보다 더 많다. 그리고 이것이 다음 세대에 대한 보상과 관심을 집중시키는 하나의 방법이 될 수 있다.

조부모는 부모가 된 그들의 바쁜 다 큰 자녀들을 돕는 것 이상의 혜택이 있을 수 있다. 손주를 돌보는 일은 모두에게 더 큰 행복과 삶의 만족을 주는 데 기여할 수 있다. 한 가지 보상은 가정 안의 세 세대가 더 잘 연결될 수 있다는 것이다. 손주들 곁에 있으면 조부모들은 젊어진 것 같은 느낌을 가질 수 있고 자신의 자녀들이 어렸을 때의 시간들이 새록새록 떠오른다. 그리고 그 기억을 가족들과 공유하고 지식을 전달할 수 있다. 나의 장모님은 최근에 일주일에 한 번씩 손주들에게 라틴어와 수학을 가르치신다. 상호작용이 활발한 이 수업에서는 경영과 실제 수학을 배우기 위해 중고물품이나 장난감을 파는 가게로 현장학습도 가고, 학생들손주들은 장난감이나 옷을 선물로 받기도 한다. 할아버지는 자신의 여섯 명의 손주들 사진을 사실상 아무한테나 자랑스럽게 보여주며 이는 다른 할아버지들과 공통분모를 찾는 계기가 되기도 한다. 그는 또한 손주들의 농구 경기를 보면서 함성을 지르고 환호한다. 은퇴한 보람 중 하나는 손주들과 더 가까워질 수 있는 융통성이 생긴다는 것이다. 이것은 손주들, 부모들 그리고 조부모들 모두에게 이로움을 줄 수 있는 일이다.

이 장을 마치며

비록 많은 사람들이 은퇴를 자유 시간이 많아지는 것으로 생각하겠지만, 실제로는 바쁘지 않은 것을 의미하지는 않는다. 은퇴자들은 이제 평범한 일에 시간을 내버리지 않고 정말 중요하다고 생각하는 것에 집중하며 시간을 현명하게 사용할 수 있다. 우리가 정말로 좋아하는 것에 더 많은 시간을 쓰며 우리에게 기쁨을 주지 않거나 의미를 찾기 어려운 일에는 시간을 덜 쓸 수 있게 된다. 은퇴는 결승선이 아니며 완전히 은퇴하는 것만이 고를 수 있는 선택지의 전부는 아니다. 다른 형태의 은퇴는 여가 활동에 더 많은 시간을 쓰고, 그것이 가족의 일이든, 직장에서의 관심사이든, 취미이든 간에 더 중요한 일에 집중할 수 있다. 그러나 은퇴는 또한 사망의 주요 원인이 될 수 있고 정신적 불안과 혼란의 시간이 될 수 있다. 우리는 종종 은퇴의 심리적 측면을 고려하지 않고 재정적인 문제에 초점을 맞추지만, 은퇴자들이 은퇴 후에 가장 그리워하는 것은 사회적 연결이라고 보고한다. 오늘날 많은 노인들은 재취업을 하기도 하는데, 이는 바빠지고 싶은 욕구를 만족시키며 스트레스를 덜 받고 더 즐거운 직장에서 자신의 전문성과 관심을 적용할 수 있으며, 사회적 연결을 갖게도 한다. 노인들은 자신의 선택에 의해 어느 정도의 일을 하는 것은 일반적이며, 때로는 손주들을 돌보는 데에도 중요한 역할을 하기도 한다. 은퇴는 인생에서 도전적이면서도 만족스러운 시간이 될 수 있으며 은퇴하는 법을 배우고 그것을 즐기는 데 시간이 걸릴 수도 있다.

나이 들며 좋아지는 삶
성공적인 노화,
지금 시작하라

나이 들며 좋아지는 삶
성공적인 노화,
지금 시작하라

> 그것을 어떻게 사용하는지만 안다면 노년은 즐거움으로 가득하다.
>
> 세네카 Seneca 로마의 철인

노년을 가리키는 연령대가 계속 높아지고 있다. 실제로 90세 이상의 노인들이 가장 빠르게 성장하는 집단이다. 정말 중요한 것은 노년의 삶의 질이다. 이는 치매, 당뇨병 그리고 다양한 신체적 질병들이 현재와 미래에 노인들에게 주요한 과제가 될 수 있기 때문이다. "수명만 늘리지 말고 수명에 인생을 더하라."라는 문구는 특히 기대 수명이 증가하는 것을 생각하면 중요하다. 어떤 사람들은 우리가 장수하는 이유가 단순히 '좋은 유전자' 때문이라고 생각하지만 우리의 행동과 신념이 장수에 영향을 미칠 수 있다는 것은 명확하다. 신체적으로나 심리적으로 성공적인 노화를 더 잘 준비하기 위해서 우리는 지금 무엇을 할 수 있을까?

나는 어떻게 성공적인 노화가 어느 연령대에서나 시작될 수 있으며, 많은 다양한 방법으로 성취될 수 있는지에 관한 통찰을 제공하기 위해 이 책을 썼다. 노화의 신화, 역설, 심리에 대해 아는 것은 우리가 노화를 경험하는 방법에 영향을 미칠 수 있다. 재즈 뮤지션인 유비 블레이크 Eubie Blake 가 말하고 많은 이들이 상기했듯이, "만약 내가 이렇게 오래 살 줄 알았다면 나 자신을 좀 더 잘 돌보았을 텐데." 우리는 나이 든 가족과 친구들 그리고 노화의 다른 롤 모델의 삶을 관찰하면서 좀 더 일찍 노화에 대해 더 잘 알 수 있을 것이다.

결국 중요한 것은 태도이다

당신은 커서 무엇이 될 것이라 기대하는가? 우리가 어렸을 때 우리의 부모님, 선생님, 동료들 혹은 롤 모델이 기대를 설정한다. 아이들은 그러한 기대에 반응하고, 우리가 중년이 되어 우리의 노년이 어떤 삶이 될지를 생각할 때도 이러한 과정은 별반 다르지 않다. 우주비행사이자 상원의원인 존 글렌 John Glenn 은 이러한 생각을 다음과 같이 강화한다.

> 저는 사람들이 기대에 반응한다고 생각합니다. 그리고 이것은 어렸을 때부터 시작합니다. 어린아이들은 자신에게 기대되는 대로 자라는 경향이 있습니다. 우리는 나이가 들면서 다른 사람들이 나에게 거는 기대와 함께 자기 자신의 기대도 설정할 수 있다고 생각합니다. 일반 대중들은 일단 70세 정도 되면 내리막이 시작되고, 80대에는 정말 내리막이고, 90대가 된다는 것은 내 아내인 애니나 나처럼 단지 운이 좋은 것뿐이며 100세가 되는 사람은 거의 드물다고 생각합니다. 그러나 그러한 일반인들의 기대는 늘 내리막을 이야기하든 말든 간에, 나는 당신이

할 수 있고 할 수 없는 일에 대하여, 당신이 원하는 일에 대하여 당신 자신이 갖고 있는 바로 그 기대가 당신의 삶을 인도한다고 생각합니다.[1]

최근에 백혈병과 싸웠고, 이제 70대가 된 왕년의 농구스타 카림 압둘 자바 Kareem Abdul-Jabbar 는 『로타리언 The Rotarian』과의 인터뷰에서 다음과 같이 말했다.

나이는 태도와 관련이 있습니다. 우리가 늙을수록 죽음에 대해서 더 많이 생각하는 것은 자연스러운 일입니다. 하지만 끝이 임박했다는 것을 알면 우리 삶에서 무엇이 중요한 일인가에 대한 우선순위를 잘 정할 수 있고 그러한 우선순위의 일들을 즐기기 위해 더 많은 일을 하도록 동기를 부여합니다. 제 삶이 한정되어 있다는 것을 알게 되면 나는 친구들과 가족들을 더욱더 소중히 여기게 되고 그들이 나의 마음을 확실히 알 수 있도록 나 자신을 자극합니다. 나는 더 이상 나에게 중요한 일들을 하는 것을 미루지 않습니다.[2]

그는 또한 이제 막 80세가 된 요코 오노 Yoko Ono 의 "80세에 저는 새로운 인생을 시작하는 것 같은 느낌을 받아요. 첫 번째 인생에서 가지지 못했던 너무 많은 것들을 가질 수 있는 두 번째 삶이에요."라는 말을 인용하면서 다음과 같이 말했다.

그녀의 말은 우리 삶에서 이 새로운 시대를 보는 좋은 방법입니다. 우리가 젊었을 때는 무시하거나 간과했던 우리 자신의 그러한 부분을 표현할 수 있는 기회인 것이죠. 몇 가지 선택지에서 하나를 골라야만 하는 상황이 올 때 요즘 저는 어떤 선택이 저와 제 주변 사람들에게 가장 큰 기쁨을 주는지를 먼저 제 자신에게 묻습니다. 이렇게 물으면 새로운 것을 더 시도하게 되고 새로운 관계를 형성하고 내가 속한 공동체에 기여할 수 있는 새로운 방법을 추구하게 됩니다.

압둘 자바는 『우든 감독과 나: 코트 안과 밖에서의 50년의 우정 Coach Wooden and Me: Our 50-Year Friendship On and Off the Court』이라는 책을 썼다. 이 책에서 그는 우리가 나이를 먹을수록 역동적인 평생의 우정이 얼마나 중요한 것인지를 보여준다. 그는 또한 이 책에서 37살 연상이었던 우든 감독이 UCLA 시절과 농구 선수 이후의 본인의 삶에 얼마나 큰 영향을 미쳤는지에 대해 논한다.[3] 압둘 자바는 자신이 노년의 우든 감독을 어떻게 생각하는지를 설명할 때 어니스트 헤밍웨이 Ernest Hemingway 를 인용하며 다음과 같이 말했다. "당신이 나이가 들수록 영웅을 갖는다는 것은 점점 어려워진다. 하지만 꼭 필요한 일이다." 우리는 나이를 먹을수록 우리가 어떻게 노년기를 살아내야 하는지에 대한 안내를 해줄 수 있는 더 나이 드신 롤 모델에 대해 생각하게 된다. 일반적으로 우리가 어렸을 때는 노화의 과정이나 노년기의 삶이 어떨지에 대해 실제로 그 삶을 경험하기 전까지는 무척 순진한 생각을 가지고 있다. 우리의 경험은 우리가 일찍이 기대했던 것과 크게 다를 수 있다. 그러나 중년기에 우리가 가지고 있는 기대들은 나중에 닥칠 우리의 경험에 영향을 미칠 수 있는데, 이는 노화에 대한 태도가 매우 중요하다는 것을 시사한다.

기대 대 경험

2장에서 설명한 것처럼 행복감과 삶의 만족도는 노년기에 상당히 높은데, 종종 중년기보다도 더 높을 수 있다. 이는 이른 바 '삶의 질의 역설'을 나타낸다.[4] 노인들은 건강의 변화와 연관된 다양한 어려움과 노화와 연관된 기능적 감퇴에 직면해 있음에도 불구하고 이들의 주관적인 삶의 질은 아주 높다고 보고된다. 젊은 사람들은 노년기에 있는 노인들의 감정을 정확하게 예측하지 못하는 것 같다. 심지어 자신이 노년기에 다다랐을 때의 본인의 감정도 말이다. 사실 젊은 사람들이 노화에 대해 기대하는 바는 때때로 실제 노인들이 보고하는 것과 일치하지 않는다. 한 대규모 연구에 따르면,[5] 75세 이상의 노인들 중에서 80% 이상이 행복하거나 아주 행복하다고 보고한다. 이 노년층의 대부분은 본인들의 현재 삶의 경험을 젊은 성인들이 자신의 노후의 삶에 대해 기대하는 것보다 호의적으로 평가했다. 즉, 노인의 삶에 대한 기대와 실제 노인들이 경험하는 것 사이에는 눈에 띄는 간극이 존재한다. 기억력이 감퇴되고, 운전을 할 수 없게 되고, 공과금을 내느라 힘들어하는 일 모두 노인들에게 걱정거리이지만 이들은 젊은 사람들이 노년기에 기대하는 걱정과 비교하면 그 수준이 훨씬 낮다. 이러한 기대와 실제 경험 사이의 불일치를 보면 젊은 사람들이 기대하는 것만큼 노년기의 걱정거리가 심각한 것이 아니라는 것을 시사한다.

노화에 대해 당신이 가지고 있는 기대는 어떠한가? 다음 설문들에 대해서 당신은 얼마나 동의 혹은 동의하지 않는지 1점에서 10점 사이로 점수를 매겨보라. 1점은 '전혀 동의하지 않음'이고 10점은 '매우 동의함'이다.

- 인간의 몸은 자동차와 같아서 오래되면 닳게 된다.
- 나는 내가 늙을수록 친구와 가족들과 시간을 덜 보내게 될 것이라 생각한다.
- 외로움은 단지 사람이 늙으면 나타나는 것일 뿐이다.
- 사람은 늙을수록 걱정이 많아진다.
- 당신이 늙으면 우울해지는 것은 일반적인 일이다.

'노화에 대한 기대'조사로 알려진 이 설문조사는 노화를 얼마나 긍정적 혹은 부정적 관점에서 바라보는가를 측정하기 위해 사용된다.[6] 만약 당신이 위에 제시된 설문들의 대부분에 대해 동의하지 않는다면 당신은 노화에 대해 상당히 긍정적인 관점을 가지고 있는 것이다. 노화에 대한 우리의 믿음은 여러 가지 중요한 건강 행동을 예측한다. 예를 들어, 이 조사에서 높은 점수를 얻은 것으로 나타난 사람은 노화에 대한 부정적 기대를 가지고 있는 것인데, 이는 노년기에 건강을 관리해야 한다는 것을 중요하다고 믿지 않는 경향이 크다. 게다가 노화에 대해 더 긍정적인 관점을 가진 의사들은 노인들에게 단순히 약만 처방하는 것이 아니라 예방 의학적 관점에서 환자들을 더 많이 상담할 가능성이 크다.[7] 그러므로 당신이 노년이 되었을 때 어떤 의사를 찾아가야 할지를 결정해야 한다면 노화에 대한 기대를 묻는 위의 문항들을 의사에게 물어볼 수 있다. 노화에 대해 우리가 갖는 관점은 또한 우리가 얼마나 오래 살기를 원하는지에 달려 있기도 하다. 연구에 따르면 사람들이 일찍 80세 이전 죽고 싶은지 혹은 오래 90세 이상 살고 싶은지에 따라 일찍 죽고 싶은 사람은 노화에 대한 부정적인 기대에 대한 믿음이, 오래 살고 싶은 사람은 반대의 믿음이 크다고 한다.[8] 그러므로 노화에 대한 우리의 기대는 우리가 어떻게 나이가 드는지, 얼마나 오래 사는시 그리고 노년기에 무슨 일을 하는지에 영향을 미칠 수 있다.

노화에 대한 부정적 고정관념을 피하는 법

최근의 몇몇 연구들은 노화에 대한 고정관념이 우리의 신념과 어떻게 나이가 드는지에 영향을 끼치는가를 보여준다. 노인들은 노화에 대한 기대가 자신의 행동을 편향되게 만드는 '고정관념 위협'에 영향을 받는다. 이는 노년기에 노인들이 어떻게 행동해야 하는지에 대한 불안과 자기 충족적 예언으로 이끈다. 만약 당신이 의사의 진료실에 있는 노인이라면 그리고 그 의사가 이제 당신의 기억력을 테스트할 것이라는 소리를 들으면 치매에 대한 암묵적인 기대가 생길 수 있고, 사람들은 그 검사에서 더 낮은 수행을 보인다. '치매 선별 검사'라고 이름 붙은 기억 검사를 실시하는 것 자체만으로도 불안감을 자아내는 경험을 할 수 있다. 영국에서 수행된 한 연구에 따르면,[9] 이러한 고정관념 위협이 없는 상황에서 검사를 받은 노인들은 검사자의 14%가 치매의 기준에 부합되었지만, 고정관념 위협이 있는 상황에서는 무려 검사자의 70%가 치매의 진단 기준을 충족시켰다. 즉, 만약 의사가 치매나 알츠하이머 질환과 같은 단어만 사용하더라도 환자에게 불안을 야기하고, 노인들이 이런 조건에 해당하는 것처럼 행동하게 할 수 있다.

고정관념 위협은 다양한 방식으로 유도될 수 있다. 젊은 의사가 당신의 기억력이 어떤지, 나이가 얼마인지 묻는 것만으로도 당신이 무언가를 잊어버리게 만들 수 있다. 또한 이러한 임상적 환경 자체가 치매의 발병 여부를 평가하는 검사의 수행에 부정적 영향을 준다. 이러한 고정 관념 위협을 피할 수 있는 방법들도 있다. 노화에 대한 부정적 고정관념을 단순히 덜 믿는다든지, 당신의 실제 나이보다 더 젊게 느낀다든지(이 것이 사람들이 나이를 속이는 이유이기도 하다), 부정적 고정관념을 가진 사람들과 함께 지내지 않는다든지, 끔찍하게 걱정되거나 놀랄 만한 고정 관념들을 찾아내지 않는 것 등이다. 예를 들어, 80세의 노인들은 수년 간 계속 뭔가를 잃어버려왔기 때문에 어떤 일을 망각하는 것에 대해 크 게 신경 쓰지 않을 수도 있다. 그래서 그들은 고정관념 위협에 의한 불안 을 경험하지 않는다. 반면에 60세의 성인은 이러한 기억의 망각은 나이 가 들면 자연스럽게 일어나는 일임에도 불구하고, 이러한 기억력 감퇴 나 치매에 대해 훨씬 더 큰 걱정을 할 수도 있다.

단지 성공적인 노화에 대해 책을 읽거나 이야기를 한다고 해서 당신 이 노화에 대해 긍정적인 관점에서 생각하도록 만들지는 않는다. 당신 은 아마도 성공적인 노화의 예는 아주 드물고 특이하다고 생각하며 노 화 과정에 대해 전반적으로 부정적 신념을 견지할 수도 있다. 한 연구에 서[10] 두 집단의 노인들이 컴퓨터 화면을 보면서 화면 안에 있는 점을 찾 아 버튼을 누르는 과제를 하였다. 표면상으로 이 과제는 아주 평범한 과 제이다. 하지만 한 집단의 참가자들에게는 알려지지 않은 채, 노화에 대 한 긍정적인 단어(예, 활발한, 적극적인)들이 화면에 아주 잠깐 동안 제시 되었다. 그래서 참가자들은 이 단어들이 나왔는지도 알아차리지 못하 였다. 반면에 다른 집단의 참가자들은 이런 역치하 자극들을 화면에 제 시받지 않았다. 그런데 단지 이런 단어들을 아주 잠깐 동안 제시한 것만 으로도 이후 행동에 영향을 주었다. 긍정적인 단어를 통해 긍정적인 고 정관념을 '암묵적으로' 혹은 '역치하 수준으로' 활성화시킨 첫 번째 집단의 참가자들은 이 실험이 끝난 뒤 몇 주 후에 실시한 조사에서 노화에 대해 더 긍정적인 태도를 갖는 것을 관찰하였다. 게다가 이 첫 번째 집단의 참가자들은 긍정적인 단어를 제시받지 않은 두 번째 집단의 참가자들에 비해 더 뛰어난 신체적 능력을 갖고 있었다. 이것은 1분에 의자에서 몇 번이나 앉았다 일어났다를 할 수 있는지로 측정하였다. 그러므로 노화에 대해 긍정적인 고정관념을 활성화시키는 것은 신체적 건강에 이로움을 줄 수 있으며 성공적인 노화에 장기적인 영향을 미칠 수 있다. 단지 몇 가지 단순하지만 미묘한 기억들이 성공적인 노화를 촉진하는 좋은 방법이 될 수 있다.

이제 나이를 먹어가면서 부모들은 자기 자녀에게 인생에 대해 가르칠 책임을 갖게 된다. 하나의 중요한 교훈은 노년의 삶이 얼마나 좋을 수 있는지에 대한 본보기를 보여주며 그들이 자신들의 노년을 준비하도록 도전하는 것이다. 단지 노화에 대한 긍정적 고정관념을 갖도록 하는 것이 성공적인 노화로 이끌지는 않지만 노인으로서 겪는 다양한 장애로부터 회복하는 데 걸리는 시간에 영향을 줄 수는 있다.[11] 그러므로 몸과 마음의 연결은 우리가 노화에 따른 다양한 신체적 어려움에 직면했을 때 중요한 역할을 할 수 있다.

노년기의 롤 모델과 성공적인 노화

나이 많은 노인들 중에 당신의 영웅 혹은 롤 모델은 누구인가? 그들의 살아온 인생을 존경하는 다섯 사람의 이름을 생각해보라. 그리고 당신 자신의 인생에서 본받고 싶은 자질들이나 특성을 선택해보라.

내가 학교에서 수업시간에 학생들에게 성공적인 노년의 삶을 사는 노인들의 이름을 생각해보라고 물으면 다양한 대답이 나온다. 본인의 할아버지, 정치인, 선생님, 도서관 사서, 연기자로부터 '절대 은퇴할 것 같지 않은' 회계사, 교수, 감독 그리고 가족과 친구들까지 말이다.

롤 모델에 대해 생각하는 것은 우리 모든 연령대에 도움이 될 수 있지만, 분명한 목표를 갖는 것은 중요하다. 목표 설정에 관한 연구는 단순히 목표를 글로 써보거나 명확하게 말로 표현하는 것이 당신이 목표를 달성하는 것을 더 쉽게 만들 수 있다는 것을 보여주었다.[12] 이러한 목표 설정은 구체적일 필요가 있다. 즉, '건강한 식습관을 갖기'라는 목표는 전반적으로 도움을 줄 수 있지만, '저녁 7시 이후에는 쿠키를 거의 먹지 말기'와 같은 더 구체적인 목표는 진정한 변화를 더 쉽게 이끌 수 있다. '운동을 더 많이 하기'는 일반적인 목표이지만 '아침 식사 전에 친구와 주 4회 걷기'는 더 구체적인 목표이다. '우정을 유지하기'는 좋은 일반적 목표이지만 '매주 금요일 아침에는 친구와 가족들에게 전화하기'처럼 특정 요일이 들어가면 더 구체적인 목표가 된다. 구체적인 목표를 가지면 그것을 이룰 수 있다. 왜냐하면 당신의 뇌에 어떻게 행동해야 할지에 대한 보다 명확하고 단순한 지령을 내릴 수 있기 때문이다. 머릿속이나 일정표에 이 구체적 목표를 상기하면 노년기에도 당신이 원하는 일과 당신이 되고 싶은 것을 더 잘 성취할 수 있다.

성공적인 노화가 표준이 될 수 있다는 것을 아는 것이 중요하다. 실제로 일부 연구자들은[13] 인구의 거의 90% 정도는 어느 정도 성공적인 노화를 이룬 것으로 간주할 수 있다고 제안한다. 지속적인 명성을 얻지 못하는 대부분의 평범한 사람들도 성공적인 노화를 이룰 수 있다. 많은 노인들은 자신의 가족과 미래 세대에게 영감을 주는 인생 이야기나 삶의 일화를 제공한다. 성공적인 노화는 삶의 목적을 갖는 것, 직업이든 취미든, 멘토가 되는 것, 가족과의 연결되는 것, 또는 영적인 확신과 같은 의미 있는 노화를 수반한다.

내가 노인들과의 인터뷰와 노화에 대한 나의 관심에 대해 사람들에게 말했을 때, 이들은 내가 인터뷰해야 할 더 많은 사람들을 생각해냈다. 그 목록은 매우 길었고, 이는 우리 사회에 성공적인 노년의 삶을 보내는 놀라운 인물들이 얼마나 많이 있는지를 보여준다. 성공적인 노화는 종종 정의하기 어렵지만, 세상에는 이러한 예들이 많이 있고, 롤 모델을 갖는 것은 우리가 그 목표를 더 잘 달성하도록 만든다.

당신의 인생사

재미없는 인생이란 결코 존재하지 않는다. 그것은 불가능하다. 가장 칙칙한 외관처럼 보여도 그 안에는 드라마와 코미디 그리고 비극이 있다.

마크 트웨인 Mark Twain 소설가

저는 당신이 말한 것을 사람들이 결국 잊어버린다는 것을 배웠습니다. 사람들은 당신이 한 일도 결국 잊어버립니다. 그러나 그들은 당신이 그들에게 어떤 감정을 갖게 했는지는 결코 잊어버리지 않습니다.

마야 안젤로우 Maya Angelou 미국의 시인, 가수, 인권운동가

우리 모두는 자신의 인생사가 있다. 우리 모두가 긴 회고록을 쓰지는 않을지라도 지금까지의 당신의 인생을 묘사하기 위해 약 500단어짜리

글을 쓰는 것은 유용한 연습이 될 수 있다. 중요한 요점은 무엇인가? 이 연습은 20분 안에 해낼 수도 있고 당신이 지금 직접 해볼 수도 있다. 나도 최근에 이것을 시도해보았고 이 글쓰기는 나를 돌아보게 만들었다. 이것은 무엇이 내 인생의 중요한 여정과 주제를 만들어왔는지를 이해한다는 측면에서 도전적이지만 이해를 분명하게 하는 작업이었다. 자신의 삶에 대해 쓰는 것은 과거뿐 아니라 자신의 미래에 대해서도 생각하게 할 수 있다. 현재의 이야기를 바탕으로 향후 10년 동안 무엇을 하고 싶은지, 혹은 어떤 새로운 일에 집중할 것인지에 대해 물을 수 있다. 나는 이 글을 쓰면서 즐거웠던 나의 일에 대해 서술하기는 했지만, 그것은 내 인생의 일부일 뿐이라는 것을 깨닫게 되었으며, 이 연습은 나의 관점을 바꾸는 데 영향을 미쳤다. 단순히 일이 아니라 나의 가족과 친구들, 일하면서 만난 많은 사람들이야말로 내 삶을 더 지속적이고 풍요롭게 한다는 것을 깨달았다.

우리의 가족과 가족 이야기를 배우는 것은 다음 세대에 영향을 미칠 수 있다. 인생사를 기록하는 것은 여러 가지 이유로 가족 구성원에게 중요할 수 있다. 바로 지금이 당신의 인생에 대해 쓰고 생각할 최적의 시간이다. 이 일을 시작하는 한 가지 방법은 '지시적 자서전 guided autobiography'이라 불리는 구조화된 프로그램을 이용하는 것이다. 지시적 자서전 프로그램은 자신의 인생 경험을 회상하고 그것을 글로 담아 소규모 집단에 공유할 수 있는 기회를 제공한다. 다른 사람들이 당신에 대해 더 많이 배울 수 있도록 당신의 이야기를 어떻게 잘 만들 수 있는지를 강조한다. 지시적 자서전 프로그램은 노인학자 제임스 비렌 박사 Dr. James Birren 가 개발하여 40년 이상 사람들이 자신의 인생사를 기록하는 것을 돕는 데 사용되고 있다.[14] 참가자들은 경험 많은 선생님의 도움을 받아 주제를 안내받고 때로는 잊어버린 핵심 생활 사건의 기억을 불러일으킬 수 있는 질문들을 받는다. 이 참가자들은 매주 자신의 삶에서 특정한 주제에 대해 두 페이지짜리 글을 써야 한다. 수업시간에 자신이 쓴 글을 가져와서 수용적인 학생들이 모인 작은 집단에서 함께 읽는다. 다른 사람들에게 자신의 인생에 대해 쓴 글을 공개하는 것은 인생에서 새로운 의미를 찾고 자신의 인생의 사건을 새롭게 바라보는 이상적인 방법이다. 자신을 발견하는 이 여행에 서로서로 연결되어 이 프로그램에 참여하는 사람들은 종종 이러한 '집단 경험으로 인해 활기를 띠게 되었다'고 느끼고 자신과 다른 사람의 삶에 대해 더 크게 감사하게 된다. 이 프로그램을 치료로 볼 수는 없지만, 자존감, 자기 확신 그리고 공동체의 사람들과 가족들 안에서 의사소통을 향상시키는 데 강력한 기폭제가 될 수 있다.[15] 게다가 당신보다 나이가 어린 가족 구성원은 이러한 기록된 보물인 이야기와 인생사를 더욱 즐거워하고 소중히 여기게 될 것이다. 종종 우리는 어떤 사람의 인생사를 들음으로써 그 사람의 삶을 이해하고 평가하는 것이 더 쉽다. 우리의 인생사는 우리가 누구인지를 규정하며, 이러한 형태의 서술심리학은 특히 노년기에 더 풍부하고, 분명하며 중요하다.

우리의 인생을 기록하는 또 다른 방법은 젊은 세대가 나이 든 세대를 인터뷰하는 것이다. 예를 들어, 손주들이 조부모와 이야기하는 것과 같이 말이다. 손주들은 조부모에게 그들의 어린 시절에 대해서 물어볼 수 있는데, 예를 들어 무슨 책을 좋아했는지, 어떤 장난감을 가지고 놀았는지, 어떤 허드렛일을 했는지, 무슨 실수를 했는지 그리고 자신의 직업과 가정생활에 대해 어떻게 회고하는지 등의 질문이다. 조부모들을 또한 그들의 손주들이 미래에 무슨 일을 할 것으로 기대하는지 질문을 받을 수 있으며, 어쩌면 이러한 기대를 통해 손주들에게 힘을 실어줄 수도 있다(존 글렌이 제안한 것처럼 말이다). 때로 당신은 사람들의 가족과 대화함으로써 그들에 대해서 가장 많이 배운다. 나는 존 글렌의 손자인 UCLA 대학원생 다니엘 글렌 Daniel Glenn 과 대화함으로써 존 글렌에 대한 특별한 것들을 배웠다. 다니엘은 그의 할아버지와 가족에 대한 가슴이 따뜻해지고 영감을 주는 이야기를 나에게 들려줬고, 가족 중 연장자들이 여러 면에서 어떻게 롤 모델이 될 수 있는지를 보여주었다.

우리는 또한 다음 세대를 위한 중요한 본보기를 보여주는데, 먼저 우리의 행동에 의해서, 또한 우리의 삶을 역사적 맥락에서 기술하는 것도 본보기가 될 수 있다. 내 자녀들은 내가 글을 쓰는 것을 보고, 오늘 글을 어떻게 써야 되는지에 대해 듣는다. 그러면 이 아이들도 글을 쓰기 원하게 된다. 가족 중 하나는 책을 쓰고 있고, 또 다른 사람은 편지나 이메일을 쓴다. 그러면 가족 중 가장 어린아이는 벽에다 뭔가를 쓰고 있다. 의도하지 않아도 이러한 본보기를 통해 이끄는 것은 다른 사람들이 자신만의 창의적인 방식으로 그 본보기를 따르게 할 것이다. 성공적인 노화는 미래 세대를 위한 본보기에 의해 이루어질 수 있다.

세대 간에 서로 보완될 때: 가르치고 배우는 것의 이로움

언젠가 마을버스에 탑승하는데, 옷을 잘 차려입은 할머니 한 분이 한 무리의 사람들에게 25센트짜리 동전을 바꿔줄 잔돈이 있는지 물었다. 버스 요금은 55센트였고, 그 할머니는 25센트짜리 3개가 있었다. 결국 누군가가 그 할머니에게 잔돈을 바꿔주겠다고 했고, 나중에 버스에서

이 할머니 옆에 앉은 한 젊은 여학생이 할머니와 이야기를 하기 시작했다. 그들이 하는 대화가 너무 재미있어서 나는 계속 이들의 이야기를 듣고 있어야만 했다. 먼저 그 학생은 이 할머니에게 25센트짜리 동전을 더 적은 동전들로 바꿔달라고 하는 사람이 많지 않다고 말했다. 그러자 할머니는 웃으며 사실 다음 버스를 탈 때도 잔돈이 필요했다고 하면서 자기가 사람들에게 그런 부탁을 한 논리를 설명하였다. 학생은 할머니가 잔돈을 바꿔달라고 하시는 그 용기에 감탄했다고 말했다. 이 여학생은 자신이 음악 인류학을 전공하고 있는 UCLA 신입생이라고 할머니께 자신을 소개했고, 그들은 이 학생의 전공에 대해 그리고 나중에 무슨 일을 하고 싶은지에 대해 이야기를 나누었다. 대화가 이어지면서 이 할머니도 자신에 대해 더 많은 것을 학생에게 말해주었다. 지난 40년간 간호사로 일했고 이전에 자신도 UCLA의 학생이었으며, 오늘 어디까지 가는지도 말이다. 사실 그들은 20분 동안의 버스길에서 친구가 된 것 같았고, 연락처도 주고받았다. 그날은 이 학생이 학교를 다닌 지 일주일이 채 되지 않은 날이었기 때문에 자기가 가야 할 건물로 가기 위해 어디서 내려야 하는지를 잘 몰랐다. 이 할머니는 아주 자세하게 길을 가르쳐주면서, 자기가 학교에 마지막으로 있었던 이후로 몇 가지 상황이 바뀌었을 수도 있다는 점도 역시 알려주었다. 이 둘의 상호작용을 조용히 바라보면서 무척 인상이 깊었는데, 어떻게 이 어린 학생이 나이 든 할머니에게 그런 관심을 가져주었는지, 그리고 이 둘이 이 상호작용을 통해 서로가 얼마나 많은 이로움을 얻었는지를 생각해보니 말이다.

공원에서 어린 손주들을 돌보는 할아버지, 할머니들을 관찰하는 것은 아주 흥미롭다. 이들은 굉장히 책임감이 강하고, 주변 경계를 잘하며, 자식들에게 무슨 일이 있었는지 말해줄 의무를 느껴서인지 지나치

나이 듦의 이로움

게 조심스럽기까지 하다. 반면에 부모들은 (과잉보호를 하는 부모들은 아니겠지만) 아이들이 마음대로 뛰어다니고 거칠게 행동할 때도 전화를 하거나 문자메시지를 보내는 경우가 더 많다. 우리는 조부모들이 어린 부모들처럼 빨리 달릴 수 없거나 빠르게 반응할 수 없다고 생각할 수도 있지만, 그들의 지난 수십 년 동안의 육아 경험은 손주들을 돌볼 때 특히 가치 있을 수 있다.

미국 문화에서는 통상적으로 조부모들이 손주들과 같은 집에서 함께 살지 않는다. 그러나 다른 문화권에서는 이런 경우가 일반적이고 분명한 이로움도 있을 수 있다. 조부모가 손주들을 돌볼 경우 갈등이 있을 수도 있다. 예를 들어, 유기농 식품의 이로움에 대해 자식들과 논쟁하며 조부모들은 "우리 때는 유기농 식품 같은 건 있지도 않았다(혹은 그때는 전부 유기농이었다)."라고 말하곤 한다. 또한 육아에서 중요하게 생각하는 부분이 시간이 흐르면서 바뀌었을 수도 있다. 이는 다른 시대를 살았던 조부모의 관점과 요즘 부모의 관점 사이의 갈등을 이끌 수도 있다.[16] 조부모와 부모 사이에는 시간에 따라 변하는 다양한 쟁점에 대해 갈등이 있을 수도 있지만, 조부모들은 평생토록 인상 깊을 것을 남겨줄 수 있으며 부모와 손주들에게 최고의 선생님이 될 수도 있다.

젊은 사람과 노인은 서로 다른 스케줄과 관점 그리고 관심사 때문에 확실히 갈등이 있을 수 있다. 하지만 이들의 교훈적인 상호작용을 통해 주변 사람들뿐만 아니라 젊은이와 노인 모두 많은 것을 얻을 수 있다. 나는 이 책을 쓰기 위해 했던 많은 인터뷰들을 통해서도 많은 것을 배웠지만, 열정적이고 지혜로운 노인들로부터의 지도를 통해서도 많은 상호작용을 해왔다. 나의 박사과정 지도교수였던 퍼거스 크레이크 Furgus Craik 는 70세가 넘었고, 내가 대학원을 다닐 때 공식적으로 대학교수직에서 은퇴했지만, 여전히 연구자이지 학자로서 왕성하게 활동하고 있다(그리고 스코틀랜드에서 나온 최고의 음료에 대한 감식가로 역시 활동 중이다). UCLA에서 나는 존경받는 동료인 로버트 비요크Robert Bjork 와 학습과 기억에 관한 대학원 수업을 함께 가르친다. 그는 이제 70대 후반이고 공식적으로는 은퇴를 했지만 여전이 학계에서나 골프를 치는 데 아주 활동적이다. 우리는 함께 이 수업을 거의 10년간 가르쳐오면서 서로에게 더 많은 것을 배운다. 후배 교수들과 일할 때도 그렇지만 선배 교수와 함께 일하면 많은 이로움이 있다. 학생들은 우리의 교육방식과 연구 경험들을 비교하고 대조하는 것을 좋아한다. 비요크는 나보다 훨씬 더 많은 일화들을 알고 있고, 나도 다른 수업 시간에 그 일화들을 활용한다. 이러한 협력은 또한 85세의 정신과 의사 지미 홀랜드Jimmie Holland 와 50세의 임상 심리학자 민디 그린스타인Mindy Greenstein 사이의 독특한 협업에서도 잘 나타난다. 이들의 협업의 결과, 그리고 홀랜드의 20대 손녀와 한 독서 동아리의 다양한 노인 회원들의 통찰력이 더해져서 노화 과정에 대한 영감과 통찰이 담긴 『갈수록 더 가볍게Lighter As We Go』라는 책이 탄생하였다.[17]

일반적으로 다른 연령대, 다른 배경, 다른 관점을 가진 사람들 사이의 협력은 경험을 더 풍부하게 하며 창의적인 생각을 낳게 할 수 있다. 견습 제도는 젊은 사람들과 노인들을 연결하여 노화에 대해 더 잘 이해하게 하고 대중문화나 역사적 사건에 관한 지식과 정보를 전달할 수 있게 만든다. 예를 들어, 뉴욕의 새로운 주거 프로그램은 뉴욕대학교 근처에 남는 방이 있는 아파트를 소유한 노인 거주자들과 젊은 대학생들을 연결시켜준다. 이 프로그램은 독특한 세대 간 주거 공유의 상황을 제공한다. 노인들은 자신들 옆에 젊은 학생이 있음으로 해서 얻는 이로움이 있으며 방을 빌려줘서 월세도 더 받을 수 있게 되었고, 젊은 학생들은 박식하고 성숙한 어른과 함께 있을 수 있다. 이러한 형태의 프로그램은 현재 미국의 많은 주에서 인기가 있다. 일리노이 주의 세대 간 주거 공유 프로그램에 참여한 한 젊은 학생은 다음과 같이 말했다.[18]

> 저와 비슷한 나이 대의 학생과 함께 산 적이 있었는데, 별로 긍정적인 경험은 아니었어요. 그런데 어르신들과 함께 사는 여기서는 모든 사람들이 다 서로 친해요. 함께 스타 트랙 시리즈도 보고, 모두들 정말 느긋하죠. 제가 여기서 해야 되는 가장 중요한 일은 식료품을 사는 거예요.

이러한 형태의 세대 간 주거 공유 환경은 두 세대의 사람들 모두에게 특별한 이로움을 제공하며, 세계의 다른 지역에서도 인기를 얻고 있다. 젊은 사람과 노인이 함께 가정을 꾸리는 것은 당사자들 모두에게 이상적인 생활환경이 될 수 있는 것 같다.

균형, 사랑 그리고 걱정하지 않기

균 형

존 우든 John Wooden 은 세상에서 가장 중요한 두 개의 단어는 바로 균형과 사랑이라고 말했다. 우리는 전 생애에 걸쳐 균형을 위해 씨름하며 산다. 사회생활, 공부, 일, 직업, 가족, 소비, 감정에서 균형이 필요하다. 그리고 인생의 후반기에, 특히 나이 든 어른들에게 극도로 중요한 신체의 균형을 잘 잡는 것까지 말이다. 균형을 잘 못 잡아서 넘어지는 것은 노년기 사망의 주요한 원인 중 하나이다. 나사NASA에서 연구하는 심리학자인 스티브 캐스너Steve Kasner가 자신의 책『주의: 상처 입기 쉬운 마음을 위한 사용 설명서 Careful: A User's Guide to Our Injury-Prone Minds』에서 제안했듯이, 낙상은 예방 가능하며, 노화 자체가 낙상의 원인은 아니다. 여전히 아주 활발한 연령 집단인 50대나 60대에서 낙상이 가장 흔하게 발생하는 것으로 보아 낙상은 노쇠한 노인들의 전유물이 아니다.[19] 사람들은 걷거나 말하거나 전화를 할 때 종종 산만해지고, 이런 상태로 걷다보면 균형감각을 잃어서 넘어지게 될 수 있다. 단순히 조심하는 것으로는 충분하지 않을 때도 있다. 왜냐하면 우리는 균형을 잘 잡는 데 힘써야 하기 때문이다. 균형이 잘 잡히면 생명을 구할 수도 있다. 균형이라는 단어의 진짜 의미는 우리 삶의 여러 가지 중요한 측면을 포괄한다.

농구 감독으로서의 성공에도 불구하고, 존 우든John Wooden은 좋은 부모가 되는 것이 첫 번째로 중요한 역할이고, 그다음이 선생님 그리고 그다음이 감독의 역할이라고 말했다. 이러한 역할들 사이에 균형을 찾는 것이야말로 우리 인생에서 가장 어려운 일 중 하나일 것이다. 고등학생이나 대학생이든, 일이 많은 직장에 다니든, 부모가 되든, 직장에서 은퇴를 하든 간에 균형을 잡는 것은 어렵다. 여유 시간이 많을 때조차도 균형과 잘 짜인 계획이 필요하다. 우리는 종종 아주 단순한 경험도 균형 잡힌 방식으로 이루어질 때 얼마나 즐거울 수 있는지를 인식하지 못한다. 이러한 활동들을 균형 잡힌 생활 방식에 맞출 필요가 있기 때문에 성공적인 노화와 연결될 수 있는 모든 활동에도 똑같이 적용될 수 있다. 육체적이든, 정신적이든, 정서적이든 균형은 성공적인 노화를 위해 중요하다.

사 랑

　사랑은 어떤 연령대의 사람들에게도 중요하다. 존 우든은 50년간 결혼 생활을 하고 73세로 세상을 떠난 아내 넬^{Nel} 이 있었다. 그는 그 혼자만의 이름이 아닌, 자신의 아내의 이름도 함께 넣어 UCLA 농구 경기장의 이름을 지어야 한다고 주장했다. 그는 또한 넬을 떠나보낸 후 25년 동안 매달 한 번씩 그녀에게 편지를 썼고, 자신의 집의 침대에 그녀의 자리를 항상 비워두었다. 많은 노인들은 사랑할 사람을 찾아야 한다고 공개적으로 이야기하는데, 이는 노화와 즐거운 삶을 위해 중요한 부분이기 때문이다. 그리고 더 빨리 찾을수록 더 좋다. 예를 들어, 존 글렌은 그의 아내 애니^{Annie} 를 아장아장 걸을 때부터 만났다. 그리고 그들은 70년간 결혼 생활을 했다.

　모든 연령대의 사람들은 사랑을 찾고, 노인들도 온라인을 통해 사람을 만나는 등 사랑을 찾는 방식이 더 젊어지고 있다. 나이가 들수록 정서적 표현을 더 잘하게 되는 것 같다. 노인들은 의미 있는 관계에 더 감사하고 자신의 느낌을 다른 사람에게 이야기하는 데 더 거리낌이 없다. 단지 '나는 당신을 사랑합니다'라는 말을 듣는 것도 가장 중요한 메시지 중 하나가 될 수 있다. 그것이 배우자에게서든 자녀에게서든 손주에게서든 아니면 최근에 만난 의미 있는 파트너에게서든 어디로부터 오는 사랑이든지 간에 많은 노인들은 이 사랑의 가치를 인정한다. 특히 뉴스에서 접하게 되는 많은 갈등과 혼란이 있는 세상에서는 더욱 그렇다. 노인들은 나이가 들면서 더 깊은 감정 표현을 할 수 있기 때문에 감정적으로 부드러워지게 되는 것 같다.[20] 내가 우든 감독과의 인터뷰를 마칠 때쯤 내 임신한 아내가 그를 보기 위해 들어왔다. 그는 나에게 나는 저렇게 아름다운 배우자를 가진 것이 행운이라고 말해줬다. 그리고 인생에서 가장 중요한 것은 좋은 남편, 좋은 아버지 그리고 좋은 선생님이 되는 것이라고 덧붙였다. 그는 나에게 자신이 가장 좋아하는 시, '한 꼬마가 나를 따라오네 A Little Fellow Follows Me'가 적힌 종이를 한 장 주었다. 그러고 나서 그는 사랑스런 가족이 있다는 것은 인생에서 가장 좋은 것이라고 말했다.

정서의 상태는 우리가 나이가 들수록, 중요한 정서적 사건들을 인식하기 때문에 훨씬 더 중요해진다. 결혼식이나 유대교의 성인식 혹은 장례식에서 나이 든 어른들을 보라. 이들은 나이가 들면서 정서를 잘 표현하면서도 균형감 있고 깊은 정서 상태에 들어 있다. 노인들은 또한 이러한 중요한 정서적 사건들을 젊은 사람들보다 더 중요하게 여길지도 모른다. 왜냐하면 그들은 이 사건들의 중요성을 더 잘 알고 있기 때문이다. 정서 통제 역시 나이가 들면서 더 좋아지는 한 측면인데, 노인들은 자신의 정서를 더 잘 인식할 수 있기 때문이다. 이것은 단순히 정서를 숨기거나 적절하게 조절해서 표현하는 것만을 의미하는 것이 아니다. 때로는 더 간결한 방식이긴 하지만 정서를 논할 때 젊은 사람들보다 덜 억제하기도 한다.

파라마운트 영화사의 수장이었던 쉐리 랜싱 Sherry Lansing 은 그녀의 나이가 이제 70대이다. 그녀는 이제 노화가 주는 선물과 결손이 무엇인지 잘 알게 되었다고 말하면서 늙는다는 것에 대해 다음과 같이 말했다. "손실이 물론 더 크지요. 하지만 감사도 늘어나고 이제 작은 것으로 괴로워하지 않아야겠다고 더 결심하게 되는 것 같아요. 정말 중요하고 의미 있는 일만을 하는 법을 배우게 되죠. 인생의 마지막에 정말 중요한 것은 사랑과 인간관계뿐입니다."[21]

걱정 말고, 행복하세요

"너는 걱정이 너무 많아." 우리 아버지가 나에게 여러 번 말씀하시던 말씀이다. 자, 잘 생각해보자. 아버지도 내가 너무 걱정이 많다고 걱정하고 계신다. 부전자전이지 않은가! 이제 그는 80대시고, 내가 걱정이 많은 것에 대해서 덜 걱정하시는 것 같고, 자기 자신에 대해서도 덜 걱정하시는 것 같다. 내가 수백 명의 노인들을 인터뷰했을 때, 나는 이들이 가진 평온함에 깊은 인상을 받았다. 이것은 더 크고 훌륭한 인생의 측면을 바라보기 위해서 나 자신이 조금 더 긴장을 풀어야 된다고 느끼게 해주었다. 우리는 자신이 무엇을 통제할 수 있는지, 무엇을 감사해야 하는지 그리고 무엇이 걱정할 가치조차 없는 것인지 알 필요가 있다.

내가 인터뷰한 많은 노인들 중에서는 후회를 많이 하는 경우는 거의 없었다. 그러나 많은 사람들은 지금 생각해보면 아무것도 아닌 일에 대해서 왜 그렇게 걱정을 많이 했었는지에 대해서 이야기했다. 물론 이러한 자세가 그들을 성공적인 인생을 살도록 만든 하나의 요소일 수도 있다. 작은 것까지도 놓치지 않고 앞으로의 행동을 예측하며 실제로 실행되지 않을지라도 여러 가지 계획을 준비하는 것 등이다. 예를 들어, 농구 감독으로서의 존 우든은 강박적인 계획을 가지고 연습을 지도했고, 그의 선수들을 위한 다양한 규칙과 지도를 시행했는데, 그의 선수들 중 몇몇은 우든을 너무 사소한 것까지 신경 쓰는 지도자라고 평가할 정도였다. 그러나 그 결과는 인상적이었다. 선수들도 많이 발전했으며 팀은 여러 차례 우승컵을 들어올렸다. 그리고 수년이 지난 후 우든한테 지도받았던 선수들은 그가 얼마나 많은 삶에 대한 중요한 교훈을 자신에게 가르쳐주었는지를 이야기한다. 나이를 먹으면서 노인들은 그저 순간순간을 사는 것이 아니라 계획을 세우고 미래에 대해서 생각한다. 하지만 이들은 자신이 통제할 수 없는 것들에 대해 초조해하거나 지레짐작하는 경향이 적다. 마크 트웨인Mark Twain은 이러한 지혜를 다음과 같이 표현했다. "저는 이제 늙었습니다. 그리고 인생에는 수많은 걱정거리들이 있다는 것도 알죠. 하지만 그 걱정들 중 대부분은 결코 일어나지 않습니다."

우리가 더 어렸을 때는 직장을 구하는 것, 은행 대출금을 갚는 것, 배우자를 만나는 것, 자녀를 양육하는 것 모두 걱정거리이다. 계획을 세우는 것은 도움이 되지만 걱정은 종종 꼬리에 꼬리를 물고 계속 커질 수 있고 여기서 나타나는 불안 때문에 인생을 즐기는 것을 방해하게 된다. 코넬대학교의 사회학 교수인 칼 필레머 박사Dr. Karl Pillemer는 수천 명의 노인들을 인터뷰하여 두 권의 책 『삶을 위한 30가지 교훈30 Lessons for Living』과 『사랑을 위한 30가지 교훈30 Lessons for Loving』이란 책을 썼다. 이 책에서 그는 자신을 걱정이 많기로는 세계적이라고 분명히 말했다.[22] 하지만 수많은 인터뷰를 바탕으로 내린 그의 결론이자 교훈은 대부분의 노인들이 아주 비슷한 생각을 가지고 있는데, 바로 '걱정을 멈추라'는 것이다. 만약 이들이 자신의 삶에서 어떤 후회가 있다면, 그것은 어떤 결실도 없이 미래에 대해 끊임없이 걱정하느라 그 소중한 순간들을 망쳐버린 그 과거로 돌아가고 싶다는 것이다.[23] 내 어린 딸은 분명히 이 교훈을 마음에 새겼는지, '걱정 말고, 행복하세요'라는 노래를 끝도 없이 흥얼거리며 다닌다. 확실히 자기 나이에 비해 현명한 행동이다.

노인 대상 사기를 피하는 법

성공적인 노년의 삶을 위해서는 무엇을 피해야 하고 어떤 사람을 피해야 하며 너무 듣기 좋아 믿기 어려운 말들이 무엇인지를 알아야 한다. 노인들은 종종 금융 사기나 기타 사기 행위의 표적이 된다. 이는 노인들이 시간과 돈이 있으며 사람들을 돕고 싶어 하는 진실한 마음을 가지고 있기 때문일 것이다. 노인들의 빈약한 기억력과 긍정적 정보에 집중하려는 성향은 (2장에서 행복에 관한 설명에서 언급했듯이) 자신들이 상을 타거나 행운을 잡았다고 생각하게끔 속기 쉽게 만든다. 일부 기업은 판매 사원들에게 나이 든 소비자들의 신뢰를 얻는 방법 속이는 방법 에 대한 훈련과 지식을 제공한다는 증거가 존재한다. 예를 들어, 'Alliance for Mature American'이란 회사는 캘리포니아에서 만 명의 노인들에게 2억 달러 이상의 신탁과 연금을 파는 데 잘못된 정보와 속임수를 사용해서 기소되었는데, 이는 특히 노인들을 타깃으로 하여 이루어졌다.[24]

성공적인 노년기를 보내는 한 가지 방법은 당신이 신뢰하지 않거나 가까이하고 싶지 않은 사람들 그리고 당신을 이용하려는 사람들로부터 멀어지는 것이다. 슬프게도 이런 사람들 중에는 가족, 친구 그리고 신뢰하던 동료들도 있다. 외로움 때문에 노인들은 이런 비윤리적인 기회주의자들 혹은 노인들의 이익에는 관심조차 없는 사기꾼들과 관계를 맺는 것 같다. 일부 연구들은 젊은 사람들도 노인만큼 이러한 사기의 피해자가 될 수 있다는 것을 보여주지만,[25] 노인의 경우 이들이 축적된 자산이 있기 때문에 사기의 목표물이 되는 것 같다. 이제 미국 연방 수사국까지도 홈페이지[26]에 이러한 사기로부터 당신과 가족을 보호하는 특별한 방법을 알려놓을 정도로 문제가 심각해지고 있다. 우리 모두가 이 사기꾼들의 먹이가 될 수 있고, 이들은 사기에 성공하기 위해 검증된 심리학적 기술들을 사용한다.

금융 사기의 전형적인 피해자가 55세의 투자 경험이 많은 남성이라고 일부 연구에서 보여주듯이,[27] 이것은 노인들에게만 국한된 문제가 아니다. 중년의 뇌는 유혹이 될 만한 보상에 긍정적으로 반응을 한다. 나이를 먹을수록 우리의 뇌는 보상에 대해 다양한 방식으로 반응을 하기 때문에 돈이 당신을 사기의 대상으로 만들 수 있다. 성공적인 노화에 대한 전통적인 정의에서는 사기를 핵심적인 문제로 고려하지 않지만, 이러한 사기는 피해자와 그 가족들의 삶을 파괴시킬 수 있고, 특히 재정적인 상황이 괜찮은 사람들의 경우는 반복적인 공격 대상이 될 수 있다. 노인들이 다른 사람을 더 잘 믿는 경우도 있지만, 누구를 신뢰해야 하는가를 결정하는 것은 연령에 상관없이 어려운 일이라는 연구 결과도 존재한다.[28]

사기꾼들은 아마도 사회정서적 선택 이론을 어느 정도 알고 있으며 이를 자신의 이익을 실현하기 위해 사용하는 것 같다. 이 이론에 따르면 노인들은 정서적인 목표에 더 우선순위를 두고 가까운 가족과의 관계를 유지하는 것을 중요하게 생각한다. 가족을 돕거나 해칠 수 있는 가능성을 수반하는 사기는 노인들에게 가장 효과가 있는 것 같다. 한 예로, 이제 80세가 넘은 나의 장인어른은 그의 딸이 납치되었다는 말도 안 되는 전화를 받았다. 그는 딸아이가 "아빠!"라고 소리 지르는 것을 전화기 너머로 들었다(적어도 그 소리가 딸의 목소리라고 생각했다). 납치범들은 그에게 5천 달러를 즉시 송금할 것을 요구했고, 그렇게 하지 않으면 딸을 가만두지 않을 것이라고 협박했다. 페이스북의 프로필을 이용해서 그 사기범은 딸의 개인 정보를 확인할 수 있었고, 이것이 장인어른으로 하여금 실제로 납치된 것으로 믿게 만든 것이다. 사회정서적 선택이론, 심지어 일반적인 상식으로도 나이 든 어른은 자신의 가족을 보호하기 위해서라면 어떤 일이라도 할 것이다. 스트레스를 많이 받는 취약한 상황에

나이 듦의 이로움

서 걱정하는 노인을 압박하면 이들은 비판적으로 생각하지 않고, 이런 유형의 사기에 굴복당할 수 있다.

사기를 피하는 한 가지 방법은 당신의 시간과 돈을 원하는 사람들로부터 자신을 분리시키는 것이다. 우리 할아버지는 전화를 끊는 것을 잘하셨는데, 심지어 가족들과 통화할 때도 마찬가지셨다! 시간을 전화하는 데 낭비하는 것을 싫어하셨고, 사업을 하시면서 규칙으로 정한 것은 모르는 사람을 신뢰하지 않는 것이다. 그러나 그는 강박적으로 경마와 복권을 하시곤 했다. 이메일로 우리를 꼬드기고 유인할 수 있는 오늘날 그가 어떤 삶을 사실지 확신할 수는 없다. 만약 우리가 모든 이메일 내용을 진지하게 받아들인다면, 많은 타임쉐어 형식의 콘도나 외국 복권을 사거나, 조금만 기부해도 되는 다른 나라의 고통받는 사람들을 돕는 것은 말할 것도 없고, 모든 종류의 금융 사기나 기타 사기에 속아 넘어갈 것이다. 그러나 이러한 위험에도 불구하고 모든 노인들이 취약하거나 사기의 쉬운 표적이 되는 것은 아니다. 최근에[29] 91세의 한 남성이 디트로이트에 있는 주차장에서 20대로 보이는 강도에게 폭행을 당했다. 이때 이 할아버지는 강도에게 자신이 총기 소지 면허가 있다는 것을 말해준 다음 강도를 향해 총을 꺼내 쏴 상해를 입힘으로써 정당방위를 했다. 우리가 자신을 보호하는 방법은 누구로부터 혹은 무엇으로부터의 보호인가에 따라 달라질 수 있다. 사기로부터 우리를 보호하기 위해 총이 필요한 것은 아니다. 예를 들어, 스팸 메일을 읽지 않는 것이나 통신판매 전화를 받지 않는 것만으로도 아주 효과적으로 사기를 막을 수 있다.

늘어서도 새로운 것을 배울 수 있을까? 마음가짐의 중요성

내가 사람들에게 잘 늙어가는 방법에 대해서 물으면 그들은 종종 실실 웃으며 농담 삼아 그저 "부모를 현명하게 골라야죠."라고 대답한다. 우리가 유전적인 특성을 지나치게 강조하는 것은 노화 과정에서 우리가 실제로 통제할 수 있는 많은 측면들을 과소평가하게 만들 수 있다. 가장 저평가되는 측면 중 하나는 가족이든 친구이든 돌보미든 다른 사람들과 기쁘게 서로 관계를 맺는 것이다. 나이가 들수록 이러한 사회적 관계를 더 높이 평가하고, 긍정적인 측면에서 사회적 지지는 종종 건강한 노화와 직접적으로 연결되어 있다. 따라서 위의 대답을 우리의 통제력을 강화하는 방식으로 변형시켜보면, '친구를 현명하게 선택하라'가 된다. 당신에게 중요한 사람들과 사회적으로 연결되어 있다는 것은 노년기를 행복하고 건강하게 보내기 위한 아주 저평가된 방법 중 하나이기 때문에, 노화에 대해 긍정적인 관점을 가지고 있는 친구들을 찾을 필요가 있다.

우리는 모두 나이 듦이란 어떤 것이고 나 자신의 노년기는 어떨지에 대한 생각을 가지고 있다. 노인들과 친하게 지내고 성공적인 노화에 대한 사례 연구들에 대해 읽는 것은 고무적일 수 있지만, 그저 그런 사례는 아주 특별한 경우이고, 일반적인 것은 확실히 아니라고 생각할 수 있다. 일반적으로 우리의 마음가짐과 기대는 우리 자신의 행동을 편향되게 하고 영향을 준다. 예를 들어, 당신은 나이 든 사람들이 새로운 재주를 배우고 새로운 시도를 하는 것을 즐거워한다고 생각하는가? 나이가 들면서 기억력이 감퇴되고 이는 어쩔 수 없는 일이라고 생각하는가? 스탠퍼드대학교의 심리학자 캐롤 드웩 Carol Dweck 은 사람들이 지능에 대해 갖는 두 가지 관점 혹은 마음가짐이 있다는 것을 보여준다. 하나는 '고착이론

나이 듦의 이로움

가'이고, 다른 하나는 '성장이론가'이다. 고착이론가들은 지능이란 대부분 고정되어 있어서 변화시키고자 하는 동기가 있고 학습이나 부가적인 연습을 한다 하더라도 쉽게 바뀔 수 없다고 믿는다. 반면에 성장이론가들은 능력을 성장의 관점에서 바라본다. 이들은 동기를 가지고 열심히 노력하면 무엇이든 개선할 수 있고 어려움을 극복할 수 있다고 믿는다.[30] 이 두 가지 태도는 노화에 대한 우리의 생각에도 여전히 적용된다. 한 부류는 노화를 감퇴의 분명한 과정이라고 생각하고 _{고착이론가}, 다른 부류는 우리의 기억력이나 인지 기능을 개선할 수 있는 방법이 있기 때문이 우리의 태도가 결과에 영향을 미친다고 생각한다 _{성장이론가}.

드웩이 제안한 이 두 마음가짐의 차이에 기초한 한 흥미로운 연구에 따르면 노화에 대한 마음가짐에 따라 새로운 연구 결과를 해석하고 이것을 어떻게 자신에게 적용하는가가 달라진다고 한다. 이 연구는[31] 기억 능력이 변화 가능하며 노년기에도 개선될 수 있다고 믿는 노인들은 기억 능력은 고정된 특성이라고 믿는 노인들에 비해 실제로 몇 가지 기억 검사에서 더 나은 수행을 보였다. 이 연구에서 참가자들은 먼저 뉴욕 타임즈 같은 신문에서 찾아볼 수 있는 뉴스 기사를 읽었다. 이 기사에서는 어떻게 노화된 뇌가 신경세포 사이에 새로운 연결을 만들고 새로운 뉴런이 만들어지는가에 대해 개관한 뒤, 노인들이 걷기를 하면 해마의 크기가 커지고 이로 인해 기억 능력의 개선이 나타날 수 있다는 결과를 보여주었다. 그리고 이러한 주장은 전 세계의 여러 연구실에서 나온 최신 연구 결과로 뒷받침되었다는 내용이 뒤따랐다. 노화와 기억에 관한 긍정적인 발견에 대한 이 짧은 기사를 읽은 후에 노인들은 실제 몇몇 기억 검사에서 더 좋은 수행을 보였다. 이러한 이로움은 긍정적인 연구 결과가 담긴 신문기사를 읽은 노인들에게 성장의 마음가짐이 활성화되었기 때문에 나타난 것이다. 실제로 이러한 긍정적인 결론이 나오지 않은 기사를 읽은 노인들은 기억 검사 수행에서의 이로움이 없었다. 나이가 들면서 뇌가 어떻게 더 좋아질 수 있는지에 대한 기사를 읽는 것만으로도 사람들의 기억 검사 수행을 더 좋게 하였다. 즉, 할 수 있다고 생각하면 아마도 할 수 있게 된다. 이는 노화 과정에 대해서 당신이 어떤 관점을 가지고 있느냐가 중요한 역할을 한다는 것을 보여준다. 이러한 유형의 연구 결과는 기대와 노화에 대한 존 글렌의 관점과 일치한다. 그는 우리가 나이를 먹으면서 기대를 갖게 되는데, 나 자신과 다른 사람이 나에 대해 갖는 기대에 기초해서 더 나아지기도 하고 더 떨어지기도 한다고 말했다.

잭 라레인 Jack LaLanne 은 항상 긍정적인 마음가짐을 가지고 있다. 그는 다음과 같은 고무적인 메시지를 모든 사람들에게 말한다. "삶에서 어떤 것도 가능합니다. 당신도 이룰 수 있습니다." 그는 자신이 항상 운동을 즐기는 것은 아니라고 말하면서 생존을 위해 운동을 해야만 하고 결국 이것이 열정으로 변했다고 한다. 실제로 한 연구에 따르면 자신의 나이를 65세로 느끼는 80세 노인과 같이 본인의 나이를 더 젊게 생각하는 사람들은 실제로 신체적 강도를 측정하는 과제에서 더 나은 수행을 보인다. 실제로 사람은 자신의 능력에 대해 고무적인 피드백을 얻음으로써 실제로 자신이 더 젊다고 느끼도록 할 수 있다. 한 연구에서,[32] 노인들이 처음에 악력 테스트를 한 뒤, 동료 노인들보다 더 나은 수행을 보였다는 피드백을 받으면 실제로도 같은 연령대의 참가자들보다 더 나은 수행을 보였다. 동일 집단과의 비교를 통한 긍정적 피드백을 받지 못한 노인들과 비교해서 긍정적 피드백을 받은 노인들은 실제 나이보다 본인을 더 젊게 느꼈으며 두 번째 악력 테스트에서 악력의 크기가 증가하는 것

　　　　　　　　　　　　　　　　　　　나이 듦의 이로움

을 볼 수 있었다. 따라서 당신과 비슷한 연령대의 사람들에 비해 당신의 수행 능력이 더 좋다는 이야기를 듣는 것만으로도 당신은 더 젊게 느낄 수 있을 뿐만 아니라 더 강해질 수도 있다. 이것이 바로 노년기에 긍정적인 사고와 체력을 연결시키는 잭 라레인 효과 같은 것이다.

성공적인 노년을 지금 바로 준비하라

노년기도 다른 모든 것과 똑같습니다. 성공적인 노년의 삶을 원한다면 젊을 때부터 준비하세요.

시어도어 루즈벨트 Theodore Roosevelt 미국의 26대 대통령

삶이 유한하다는 것은 우리 모두 안다. 그러나 많은 젊은 사람들은 실감하지 못하는 것 같다. 그러나 노년기는 우리에게 삶의 유한성을 인식하게 만드는 더 많은 이유를 제공한다. 나이를 먹으면서 우리는 암과 싸우며 불치병에 걸리고 삶을 위협하는 질병을 갖게 되며 결국 죽는다. 그리고 우리가 건강하다는 것에 감사해야만 한다는 것을 배운다. 삶에 대해 감사하는 것은 매우 중요하다. 사실 감사할 줄 아는 노인처럼 생각하는 것만으로도 당신을 더 행복하게 만들 수 있다.

우리가 젊을 때 우리는 노년에 대해 생각하는 데 많은 시간을 보내지 않는다. 젊은이들은 시간을 광대하거나 방대하다고 인식하며, 이로 인해 고등교육의 추구, 직업 선택권 모색, 인간관계 확충 등 미래 지향적 목표에 우선순위를 두게 된다. 노인들은 삶의 연약함을 더 잘 인식하고 남은 시간에 한계가 있다는 것을 안다. 결과적으로, 나이 든 어른들은 현재 지향적인 목표와 자신들의 정서적 안녕을 우선시한다. 따라서 나

이가 늘면서 사람들은 삶을 음미하고 기존의 관계를 즐기는 데 더 중점을 둔다. 연구 결과도 사회정서적 선택 이론에서 개관하는 생각들을 뒷받침하는데, 우리가 젊었을 때는 생존을 위한 목표가 더 많고, 나이가 들면서 정서적 목표가 더 많아진다. 그러나 젊은이들이 나이 든 사람처럼 한걸음 물러서서 세상과 인생을 바라보도록 하는 몇몇 방법들이 있다. 예를 들어, 2001년 미국에 대한 9·11 테러 공격과 2003년 홍콩에서 확산된 사스 전염병은 모든 연령대의 사람들에게 생명은 연약하다는 것을 일깨워주었다. 이러한 무서운 상황에 대응하여, 이 당시의 젊은 성인들은 그들의 정서적인 안녕을 극대화시키고, 가족과 함께 시간을 보내고, 현재를 즐기는 등 자신의 목표를 수정하여 나이 든 어른들과 유사한 목표를 갖게 되었다.[33]

이 책을 쓰면서 나는 내 안의 목소리에 귀를 기울이게 되었다. 이것은 바로 내가 인터뷰한 사람들의 목소리이다. 이 목소리들은 운동을 하고, 나 자신과 타인의 기대에 부응하고, 잘 먹고, 좋은 부모와 선생님이 되고 내가 부족하다고 느끼는 분야에 도전하고 실패를 두려워하지 않으며 내가 아끼는 사람들과 함께 있고 싶은 동기를 부여한다. 또한 이 목소리들은 내가 긍정적인 태도를 갖도록 하며 때로는 경제 대공황을 거쳐 제2차 세계대전을 미국에서 경험한 '가장 위대한 세대'[34]라 불리는 이 어른들의 관점으로 인생을 바라볼 수 있도록 했다. 이들의 관점은 연구 결과로 뒷받침되기도 하였다. 한편 이러한 통찰력은 이제 막 연구들이 묻기 시작한 더 많은 질문으로 나를 이끌었다. 그리고 종종 연구 결과보다도 사람들이 바로 그 영감의 목소리의 주인공인 경우도 있었다. 노인들이 해야 할 말을 듣는 것은 우리 자신을 더 잘 이해하고 삶에서 무엇이 중요한지를 알아내기 위한 동기를 제공할 수 있다.

이 장을 마치며

노화에 관한 많은 신화들이 있고 노년기에 대한 많은 역설들이 존재한다. 그리고 이것들은 우리가 실제로 노인이 되기 전까지는 정확하게 평가할 수 없는 것들일 것이다. 이 책은 이러한 신화와 역설들 중 일부를 보여준다. 이런 방식으로 우리는 우리가 늙어갈수록 좋은 것은 무엇이고 나쁜 것은 무엇인지, 그리고 노화에 대해 우리가 할 수 있는 일이 무엇인지 이해하고자 한다. 어쩌면 우리 모두는 노화 과정을 알아내기 위한 탐정들이 된 것이다. 우리 삶의 여러 시점에서 행복하고 건강하기 위해 젊음에 대한 욕구를 지나치게 강조하는 것 같다. 그리고 동시에 우리의 주관적 연령과 노화에 대한 태도가 장수에 미치는 영향에 대해서는 과소평가하는 것 같다. 성공적인 노화는 어느 연령에서도 시작할 수 있지만, 현실적으로 중년기야말로 노년에 대해 진지하게 생각할 수 있는 최적의 시기이다. 물론 유전의 영향을 무시할 수 없지만, 우리가 성공적인 노년의 삶을 살기 위해서 할 수 있는 일들도 많이 있다. 노년기는 곧 매우 '새로운 시대'가 될 것인데, 이는 부분적으로 인구의 구성비 중 노인이 차지하는 비중이 높아질 것이기도 하고, 언론에서 부각되는 대중의 존재 때문이기도 하다. 기술의 진보 때문에 우리는 더 건강하고 즐거운 노년을 보낼 능력을 갖게 되었다. 노년기가 가진 잠재적인 이로움에 대한 인식이 높아지면 어느 연령에서나 그 이로움을 최대한으로 성취하고, 길고 생산적이며 의미 있는 삶을 살기 위한 준비를 더 잘할 수 있다.

이 책을 마치며

나와 함께 늙어갑시다! 최고의 순간은 아직 오지 않았으니. 인생의
처음은 그 마지막을 위해 창조되었네.

로버트 브라우닝 Robert Browning 시인 '랍비 벤 에즈라'의 한 구절

이상적이고 성공적인 노화는 길고 즐거운 여행이다. 성공적인 노화
에 관여하는 유일한 방법이나 최선의 방법은 없다. 우리는 나이가 들수
록 관점이 넓어지고, 삶에 대한 감사가 있고, 우여곡절이 있으며 세상과
자신의 삶 속에서 어려움을 만난다. 우리는 종종 우리가 성취한 것이 자
신의 일생의 공헌을 규정한다고 생각할지 모르지만, 우리의 정서적 상
태, 즉 우리가 다른 사람들과 어떻게 상호작용하고 그들이 어떻게 느끼
도록 만드는지, 그리고 우리가 우리 주변의 사람들을 어떻게 더 나은 사
람으로 만드는지가 바로 우리가 삶에 어떤 공헌을 했느냐를 가장 잘 나
타낸다고 할 수 있다. 노인들을 인터뷰하고 노화에 관한 연구를 개관하
면서 내가 분명히 말할 수 있는 것은 롤 모델과 좋은 인간관계를 갖는
것이 우리를 성공하도록 만드는 것이고 더 오래 건강하게 살 수 있게 한
다는 것이다.

선구적인 야구 선수였던 재키 로빈슨Jackie Robinson 은 "다른 사람의 삶
에 영향을 주는 것이야말로 자신의 삶에서 정말 중요한 것이다."라고 말
했다. 내가 인터뷰한 노인들은 나를 비롯한 다른 사람의 삶에 영향을 주

어왔다. 우리가 어떻게 다른 사람들을 느끼게 하는지가 가장 중요한 교훈일지도 모른다. 부모로서, 조부모로서, 직장인으로서 혹은 자원봉사자로서 목적의식과 목표를 가지는 것은 우리의 수명을 연장시킬 뿐만 아니라 우리 주변 사람들에게 행복을 가져다줄 수 있다. 성공적인 노화는 실수, 역설, 목표 그리고 도전을 포함한다. 이러한 덕목이 바로 노화의 심리학, 우리가 어떻게 나이 들어야 하는지를 보여주는 교훈이라 할 수 있다. 노년기여 영원해라!

우리는 모두 늙고 있다

　우리는 모두 노인이 되는 훈련 중이다. 그리고 노년기에 접어든 노인들은 그 도전을 이겨냈다. 나는 내가 노년기에 접어들기 전에 이 책을 다 쓰고 싶다고 농담을 했는데, 사실 이 책을 쓰는 동안 엄청난 노화를 경험했고, 노화의 여러 역설에 대해 많은 것을 알게 되었다. 이 책에서 나는 노인들이 증언하는 노년기와 그 시기에 수반된 즐거움과 고통에 대해 과학적인 연구들이 시사하는 바를 통합하려고 애썼다. 중년기는 노년기에 대해 생각하기에 좋은 시기이다. 왜냐하면 이 시기야말로 성공적인 노화로 이끄는 습관을 발전시킬 수 있기 때문이다.

　많은 노인들과 교류하면서 나는 내 인생의 최고점이 아직 오지 않았는지도 모른다는 것을 배웠지만 어려움 역시 함께 찾아온다. 내 기억력도 예전 같지 않고 중요한 것을 기억하기 위해서는 더 열심히 노력해야 한다. 나는 또한 내 아이들이 자기들의 생일을 즐기고 있는 모습을 볼 때, 그리고 이 아이들이 새로운 정보를 습득하는 방식을 보면서 노화에 대해 생각한다. 또한 노화에 대한 생각은 그것이 개인적인 삶과 교차할 때 일어난다. 우리는 우리의 부모님이 어떻게 늙어가시는지를 보아왔고, 우리 자신이 늙을 때 무엇을 기대해야 할지도 궁금하다. 인생의 어느 시기에서도 우리는 항상 도전에 직면하고, 노년기가 어떤 시기인지에 대해서는 여러 가지 역설과 놀라움들이 있다. 심리학적 연구들과 우리의 모델이 되는 많은 훌륭한 노인들의 삶은 우리가 어떻게 노년기를 즐겨야 하는지를 보여준다.

성공적인 노년의 삶을 위한 지름길은 없다. 물론 노화를 피할 방도도 없다. 성공적인 노화를 이루기 위한 여러 가지 다양한 방법이 있다. 한 가지는 너무 늦기 전에 노년기에 대해서 생각하는 것이다. 노화가 가지는 긍정적인 것이 무엇인지 알아보고 어떤 어려움이 있는지를 생각해보고 성공적인 노년의 삶을 살고 있는 당신의 롤 모델을 찾을 필요도 있다. 당신이 몇 살이든 간에 바로 지금이 성공적인 노화에 대해 생각할 때이다.

Acknowledgments

감사의 말

가장 먼저 자신들의 인생과 가치 있는 통찰을 주저 없이, 그리고 기쁘게 나와 공유해준 많은 노인들에게 감사하고 싶다. 이 노인들과의 교류는 내가 노화의 심리학을 연구하면서 가장 좋아하는 부분이며 이 사실이 이 책을 통해 분명하게 드러나길 소망한다. 이 책을 쓸 수 있는 영감과 통찰을 제공한, 내가 인터뷰했던 분들께 특별한 감사를 드리고 싶다. 이들은 바로 존 우든 John Wooden, 프랭크 게리 Frank Gehry, 마야 안젤로우 Maya Angelou, 밥 뉴하트 Bob Newhart, 존 글렌 John Glenn, 애니 글렌 Annie Glenn, 필리스 딜러 Phyllis Diller, 데이브 브루벡 Dave Brubeck, 잭 라레인 Jack LaLanne, 일레인 라레인 Elaine LaLanne, 스탠 버만 Stan Berman, 알버트 반두라 Albert Bandura, 재레드 다이아몬드 Jared Diamond 그리고 루스 웨스트하이머 박사 Dr. Ruth Westheimer 이다.

많은 사람들이 나에게 이 책에 대한 응원과 충고를 해주었다. 이들은 바로 밥 비요크 Bob Bjork, 엘리자베스 비요크 Elizabeth Bjork, 키스 홀리약 Keith Holyoak, 바바라 놀튼 Barbara Knowlton, 퍼거스 크레이크 Fergus Craik, 린 해셔 Lynn Hasher, 데이비드 발로타 David Balota, 잔 두첵 Jan Duchek, 로디 뢰디거 Roddy Roediger, 래리 자코비 Larry Jacoby, 돈 멕케이 Don MacKay, 니콜 앤더슨 Nicole Anderson, 에이미 드로렛 Aimee Drolet, 데이비드 로젠바움 David Rosenbaum, 모셰 나베 벤자민 Moshe Naveh Benjamin, 켄 로센펠드 Ken Rosenfeld, 래리 로젠블룸 Larry Rosenblum, 노아 골드스타인 Noah Goldstein, 자네사 샤피로 Jenessa

Shapiro, 대니 오펜하이머 Danny Oppenheimer, 매트 리버만 Matt Lieberman, 게리 스몰 Gary Small, 소냐 루보머스키 Sonja Lyubomirsky, 아론 벤자민 Aaron Benjamin, 크리스 허트조그 Chris Hertzog, 대니얼 사흐터 Daniel Schacter, 마크 맥다니엘 Mark McDaniel, 마라 마더 Mara Mather, 로라 카스텐센 Laura Carstensen, 타일러 버지 Tyler Burge, 데이브 콘하버 Dave Kornhaber, 매트 로즈 Matt Rhodes, 리사 게라시 Lisa Geraci, 네이트 코넬 Nate Kornell, 탐 브래버리 Tom Bradbury, 벤 카니 Ben Karney, 아론 브레이스델 Aaron Blaisdell, 제라르도 라미레즈 Gerardo Ramirez, 스티브 리 Steve Lee, 애니 세프 Annie Cerf, 앨런 하틀리 Alan Hartley, 안드레 디디에르장 André Didierjean, 패트릭 르마이어 Patrick Lemaire, 브라이언 시겔 Brian Siegel, 세스 시겔 Seth Siegel, 패스리샤 그린필드 Patricia Greenfield, 조슈아 카우프만 Joshua Kaufman, 버어드 할러미쉬 Vered Halamish, 데이나 투론 Dayna Touron, 그레그 사마네즈 라킨 Greg Samanez Larkin, 앨리슨 채스틴 Alison Chasteen, 타라 스칸란 Tara Scanlan, 할 하르스필드 Hal Hershfield, 슐로모 베나치 Shlomo Benartzi, 시안 베일룩 Sian Beilock, 마리오 멘데즈 Mario Mendez, 셰이다 래비포어 Sheida Rabipour, 모니카 무어 Monica Moore, 에단 골드스틴 Ethan Goldstine, 사라 바버 Sarah Barber, 밋첨 헐스 Mitchum Huehls, 짐 스티글러 Jim Stigler, 스콧 존슨 Scott Johnson, 딘 부노마노 Dean Buonomano, 셰르 허쉬 Sherre Hirsch, 브루스 베이커 Bruce Baker, 캐서린 사르키시안 Catherine Sarkisian, 캐롤 타브리스 Carol Tavris, 제시카 로건 Jessica Logan, 아이리스 퍼스틴버그 Iris Firstenberg, 모셰 루빈스타인 Moshe Rubinstein, 아트 본스타인 Art Bornstein, 데이비드 브렌만 David Brenman, 난 우든 Nan Wooden, 캐롤 버넷 Carole Burnett, 에드 가이슬만 Ed Geiselman, 크리스 아더른 Chris Ardern, 사라 하도미 Sarah Hadomi, 닉 소더스트롬 Nick Soderstrom, 하워드 프리드먼 Howard Friedman, 테드 로블스 Ted Robles, 셸리 테일러 Shelley Taylor, 스토리 머스그레이브 Story Musgrave,

찰리 허트실Charlie Heartsill, 제시 리스반Jesse Rissman, 데이비드 워커David Walker, 필 켈먼Phil Kellman, 로저 롱Roger Long, 미셸 크라스케Michelle Craske, 그레그 밀러Greg Miller, 빅토리아 소크Victoria Sork, 재레드 다이아몬드Jared Diamond, 칼 필레머Karl Pillemer, 이고르 그로스만Igor Grossmann, 피터 렌델Peter Rendell, 네이트 로즈Nate Rose, 다니엘 글렌Daniel Glenn, 폴 윌리엄스Paul Williams, 마틴 몬티Martin Monti 그리고 데이브 맥케이브David McCabe 이다. 또한 훌륭한 연구 환경을 제공한 UCLA의 내 실험실에서 나와 함께 연구하고 있는 많은 연구자들은 이 책에서 제시된 많은 연구와 생각들에 핵심적인 방식으로 기여했다. 이들은 섀넌 맥길리브레이Shannon McGillivray, 마이클 프리드먼Michael Friedman, 틸 아이치Teal Eich, 마이클 코헨Michael Cohen, 무라야마 코우Kou Murayama, 이케다 겐지Kenji Ikeda, 메리 하르기스Mary Hargis, 조 헤네스Joe Hennessee, 아담 블레이크Adam Blake, 타이슨 커Tyson Kerr, 캐서린 미들브룩스Catherine Middlebrooks 그리고 알렉스 시겔Alex Siegel 이다. 내가 여기에 적는 것을 잊어버린 다른 이름들도 많을 것이다. 이런 일은 나이가 들면서, 또 책을 쓰는 데 시간이 몇 년씩 걸리기 때문에 일어날 수 있다.

나는 UCLA의 심리학과에서 보내준 지지에 감사를 표한다. 이곳은 많은 재능 있는 사람들이 넘쳐나는 장소이다. 또한 내 연구를 재정적으로 지원해준 국립노화연구소에도 감사를 전하고 싶다.

나는 옥스퍼드대학교 출판부의 조안 보서트Joan Bossert 에게 빚을 졌다. 그는 이 책을 쓰겠다는 나의 제안서에 일찍부터 관심을 갖고 출판 전 과정에서 비판적인 조언과 지도를 해주었다. 린 아거브라이트Lynnee Argabright, 에밀리 페리Emily Perry, 필 베리노프Phil Velinov, 제리 헐버트Jerri Hurlbutt 그리고 옥스퍼드대학교 출판사의 여러 명의 재능 있는 분들이 최종적으로 이 책의 질을 향상시키느라 큰 수고를 하셨다. 이 책의 표지를 위해 창조적인 작품을 디자인한 사라 루이스 브라운Sara Louise Brown 에게도 감사를 전하고 싶다. 제이미 코인Jamie Coyne 은 인터뷰를 기록하고 편집하는 데 도움을 주었다. 나는 또한 UCLA의 발달 심리학과 기억 대학원 수업을 들었던 학생들로부터 받은 논평과 조언에 감사한다. 제시카 카스텔Jessica Castel 은 책의 전반적 조직에 관한 유용한 편집 제안과 의견을 주었다. 나는 도리스 진 롱Doris Jean Long 에게 특별한 감사의 말을 전하고 싶다. 그녀는 시기적절하고 매우 철저하게 원고를 수정해주었고, 원고의 여백에는 잘 알아볼 수 있게 쓴 손글씨로 사려 깊은 논평을 해주었으며, 원고에 대한 논의, 개인적이면서도 현실적이고 과학적인 통찰을 제공해주었다. 물론 진심에서 우러나오는 격려도 잊지 않았다.

나의 가족은 나의 삶, 이 책 그리고 성공적인 노화에 대한 나의 관심에서 너무나 많은 역할을 해왔다. 나의 부모님은 나에게 노화의 많은 즐거움과 도전을 보여주었고, 대가족에서 자라는 선물을 주셨다. 우리 가족은 에반Evan, 발레리Valerie, 제시카Jessica, 데보라Deborah 그리고 그들의 가족들로 인해 풍요로웠고, 지금도 마찬가지이다. 아내 제이미Jami 는 내가 (거의 10년 전에) 이 책을 쓰겠다고 한 이후부터 (그 후 10년 동안) 빨리 쓰라고 재촉했다. 그녀는 이 여행 내내 나를 안내해주었고, 책의 모든 면에 대해 듣고 논평했으며, 방향을 제시하고 지지를 보냈으며, 끊임없는 격려를 해주었다. 내 아내는 정말 믿기 힘들 정도로 대단한 사람이다. 나의 할아버지와 할머니 그리고 친척들은 노화의 기억할 만한 많은 예들을 제공했다. 나의 아이들, 에덴Eden, 클레어Clare, 테오Theo 는 그 스펙트럼의 반대쪽 끝에서 노화의 즐거움에 대한 모든 것을 보여준다.

내가 이른 아침, 늦은 저녁 그리고 그 사이에 글을 쓰기 위해 갈 수 있었던 차고를 개조한 나의 사무실을 이야기하지 않을 수 없다. 이 책을 쓰면서 많은 어려움과 좌절을 맛보았지만 아이들이 밖에서 놀 수도 있고, 쉬고 싶을 때는 아이들과 서로 만날 수 있기 때문에 집에서 일하는 것은 큰 즐거움이다. 내가 책을 쓸 때 아이들의 흥분한 목소리를 듣는 것은 앞으로가 아니라 바로 지금 여기 이 순간을 즐기라는 것을 상기시킨다. 이 아이들이야말로 발달에 관해 내가 가장 좋아하는 사례 연구 대상자들이며, 지금까지 내가 잘 살아가도록 만드는 가장 중요한 이유를 제공한다.

만약 지금까지 당신이 이 책을 읽고 있다면, 바로 당신에게도 감사한다. 물론 나는 사람들이 읽을 수 있도록 이 책을 썼지만, 사람들이 내게 다가와서 "당신이 6장에서 기술한 연구 있잖아요. 그 연구는 진짜 흥미로운데요, 왜냐하면 …." 이렇게 말해주거나, 그냥 더 간단하게 이 책을 통해 무언가를 배웠거나 이 책의 어떤 내용에는 동의하거나 동의하지 않는다고 말해준다면 그것은 정말 놀라운 일일 것이다. 나는 이 책을 쓰면서 노화에 대한 책을 쓰는 일은 정말 어려운 과제라는 것을 알게 되었다. 왜냐하면 노화 과정을 연구하는 일 자체가 항상 변하고 있기 때문이다. 나는 많은 인터뷰, 개인적인 관찰 그리고 노년의 역설과 이점을 제시하기 위해 다양한 연구 결과를 살펴서 이 책을 썼지만, 노화 과정이 얼마나 복잡할 수 있는가에 대해서도 잘 알고 있다. 이 책의 내용 중 지나치게 단순화되었거나 일반화되었거나 부정확한 부분이 있다면 이 자리를 통해 죄송하다는 말씀을 드리고 싶다. 만약 여러분이 노화에 대해 공유하기 원하는 내용이나 통찰이 있다면 나에게 알려주기 바란다.

미 주

| 01 |

1   Demos, V., & Jache, A. (1981). When you care enough: An analysis of attitudes toward aging in humorous birthday cards. *The Gerontologist*, 21, 209-215.

2   Alter, A. L., & Hershfield, H. E. (2014). People search for meaning when they approach a new decade in chronological age. *Proceedings of the National Academy of Sciences of the United States of America*, 111, 17066-17070.

3   Fell, J. (2012, May). 5 Questions: Elaine LaLanne. *Los Angeles Times*. Retrieved from http://articles.latimes.com/2012/may/26/health/la-he-five-questions-lalanne-20120 526

4   Pew Research Center (2009). Growing old in America: Expectation vs. reality. Retrieved from http://www.pewsocialtrends.org/2009/06/29/growing-old-in-america-expectations-vs-reality/

5   Survey shows what boomers and seniors like to be called: By their name! CNN iReport. Posted December 5, 2013. Retrieved from http://ireport.cnn.com/docs/ DOC-1066224

6   Graham, J. (2012, April 19). The new old age caring and coping: "Elderly" no more. *New York Times*. Retrieved from https://newoldage.blogs.nytimes.com/2012/04/19/ elderly-no-more/?_r=0

7   Rowe, J. W., & Kahn, R. L. (1998). *Successful aging: The MacArthur Foundation Study*. New York: Pantheon.

8   Cosco, T. D., Prina, A. M., Perales, J., Stephan, B. C., & Brayne, C. (2014). Operational definitions of successful aging: A systematic review. *International Psychogeriatrics*, 26, 373-381.

9   Merle, A. (2016, April 14). The reading habits of ultra-successful people. *Huffington Post*. Retrieved from http://www.huffingtonpost.com/andrew-merle/the-reading-habits-of-ult_b_ 9688130.html

10 Jeune, B., Robine, J. M., Young, R., Desjardins, B., Skytthe, A., & Vaupel, J. W. (2010). Jeanne Calment and her successors. Biographical notes on the longest living humans. In H. Maier, J. Gampe, B. Jeune, J. W. Vaupel, & J.-M. Robine (Eds.), *Supercentenarians* (pp. 285-323). Berlin, Heidelberg: Springer-Verlag.

11 Olshansky, S. J. (2011). Aging of US presidents. *Journal of the American Medical Association*, 306, 2328-2329.

12 Retrieved from http://www.musicvaultz.com/tag/pete-townshend/

13 Stephan, Y., Caudroit, J., & Chalabaev, A. (2011). Subjective health and memory self-efficacy as mediators in the relation between subjective age and life satisfaction among older adults. *Aging & Mental Health*, 15, 428-436; Stephan, Y., Chalabaev, A., Kotter- Grühn, D., & Jaconelli, A. (2013). "Feeling younger, being stronger": An experimental study of subjective age and physical functioning among older adults. *Journals of Gerontology. Series B, Psychological Sciences and Social Sciences*, 68, 1-7; Kotter-Grühn, D., Kleinspehn-Ammerlahn, A., Gerstorf, D., & Smith, J. (2009). Self-perceptions of aging predict mortality and change with approaching death: 16-year longitudinal results from the Berlin Aging Study. *Psychology and Aging*, 24, 654-667.

14 Rubin, D. C., & Berntsen, D. (2006). People over forty feel 20% younger than their age: Subjective age across the lifespan. *Psychonomic Bulletin & Review*, 13, 776-780.

15 40대 이하에서는 완전히 다른 경향이 나온다. 이제 3살이 되는 내 아들은 사람들에게 계속 자기가 8살이 된다고 한다. 10대들 역시 자신의 나이에 대해서 거짓말을 한다고 들었다. 마치 21살처럼 행동하려 드는 것처럼 말이다.

16 Elejalde-Ruiz, A. (October 12, 2011). How old do you feel inside? *Chicago Tribune*. Retrieved from http://www.chicagotribune.com/lifestyles/health/schealth1012-seniorhealth-emotionalage-20111012-story.html

17 Dance, sing, just 'keep moving,' Dick Van Dyke tells seniors. An interview with Dick Van Dyke. Weekend Edition Sunday, NPR, October 11, 2015. Retrieved from http://www.npr.org/2015/10/11/447591736/dance-sing-just-keep-moving-dick-van-dyke-tells-seniors

18 Hsu, L. M., Chung, J., & Langer, E. J. (2010). The influence of age-related cues on health and longevity. *Perspectives on Psychological Science*, 5, 632-648.

19 Hsu, L. M., Chung, J., & Langer, E. J. (2010). The influence of age-related cues on

health and longevity. *Perspectives on Psychological Science*, 5, 632-648.

20 Gerstorf, D., Hülür, G., Drewelies, J., Eibich, P., Duezel, S., Demuth, I., ···Lindenberger, U. (2015). Secular changes in late-life cognition and well-being: Towards a long bright future with a short brisk ending? *Psychology and Aging*, 30, 301-310.

21 이 책은 노화의 심리학적 접근에 대해서 주로 다루고 있다. 노화에 영향을 미치는 사회적·심리학적·생물학적 요인의 더 복잡한 상호작용까지 다루고 있는 뛰어난 교과서를 보려면 Whitbourne, S. K., & Whitbourne, S. B. (2010). *Adult development and aging: Biopsychosocial perspectives.* Hoboken, NJ: John Wiley & Sons을 보기 바란다.

22 일반적으로 말해서 "복수의 일화들이 모이면 그것이 곧 데이터이다." 이 말의 뜻은 일화 자체는 우리에게 통찰을 주지만 실제 과학적인 연구에서는 양화할 수 있는 많은 관측치들이 있다면 그것이 더욱 설득력이 있다는 것을 시사한다.

23 초파리의 생애 주기와 수명에 대한 배경 지식을 제공해준 제이 브렌만(Jay Brenman) 박사에게 감사를 드린다.

24 초파리의 생명 연장에 관한 한 인상적인 예에 관하여는 Ulgherait, M., Rana, A., Rera, M., Graniel, J., & Walker, D. W. (2014). AMPK modulates tissue and organismal aging in a non-cell-autonomous manner. *Cell Reports*, 8, 1767-1780을 보기 바란다.

25 Schaie, K. W. (2005). What can we learn from longitudinal studies of adult development? *Research in Human Development*, 2, 133-158.

26 Rönnlund, M., Nyberg, L., Bäckman, L., & Nilsson, L. G. (2005). Stability, growth, and decline in adult life span development of declarative memory: Cross-sectional and longitudinal data from a population-based study. *Psychology and Aging*, 20, 3-18.

27 터먼 연구는 하워드 프리드먼(Howard S. Friedman)과 레슬리 마틴(Leslie R. Martin)의 『장수 프로젝트(*The Longevity Project*)』라는 책에 잘 요약되어 있으며 (이 두 연구자는 터먼의 기존 연구에 대한 추가 분석을 수행한 연구자들이다), 이 책은 건강한 노화에 영향을 미치는 요인에 관하여 기존에 알려진 지식과는 다른 놀라운 통찰과, 어떤 유형의 사람들이 건강하게 늙어갈 수 있는지에 대한 정보를 제공한다. 조지 베일런트(George Valliant)의 『행복의 조건(*Aging Well*)』 이라는 책도 50년 이상의 기간 동안 수행된 유사한 연구를 설명하고 있다.

28 Siegel, M., Bradley, E. H., & Kasl, S. V. (2003). Self-rated life expectancy as a predictor of mortality: Evidence from the HRS and AHEAD surveys. *Gerontology*, 49, 265-271.

29 Cacchione, P. Z., Powlishta, K. K., Grant, E. A., Buckles, V. D., & Morris, J. C. (2003).

Accuracy of collateral source reports in very mild to mild dementia of the Alzheimer type. *Journal of the American Geriatrics Society*, 51, 819-823.

30 Baltes, P. B. (1997). On the incomplete architecture of human ontogeny: Selection, optimization, and compensation as foundation of developmental theory. *American Psychologist*, 52, 366-380.

31 Baltes, P. B., & Baltes, M. M. (1990). Psychological perspectives on successful aging: The model of selective optimization with compensation. *Successful Aging: Perspectives from the Behavioral Sciences*, 1, 1-34.

32 Carstensen, L. L. (2009). *A long bright future: An action plan for a lifetime of happiness, health, and financial security*. New York: Broadway Books.

33 Hummert, M. L., Garstka, T. A., Shaner, J. L., & Strahm, S. (1995). Judgments about stereotypes of the elderly attitudes, age associations, and typicality ratings of young, middle-aged, and elderly adults. *Research on Aging*, 17, 168-189.

34 Donlon M., Ashman, O., Levy, B. R. (2005). Revision of older television characters: A stereotype-awareness intervention. *Journal of Social Issues*, 61, 307-319.

35 Levy, B. (2009). Stereotype embodiment a psychosocial approach to aging. *Current Directions in Psychological Science*, 18, 332-336.

36 Levy, B. R., Ferrucci, L., Zonderman, A. B., Slade, M. D., Troncoso, J., & Resnick, S. M. (2016). A culture-brain link: Negative age stereotypes predict Alzheimer's disease biomarkers. *Psychology and Aging*, 31, 82-88.

37 Levy, B. R., Zonderman, A. B., Slade, M. D., & Ferrucci, L. (2009). Age stereotypes held earlier in life predict cardiovascular events in later life. *Psychological Science*, 20, 296-298.

38 Langer, E. J. (2009). *Counterclockwise*. New York: Random House Digital.

39 Iacono, D., Markesbery, W. R., Gross, M., Pletnikova, O., Rudow, G., Zandi, P., & Troncoso, J. C. (2009). The Nun Study. Clinically silent AD, neuronal hypertrophy, and linguistic skills in early life. *Neurology*, 73, 665-673.

40 Snowdon, D. A., Greiner, L. H., Mortimer, J. A., Riley, K. P., Greiner, P. A., & Markesbery, W. R. (1997). Brain infarction and the clinical expression of Alzheimer disease: The Nun Study. *Journal of the American Medical Association*, 277, 813-817.

41 Iacono, D., Markesbery, W. R., Gross, M., Pletnikova, O., Rudow, G., Zandi, P., & Troncoso, J. C. (2009). The Nun Study. Clinically silent AD, neuronal hypertrophy,

and linguistic skills in early life. *Neurology*, 73, 665-673.

42 Cabeza, R., Anderson, N. D., Locantore, J. K., & McIntosh, A. R. (2002). Aging gracefully: Compensatory brain activity in high-performing older adults. *Neuroimage*, 17, 1394-1402.

43 Tucker, A. M., & Stern, Y. (2011). Cognitive reserve in aging. *Current Alzheimer Research*, 8, 354-360.

44 Reuter-Lorenz, P. A., & Park, D. C. (2014). How does it STAC up? Revisiting the scaffolding theory of aging and cognition. *Neuropsychology Review*, 24, 355-370.

45 Bennett, D. A., Schneider, J. A., Tang, Y., Arnold, S. E., & Wilson, R. S. (2006). The effect of social networks on the relation between Alzheimer's disease pathology and level of cognitive function in old people: A longitudinal cohort study. *Lancet Neurology*, 5, 406-412.

46 Erickson, K. I., Voss, M. W., Prakash, R. S., Basak, C., Szabo, A., Chaddock, L., ··· Wojcicki, T. R. (2011). Exercise training increases size of hippocampus and improves memory. *Proceedings of the National Academy of Sciences of the United States of America*, 108, 3017-3022.

47 이러한 형태의 접근에 대해, 『삶을 위한 30가지 교훈(*30 Lessons for Living*)』이라는 적절한 제목을 가진 칼 필레머(Karl Pillemer)의 통찰력 있는 책을 참조하기 바란다. 필레머는 가족이나 아이들 문제부터 재정과 직업에 이르는 모든 종류의 삶의 문제에 대한 실제적인 조언을 얻기 위해 65세 이상의 미국인을 천 명 이상 인터뷰하였다.

48 Leigh, J. P., Tancredi, D. J., & Kravitz, R. L. (2009). Physician career satisfaction within specialties. BMC Health Services Research, 9, 166.

| 02 |

1 Donlon, M., Ashman, O., & Levy, B. R. (2005) Revision of older television characters: A stereotype-awareness intervention. *Journal of Social Issues*, 61, 307-319.

2 Levy, B. R. (2009). Stereotype embodiment: A psychosocial approach to aging. *Current Directions in Psychological Science*, 18, 332-336.

3 Sarkisian, C. A., Prohaska, T. R., Wong, M. D., Hirsch, S., & Mangione, C. M. (2005). The relationship between expectations for aging and physical activity among older

adults. *Journal of General Internal Medicine, 20,* 911-915.

4   Carstensen, L. L., Pasupathi, M., Mayr, U., & Nesselroade, J. R. (2000). Emotional experience in everyday life across the adult life span. *Journal of Personality and Social Psychology, 79,* 644-655.

5   Tergesen, A. (2014, November 30). Why everything you think about aging may be wrong. *Wall Street Journal.* Retrieved from https://www.wsj.com/articles/why-everything- you-think-about-aging-may-be-wrong-1417408057

6   Stone, A. A., Schwartz, J. E., Broderick, J. E., & Deaton, A. (2010). A snapshot of the age distribution of psychological well-being in the United States. *Proceedings of the National Academy of Sciences of the United States of America, 107,* 9985-9990.

7   Stone, A. A., Schwartz, J. E., Broderick, J. E., & Deaton, A. (2010). A snapshot of the age distribution of psychological well-being in the United States. *Proceedings of the National Academy of Sciences of the United States of America, 107,* 9985-9990.

8   Lacey, H. P., Smith, D. M., & Ubel, P. A. (2006). Hope I die before I get old: Mispredicting happiness across the adult lifespan. *Journal of Happiness Studies, 7,* 167-182.

9   Mather, M., & Carstensen, L. L. (2005). Aging and motivated cognition: The positivity effect in attention and memory. *Trends in Cognitive Sciences, 9,* 496-502.

10 Fingerman, K. L., Hay, E. L., & Birditt, K. S. (2004). The best of ties, the worst of ties: Close, problematic, and ambivalent social relationships. *Journal of Marriage and Family, 66,* 792-808.

11 Tergesen, A. (2014, November 30). Why everything you think about aging may be wrong. *Wall Street Journal.* Retrieved from https://www.wsj.com/articles/why-everything-you-think- about-aging-may-be-wrong-1417408057

12 Fingerman, K. L., Hay, E. L., & Birditt, K. S. (2004). The best of ties, the worst of ties: Close, problematic, and ambivalent social relationships. *Journal of Marriage and Family, 66,* 792-808.

13 English, T., & Carstensen, L. L. (2014). Selective narrowing of social networks across adulthood is associated with improved emotional experience in daily life. *International Journal of Behavioral Development, 38,* 195-202.

14 Tergesen, A. (2014, November 30). Why everything you think about aging may be wrong. *Wall Street Journal.* Retrieved from https://www.wsj.com/articles/why-everything-you-think-about-aging-may-be-wrong-1417408057

15 Bhattacharjee, A., & Mogilner, C. (2014). Happiness from ordinary and extraordinary experiences. *Journal of Consumer Research*, 41, 1-17.

16 Baltes, P. B., & Smith, J. (2003). New frontiers in the future of aging: From successful aging of the young old to the dilemmas of the fourth age. *Gerontology*, 49, 123-135.

17 Hawkley, L. C., & Cacioppo, J. T. (2010). Loneliness matters: A theoretical and empirical review of consequences and mechanisms. *Annals of Behavioral Medicine*, 40, 218-227.

18 Mather, M., & Ponzio, A. (2017). Emotion and aging. In L. Feldman Barrett, M. Lewis, & J. Haviland-Jones (Eds.), *Handbook of emotions* (pp. 319-335). New York: Guilford Press.

19 Mather, M., & Ponzio, A. (2017). Emotion and aging. In L. Feldman Barrett, M. Lewis, & J. Haviland-Jones (Eds.), *Handbook of emotions* (pp. 319-335). New York: Guilford Press.

20 Birditt, K. S., & Fingerman, K. L. (2003). Age and gender differences in adults' descriptions of emotional reactions to interpersonal problems. *Journals of Gerontology: Series B*, 58, P237-P245.

21 Seider, B. H., Shiota, M. N., Whalen, P., & Levenson, R. W. (2011). Greater sadness reactivity in late life. *Social Cognitive and Affective Neuroscience*, 6, 186-194.

22 Timmer, E., Westerhof, G. J., & Dittmann-Kohli, F. (2005). "When looking back on my past life I regret ⋯": Retrospective regret in the second half of life. *Death Studies*, 29, 625-644.

23 Bjälkebring, P., Västfjäll, D., & Johansson, B. (2013). Regulation of experienced and anticipated regret for daily decisions in younger and older adults in a Swedish one-week diary study. *Geropsych: The Journal of Gerontopsychology and Geriatric Psychiatry*, 26, 233-241.

24 Mather, M., Mazar, N., Gorlick, M. A., Lighthall, N. R., Burgeno, J., Schoeke, A., & Ariely, D. (2012). Risk preferences and aging: The "certainty effect" in older adults' decision making. *Psychology and Aging*, 27, 801-816.

25 Castel, A. D., Friedman, M. C., McGillivray, S., Flores, C. C., Murayama, K., Kerr, T., & Drolet, A. (2016). I owe you: Age-related similarities and differences in associative memory for gains and losses. *Aging, Neuropsychology, and Cognition*, 23, 549-565.

26 Broadbent, J., de Quadros-Wander, S., & McGillivray, J. (2014). Perceived control's

influence on well-being in residential care vs. community dwelling older adults. *Journal of Happiness Studies,* 15, 845-855.

27 Suinn, R. M. (2001). The terrible twos-anger and anxiety: Hazardous to your health. *American Psychologist,* 56, 27-36.

28 Stone, A. A., Schwartz, J. E., Broderick, J. E., & Deaton, A. (2010). A snapshot of the age distribution of psychological well-being in the United States. *Proceedings of the National Academy of Sciences of the United States of America,* 107, 9985-9990.

29 Blanchard-Fields, F., & Coats, A. H. (2008). The experience of anger and sadness in everyday problems impacts age differences in emotion regulation. *Developmental Psychology,* 44, 1547-1556.

30 Fung, H. H., & Carstensen, L. L. (2006). Goals change when life's fragility is primed: Lessons learned from older adults, the September 11 attacks and SARS. *Social Cognition,* 24, 248-278.

31 Hsu, L. M., Chung, J., & Langer, E. J. (2010). The influence of age-related cues on health and longevity. *Perspectives on Psychological Science,* 5, 632-648.

32 Abel, E. L., & Kruger, M. L. (2010). Smile intensity in photographs predicts longevity. *Psychological Science,* 21(4), 542-544.

33 Danner, D., Snowdon, D., & Friesen, W. (2001). Positive emotions in early life and longevity: Findings from the nun study. *Journal of Personality and Social Psychology,* 80, 804-813.

34 Diener, E., & Chan, M. Y. (2011). Happy people live longer: Subjective well-being contributes to health and longevity. *Applied Psychology: Health and Well-Being,* 3, 1-43.

35 Dutton, J. (2012, March-April). In the lab with the world's leading laugh scientist. *Mental Floss Magazine.*

36 Provine, R. R. (2001). *Laughter: A scientific investigation.* New York: Penguin.

37 Cousins, N. (1976). Anatomy of an illness (as perceived by the patient). *New England Journal of Medicine,* 295, 1458-1463.

38 Severo, R., & Keepnews, P. (2012, August 22). Phyllis Diller, sassy comedian, dies at 95. *New York Times.* Retrieved from http://www.nytimes.com/2012/08/21/arts/television/phyllis-diller-sassy-comedian-dies-at-95.html

39 나의 할머니 미리암 노비치(Miriam Novitch)가 이 일에 일생을 바치신 내용은 그녀의 책 Novitch, M. (1981). *Spiritual Resistance: Art from Concentration Camps, 1940-1945*. Philadelphia: Jewish Publication Society of America을 참조하기 바란다. 그녀의 인생 일대기와 미션에 대해서는 Geva, S. (2015). "To collect the tears of the Jewish people": The story of Miriam Novitch. *Holocaust Studies*, 21, 73-92을 보기 바란다.

40 Biss, R. K., & Hasher, L. (2012). Happy as a lark: Morning-type younger and older adults are higher in positive affect. *Emotion*, 12, 437-441.

41 Lyubomirsky, S., King, L., & Diener, E. (2005). The benefits of frequent positive affect: Does happiness lead to success? *Psychological Bulletin*, 131, 803-855.

42 Cohn, M. A., Fredrickson, B. L., Brown, S. L., Mikels, J. A., & Conway, A. M. (2009). Happiness unpacked: Positive emotions increase life satisfaction by building resilience. *Emotion*, 9, 361-368.

| 03 |

1 Park, D. C., Lautenschlager, G., Hedden, T., Davidson, N. S., Smith, A. D., & Smith, P. K. (2002). Models of visuospatial and verbal memory across the adult life span. *Psychology and Aging*, 17, 299-320.

2 Hargis, M. B., Yue, C. L., Kerr, T., Ikeda, K., Murayama, K., & Castel, A. D. (2017). Metacognition and proofreading: The roles of aging, motivation, and interest. *Aging, Neuropsychology, and Cognition*, 24, 216-226.

3 Craik, F. I. M., & Salthouse, T. A. (Eds.). (2011). *The handbook of aging and cognition*. Hove, UK: Psychology Press.

4 Helmuth, L. (2003). The wisdom of the wizened. *Science*, 299(5611), 1300-1302.

5 Chasteen, A. L., Bhattacharyya, S., Horhota, M., Tam, R., & Hasher, L. (2005). How feelings of stereotype threat influence older adults' memory performance. *Experimental Aging Research*, 3, 235-260.

6 Rahhal, T. A., Hasher, L., & Colcombe, S. J. (2001). Instructional manipulations and age differences in memory: Now you see them, now you don't. *Psychology and Aging*, 16, 697-706.

7 Mazerolle, M., Régner, I., Barber, S. J., Paccalin, M., Miazola, A. C., Huguet, P., &

Rigalleau, F. (2017). Negative aging stereotypes impair performance on brief cognitive tests used to screen for predementia. *Journals of Gerontology. Series B, Psychological Sciences and Social Science*, 72(6), 932-936.

8 Hess, T. M., & Hinson, J. T. (2006). Age-related variation in the influences of aging stereotypes on memory in adulthood. *Psychology and Aging*, 21, 621-625.

9 Adams, C., Smith, M. C., Pasupathi, M., & Vitolo, L. (2002). Social context effects on story recall in older and younger women: Does the listener make a difference? *Journals of Gerontology*, 57, P28-P40.

10 Rendell, P. G., Castel, A. D., & Craik, F. I. (2005). Memory for proper names in old age: A disproportionate impairment? *Quarterly Journal of Experimental Psychology Section A*, 58, 54-71.

11 Castel, A. D. (2005). Memory for grocery prices in younger and older adults: The role of schematic support. *Psychology and Aging*, 20, 718-721.

12 Mather, M., & Carstensen, L. L. (2005). Aging and motivated cognition: The positivity effect in attention and memory. *Trends in Cognitive Sciences*, 9, 496-502.

13 Castel, A. D. (2009). Memory and successful aging: A conversation with Coach John Wooden. *Association for Psychological Science Observer*, 22, 13-15.

14 Hertzog, C., & Dunlosky, J. (2011). Metacognition in later adulthood: Spared monitoring can benefit older adults' self-regulation. *Current Directions in Psychological Science*, 20, 167-173.

15 한 연구는 박물관에서 사진을 찍은 전시품에 대해서는 기억을 더 잘하지 못한다는 것을 보여준다. (Henkel, L. A. [2014]. Point-and-shoot memories: The influence of taking photos on memory for a museum tour. *Psychological Science*, 25, 396-402). 그러나 이와 관련된 다른 연구에 따르면, 당신이 만약 정보가 어디에 저장되어 있는지 안다면 다른 정보를 저장하기 위한 공간을 비워둘 수 있다고 한다 (Storm, B. C., & Stone, S. M. [2015]. Saving-enhanced memory: The benefits of saving on the learning and remembering of new information. *Psychological Science*, 26, 182-188). 따라서 기억을 돕기 위해 기술에 의존하는 것은 분명히 이익과 비용이 공존한다.

16 McGillivray, S., & Castel, A. D. (2017). Older and younger adults' strategic control of metacognitive monitoring: The role of consequences, task experience and prior knowledge. *Experimental Aging Research*, 43, 233-256.

17 Cohen, M. S., Rissman, J., Suthana, N. A., Castel, A. D., & Knowlton, B. J. (2016). Effects of aging on value-directed modulation of semantic network activity during verbal learning. *NeuroImage*, 125, 1046-1062.

18 Burke, D. M., MacKay, D. G., Worthley, J. S., & Wade, E. (1991). On the tip of the tongue: What causes word finding failures in young and older adults? *Journal of Memory and Language*, 30, 542-579.

19 Ramscar, M., Hendrix, P., Shaoul, C., Milin, P., & Baayen, H. (2014). The myth of cognitive decline: Non-linear dynamics of lifelong learning. *Topics in Cognitive Science*, 6, 5-42.

20 Castel, A. D., Vendetti, M., & Holyoak, K. J. (2012). Fire drill: Inattentional blindness and amnesia for the location of fire extinguishers. *Attention, Perception, & Psychophysics*, 74, 1391-1396.

21 McBride, D. M., Coane, J. H., Drwal, J., & LaRose, S. A. M. (2013). Differential effects of delay on time-based prospective memory in younger and older adults. *Aging, Neuropsychology, and Cognition*, 20, 700-721.

22 Craik, F. I., & Bialystok, E. (2006). Planning and task management in older adults: Cooking breakfast. *Memory & Cognition*, 34, 1236-1249.

23 Fantz, A. (2015, January 6). After leaving a child in a car, 'that pain ··· never goes away'. CNN. Retrieved from http://www.cnn.com/2014/07/03/us/hot-car-deaths/

24 Schmidt, H. G., & Boshuizen, H. P. A. (1993). On the origins of intermediate effects in clinical case recall. *Memory & Cognition*, 21, 338-351.

25 Roediger, H. L., & McDermott, K. B. (1995). Creating false memories: Remembering words not presented in lists. *Journal of Experimental Psychology: Learning, Memory and Cognition*, 24, 803-814.

26 McCabe, D. P., & Smith, A. D. (2002). The effect of warnings on false memories in young and older adults. *Memory & Cognition*, 30, 1065-1077.

27 Radvansky, G. A., Pettijohn, K. A., & Kim, J. (2015). Walking through doorways causes forgetting: Younger and older adults. *Psychology and Aging*, 30, 259-265.

28 Betty White doesn't understand why people say she's had a 'comeback'. *Huffington Post*, March 31, 2015. Retrieved from http://www.huffingtonpost.com/2015/03/31/bettywhite-age-comeback_n_6972348.html

29 Roediger III, H. L., & Karpicke, J. D. (2006). Test-enhanced learning: Taking memory

tests improves long-term retention. *Psychological Science, 17*, 249-255.

30 Meyer, A. N., & Logan, J. M. (2013). Taking the testing effect beyond the college freshman: Benefits for lifelong learning. *Psychology and Aging, 28*, 142-147.

31 Blumen, H. M., Rajaram, S., & Henkel, L. (2013). The applied value of collaborative memory research in aging: Behavioral and neural considerations. *Journal of Applied Research in Memory and Cognition, 2*, 107-117.

32 Seamon, J. G., Punjabi, P. V., & Busch, E. A. (2010). Memorising Milton's Paradise Lost: A study of a septuagenarian exceptional memoriser. *Memory, 18*, 498-503.

33 Bio, Hegdahl, Douglas Brent. Retrieved from http://www.pownetwork.org/bios/h/h135.htm

34 Brainy Quote. John Wooden. Retrieved from http://www.brainyquote.com/quotes/authors/j/john_wooden_4.html

35 Routledge, C., Arndt, J., Wildschut, T., Sedikides, C., Hart, C. M., Juhl, J., … Schlotz, W. (2011). The past makes the present meaningful: Nostalgia as an existential resource. *Journal of Personality and Social Psychology, 101*, 638-652.

36 Bohanek, J. G., Marin, K. A., Fivush, R., & Duke, M. P. (2006). Family narrative interaction and children's sense of self. *Family Process, 45*, 39-54.

37 세 문제에 대한 정답은 다음과 같다. (1)기린; (2)리글리 회사에서 나온 껌; (3) 1893년 뉴질랜드.

38 McGillivray, S., Murayama, K., & Castel, A. D. (2015). Thirst for knowledge: The effects of curiosity and interest on memory in younger and older adults. *Psychology and Aging, 30*, 835-841.

39 Couch H. N. (1959). *Cicero on the art of growing old. A translation and subjective evaluation of the essay entitled Cato the Elder on Old Age.* Providence, RI: Brown University Press.

| 04 |

1 Baltes, P. B., & Smith, J. (1990). Toward a psychology of wisdom and its ontogenesis. In R. J. Sternberg (Ed.), *Wisdom: Its nature, origins, and development* (pp. 87-120). New York: Cambridge University Press.

2   Jeste, D. V., & Oswald, A. J. (2014). Individual and societal wisdom: Explaining the paradox of human aging and high well-being. *Psychiatry*, 77, 317-330.

3   Isaacson, W. (2007). *Einstein: His life and universe*. New York: Simon & Schuster.

4   마야 안젤로우(Maya Angelou)와의 개인적인 인터뷰, February 2, 2011.

5   Baltes, P. B., Staudinger, U. M., Maercker, A., & Smith, J. (1995). People nominated as wise: A comparative study of wisdom-related knowledge. *Psychology and Aging*, 10, 155-166.

6   Grossmann, I., Na, J., Varnum, M. E., Park, D. C., Kitayama, S., & Nisbett, R. E. (2010). Reasoning about social conflicts improves into old age. *Proceedings of the National Academy of Sciences of the United States of America*, 107, 7246-7250.

7   Goldberg, E. (2006). *The wisdom paradox: How your mind can grow stronger as your brain grows older*. New York: Penguin.

8   Salthouse, T. A. (2012). Consequences of age-related cognitive declines. *Annual Review of Psychology*, 63, 201-226.

9   Blanchard-Fields, F. (2007). Everyday problem solving and emotion: An adult developmental perspective. *Current Directions in Psychological Science*, 16, 26-31.

10 Birditt, K. S., & Fingerman, K. L. (2005). Do we get better at picking our battles? Age group differences in descriptions of behavioral reactions to interpersonal tensions. *Journals of Gerontology*, 60, P121-P128.

11 Hess, T. M., & Auman, C. (2001). Aging and social expertise: The impact of trait-diagnostic information on impressions of others. *Psychology and Aging*, 16, 497-510.

12 Bailey, P. E., Szczap, P., McLennan, S. N., Slessor, G., Ruffman, T., & Rendell, P. G. (2016). Age-related similarities and differences in first impressions of trustworthiness. *Cognition and Emotion*, 30, 1017-1026.

13 Ross, M., Grossmann, I., & Schryer, E. (2014). Contrary to psychological and popular opinion, there is no compelling evidence that older adults are disproportionately victimized by consumer fraud. *Perspectives on Psychological Science*, 9, 427-442.

14 Guilford, J. P. (1967). *The nature of human intelligence*. New York: McGraw Hill.

15 Madore, K. P., Jing, H. G., & Schacter, D. L. (2016). Divergent creative thinking in young and older adults: Extending the effects of an episodic specificity induction. *Memory & Cognition*, 44, 974-988.

16 Simonton, D. K. (1997). Creative productivity: A predictive and explanatory model of career trajectories and landmarks. *Psychological Review, 104*, 66-89.

17 Galenson, D. W. (2003). *The life cycles of modern artists: Theory, measurement, and implications* (No. w9539). Cambridge, MA: National Bureau of Economic Research.

18 Kaufman, J. C., & Beghetto, R. A. (2009). Beyond big and little: The four C model of creativity. *Review of General Psychology, 13*, 1-12.

19 McFadden, S. H., & Basting, A. D. (2010). Healthy aging persons and their brains: Promoting resilience through creative engagement. *Clinics in Geriatric Medicine, 26*, 149-161.

20 Dillon, N. (2009, April 20). Jeff Skiles, Sully's heroic co-pilot from flight 1549, has smooth return to cockpit after furlough. *Daily News*. Retrieved from http://www.nydailynews.com/news/jeff-skiles-sullyheroic-co-pilot-flight-1549-smooth-return-cockpit-furlough-article-1.363958

21 Flight 1549: A routine takeoff turns ugly. CBS News, 60 Minutes, February 8, 2009. Retrieved from http://www.cbsnews.com/news/flight-1549-a-routine-takeoff-turns-ugly/

22 Salthouse, T. A. (2000). Aging and measures of processing speed. *Biological Psychology, 54*, 35-54.

23 Diamond, J. (2013, January 29). The daily shower can be a killer. *New York Times*. Retrieved from http://www.nytimes.com/2013/01/29/science/jared-diamonds-guide-to-reducing-lifes-risks.html

24 Bishai, D., Trevitt, J. L., Zhang, Y., McKenzie, L. B., Leventhal, T., Gielen, A. C., & Guyer, B. (2008). Risk factors for unintentional injuries in children: Are grandparents protective? *Pediatrics, 122*, e980-e987.

25 Kornell, N. (2011). How grandparents unlock kids learning potential. *Psychology Today*. Retrieved from https://www.psychologytoday.com/blog/everybody-is-stupid-except-you/201108/how-grandparents-unlock-kids-learning-potential

26 Bohanek, J. G., Marin, K. A., Fivush, R., & Duke, M. P. (2006). Family narrative interaction and children's sense of self. *Family Process, 45*, 39-54.

27 Crystal, B. (2013). *Still foolin' 'em: Where I've been, where I'm going, and where the hell are my keys?* New York: Henry Holt and Co.

| 05 |

1   Verghese, J., Lipton, R. B., Katz, M. J., Hall, C. B., Derby, C. A., Kuslansky, G., ⋯ Buschke, H. (2003). Leisure activities and the risk of dementia in the elderly. *New England Journal of Medicine*, 348, 2508-2516.

2   Cheng, S. T., Chan, A. C., & Yu, E. C. (2006). An exploratory study of the effect of mahjong on the cognitive functioning of persons with dementia. *International Journal of Geriatric Psychiatry*, 21, 611-617.

3   Bengtsson, S. L., Nagy, Z., Skare, S., Forsman, L., Forssberg, H., & Ullén, F. (2005). Extensive piano practicing has regionally specific effects on white matter development. *Nature Neuroscience*, 8, 1148-1150.

4   Amer, T., Kalender, B., Hasher, L., Trehub, S. E., & Wong, Y. (2013). Do older professional musicians have cognitive advantages? *PloS One*, 8, e71630.

5   Bialystok, E., Craik, F. I., & Freedman, M. (2007). Bilingualism as a protection against the onset of symptoms of dementia. *Neuropsychologia*, 45, 459-464.

6   Spreng, R. N., Drzezga, A., Diehl-Schmid, J., Kurz, A., Levine, B., & Perneczky, R. (2011). Relationship between occupation attributes and brain metabolism in frontotemporal dementia. *Neuropsychologia*, 49, 3699-3703.

7   Shimamura, A. P., Berry, J. M., Mangels, J. A., Rusting, C. L., & Jurica, P. J. (1995). Memory and cognitive abilities in university professors: Evidence for successful aging. *Psychological Science*, 271-277.

8   Castel, A. D. (2007). Aging and memory for numerical information: The role of specificity and expertise in associative memory. *Journals of Gerontology*, 62, 194-196.

9   Carlson, M. C., Parisi, J. M., Xia, J., Xue, Q. L., Rebok, G. W., Bandeen-Roche, K., & Fried, L. P. (2011). Lifestyle activities and memory: Variety may be the spice of life. *Journal of the International Neuropsychological Society*, 18, 286-294.

10 Horhota, M., Lineweaver, T., Ositelu, M., Summers, K., & Hertzog, C. (2012). Young and older adults' beliefs about effective ways to mitigate age-related memory decline. *Psychology and Aging*, 27, 293-304.

11 Boots, E. A., Schultz, S. A., Almeida, R. P., Oh, J. M., Koscik, R. L., Dowling, M. N., ⋯ Asthana, S. (2015). Occupational complexity and cognitive reserve in a middle-aged cohort at risk for Alzheimer's disease. *Archives of Clinical Neuropsychology*, 7,

634-642.

12 마야 안젤로우(Maya Angelou)와의 개인적인 인터뷰, February 2, 2011.

13 Hultsch, D. F., Hertzog, C., Small, B. J., & Dixon, R. A. (1999). Use it or lose it: Engaged lifestyle as a buffer of cognitive decline in aging? *Psychology and Aging*, 14, 245-263.

14 Salthouse, T. A. (2006). Mental exercise and mental aging evaluating the validity of the "use it or lose it" hypothesis. *Perspectives on Psychological Science*, 1, 68-87.

15 Hertzog, C., McGuire, C. L., Horhota, M., & Jopp, D. (2010). Does believing in "use it or lose it" relate to self-rated memory control, strategy use, and recall? *Journal of Aging and Human Development*, 70, 61-87.

16 Ball, K., Berch, D. B., Helmers, K. F., Jobe, J. B., Leveck, M. D., Marsiske, M., ··· Unverzagt, F. W. (2002). Effects of cognitive training interventions with older adults: A randomized controlled trial. *Journal of the American Medical Association*, 288, 2271-2281.

17 Park, D. C., Lodi-Smith, J., Drew, L., Haber, S., Hebrank, A., Bischof, G. N., & Aamodt, W. (2014). The impact of sustained engagement on cognitive function in older adults: The Synapse Project. *Psychological Science*, 25, 103-112.

18 Stine-Morrow, E. A., Parisi, J. M., Morrow, D. G., & Park, D. C. (2008). The effects of an engaged lifestyle on cognitive vitality: A field experiment. *Psychology and Aging*, 23, 778-786.

19 Jackson, J. J., Hill, P. L., Payne, B. R., Roberts, B. W., & Stine-Morrow, E. A. L. (2012). Can an old dog learn (and want to experience) new tricks? Cognitive training increases openness in older adults. *Psychology and Aging*, 27, 286-292.

20 Sun, F. W., Stepanovic, M. R., Andreano, J., Barrett, L. F., Touroutoglou, A., & Dickerson, B. C. (2016). Youthful brains in older adults: Preserved neuroanatomy in the default mode and salience networks contributes to youthful memory in superaging. *Journal of Neuroscience*, 36, 9659-9668.

21 Feldman Barrett, L. (2016, December 31). Grey matter: How to become a "superager." *New York Times*. Retrieved from https://www.nytimes.com/2016/12/31/opinion/Sunday/how-to-become-a-superager.html?_r=0

22 Marzorati, G. (2016). *Late to the Ball*. New York: Scribner.

23 Marzorati, G. (2016, April 29). Better aging though practice, practice, practice. *New*

York Times. Retrieved from http://www.nytimes.com/2016/05/01/opinion/better-aging-through-practice-practice-practice.html?_ r=0

24   Erickson, K. I., Voss, M. W., Prakash, R. S., Basak, C., Szabo, A., Chaddock, L., ⋯ Wojcicki, T. R. (2011). Exercise training increases size of hippocampus and improves memory. *Proceedings of the National Academy of Sciences of the United States of America*, 108, 3017-3022.

25   Hayes, S. M., Alosco, M. L., Hayes, J. P., Cadden, M., Peterson, K. M., Allsup, K., ⋯ Verfaellie, M. (2015). Physical activity is positively associated with episodic memory in aging. *Journal of the International Neuropsychological Society*, 21, 780-790.

26   Tracy, K. (2005). *Ellen: The real story of Ellen DeGeneres.* New York: Pinnacle Books.

27   존 글렌(John Glenn)과의 개인적인 인터뷰, December 13, 2012.

28   O'Donovan, G., Hamer, M., & Stamatakis, E. (2017). Relationships between exercise, smoking habit and mortality in more than 100,000 adults. *International Journal of Cancer*, 140, 1819-1827.

29   Bialystok, E., Craik, F. I., & Freedman, M. (2007). Bilingualism as a protection against the onset of symptoms of dementia. *Neuropsychologia*, 45, 459-464.

30   Lawton, D. M., Gasquoine, P. G., & Weimer, A. A. (2015). Age of dementia diagnosis in community dwelling bilingual and monolingual Hispanic Americans. *Cortex*, 66, 141-145.

31   Alexander, W. (2015). *Flirting with French.* New York: Workman Publishing.

32   Pillai, J. A., Hall, C. B., Dickson, D. W., Buschke, H., Lipton, R. B., & Verghese, J. (2011). Association of crossword puzzle participation with memory decline in persons who develop dementia. *Journal of the International Neuropsychological Society*, 17, 1006-1013.

33   Verghese, J., Lipton, R. B., Katz, M. J., Hall, C. B., Derby, C. A., Kuslansky, G., ⋯ Buschke, H. (2003). Leisure activities and the risk of dementia in the elderly. *New England Journal of Medicine*, 348, 2508-2516.

34   Hambrick, D. Z., Salthouse, T. A., & Meinz, E. J. (1999). Predictors of crossword puzzle proficiency and moderators of age-cognition relations. *Journal of Experimental Psychology: General*, 128, 131-164.

35   나는 십자말풀이처럼 읽기를 더 많이 할 수 있게 만드는 컴퓨터 프로그램을 제작했다. 이 프로그램의 이름은 'Adaptext'인데, 아직은 연구 단계이다. 이 프로그

램은 사람들이 글이나 책, 신문기사를 컴퓨터 화면에서 읽어나가면서 빈칸에 단어를 채우도록 한다. 이렇게 하면 독서가 더 재미있고, 마치 퍼즐 같은 효과가 있어 그 단어들에 대한 기억을 향상시킬 수 있다.

36 Wöllner, C., & Halpern, A. R. (2015). Attentional flexibility and memory capacity in conductors and pianists. *Attention, Perception, and Psychophysics*, 78, 198-208.

37 Habib, M., & Besson, M. (2009). What do music training and musical experience teach us about brain plasticity? *Music Perception*, 26, 279-285.

38 Mammarella, N., Fairfield, B., & Cornoldi, C. (2007). Does music enhance cognitive performance in healthy older adults? The Vivaldi effect. *Aging Clinical and Experimental Research*, 19, 394-399.

39 Lindsay, J., Laurin, D., Verreault, R., Hébert, R., Helliwell, B., Hill, G. B., & McDowell, I. (2002). Risk factors for Alzheimer's disease: A prospective analysis from the Canadian Study of Health and Aging. *American Journal of Epidemiology*, 156, 445-453.

40 Langa, K. M., Larson, E. B., Crimmins, E. M., Faul, J. D., Levine, D. A., Kabeto, M. U., & Weir, D. R. (2017). A Comparison of the prevalence of dementia in the United States in 2000 and 2012. *JAMA Internal Medicine*, 177, 51-58.

41 Lachman, M. E., Agrigoroaei, S., Murphy, C., & Tun, P. A. (2010). Frequent cognitive activity compensates for education differences in episodic memory. *American Journal of Geriatric Psychiatry*, 18, 4-10.

42 95-Year-old woman graduates from college. ABC News, May 12, 2007. Retrieved from http://abcnews.go.com/GMA/LifeStages/story?id=3167970

43 Flora, C. (2016, July 5). The golden age of teaching yourself anything. *Psychology Today*. Retrieved from https://www.psychologytoday.com/articles/201607/the-golden-age-teaching-yourself-anything

44 Eck, A. (2014, October 27). Dark chocolate could improve memory by 25%, but you'd have to eat seven bars a day. NOVA, PBS. Retrieved from http://www.pbs.org/wgbh/nova/next/body/seven-bars-dark-chocolate-improve-memory-25/

45 Goody, M. (2015, May 28). Why a journalist scammed the media into spreading bad chocolate science. NPR News. Retrieved from http://www.npr.org/sections/thesalt/2015/05/28/410313446/why-a-journalist-scammed-the-media-into-spreading-bad-chocolate-science

46 Berkman, L. F., & Syme, S. L. (1979). Social networks, host resistance, and mortality: A nine-year follow-up study of Alameda County residents. *American Journal of Epidemiology*, 109, 186-204.

47 Teo, A. R., Choi, H., Andrea, S. B., Valenstein, M., Newsom, J. T., Dobscha, S. K., & Zivin, K. (2015). Does mode of contact with different types of social relationships predict depression in older adults? *Journal of the American Geriatrics Society*, 63, 2014-2022.

48 U.S. Bureau of Labor Statistics, 2015.

49 Anderson, N. D., Damianakis, T., Kröger, E., Wagner, L. M., Dawson, D. R., Binns, M. A., ··· Cook, S. L. (2014). The benefits associated with volunteering among seniors: A critical review and recommendations for future research. *Psychological Bulletin*, 140, 1505-1533.

50 Carlson, M. C., Saczynski, J. S., Rebok, G. W., Seeman, T., Glass, T. A., McGill, S., ··· Fried, L. P. (2008). Exploring the effects of an "everyday" activity program on executive function and memory in older adults. *The Gerontologist*, 48, 793-801.

| 06 |

1 Agnvall, E. (2016, August). Keep your brain young by staying fit. *AARP Bulletin*.

2 Clarke, D. D., & Sokoloff, L. (1998). *Regulation of cerebral metabolic rate. Basic neurochemistry: Molecular, cellular and medical aspects* (6th ed.). Philadelphia: Lippincott Williams & Wilkins.

3 Max Planck Institute for Human Development and Stanford Center on Longevity. (2014, October 20). A consensus on the brain training industry from the scientific community. Retrieved from http://longevity3.stanford.edu/blog/2014/10/15/the-consensus-on-the-brain-training-industry-from-the-scientific-community-2/

4 Federal Trade Commission. (2016, January 5). Lumosity to pay $2 million to settle FTC deceptive advertising charges for its "brain training" program. Retrieved from https://www.ftc.gov/news-events/press-releases/2016/01/lumosity-pay-2-million-settle-ftc-deceptive-advertising-charges

5 Owen, A. M., Hampshire, A., Grahn, J. A., Stenton, R., Dajani, S., Burns, A. S., ··· Ballard, C. G. (2010). Putting brain training to the test. *Nature*, 465(7299), 775-778.

6   Toril, P., Reales, J. M., & Ballesteros, S. (2014). Video game training enhances cognition of older adults: A meta-analytic study. *Psychology and Aging*, 29, 706-716.

7   Anguera, J. A., Boccanfuso, J., Rintoul, J. L., Al-Hashimi, O., Faraji, F., Janowich, J., ··· Gazzaley, A. (2013). Video game training enhances cognitive control in older adults. Nature, 501(7465), 97-101.

8   Hambrick, S. (2014, December 14). Brain training doesn't make you smarter. *Scientific American*. Retrieved from http://www.salon.com/2014/12/04/brain_ training_doesnt_make_you_smarter_partner/

9   Roenker, D. L., Cissell, G. M., Ball, K. K., Wadley, V. G., & Edwards, J. D. (2003). Speed-of-processing and driving simulator training result in improved driving performance. *Human Factors*, 45, 218-233.

10 Ross, L. A., Freed, S. A., Edwards, J. D., Phillips, C. B., & Ball, K. (2017). The impact of three cognitive training programs on driving cessation across 10 years: A randomized controlled trial. *The Gerontologist*, 57, 838-846.

11 Simons, D. J., Boot, W. R., Charness, N., Gathercole, S. E., Chabris, C. F., Hambrick, D. Z., & Stine-Morrow, E. A. (2016). Do "brain-training" programs work? *Psychological Science in the Public Interest*, 17, 103-186.

12 Rabipour, S., & Davidson, P. S. (2015). Do you believe in brain training? A questionnaire about expectations of computerised cognitive training. *Behavioural Brain Research*, 295, 64-70.

13 Clark, B. B., Robert, C., & Hampton, S. A. (2016). The technology effect: How perceptions of technology drive excessive optimism. *Journal of Business and Psychology*, 31, 87-102.

14 Foroughi, C. K., Monfort, S. S., Paczynski, M., McKnight, P. E. & Greenwood, P. M. (2016). Placebo effects in cognitive training. *Proceedings of the National Academy of Sciences of the United States of America*, 113, 7470-7474.

15 Jaeggi, S. M., Buschkuehl, M., Jonides, J., & Perrig, W. J. (2008). Improving fluid intelligence with training on working memory. *Proceedings of the National Academy of Sciences of the United States of America*, 105, 6829-6833.

16 Uhls, Y. T., Michikyan, M., Morris, J., Garcia, D., Small, G. W., Zgourou, E., & Greenfield, P. M. (2014). Five days at outdoor education camp without screens improves preteen skills with nonverbal emotion cues. *Computers in Human Behavior*,

39, 387-392.

17 운동이 어떻게 쥐들의 신경발생을 돕는가에 관한 최근의 관련 연구들에 대한 유용한 개관 논문은 다음 논문을 참조하기 바란다. Clark, P. J., Kohman, R. A., Miller, D. S., Bhattacharya, T. K., Brzezinska, W. J., & Rhodes, J. S. (2011). Genetic influences on exercise-induced adult hippocampal neurogenesis across 12 divergent mouse strains. *Genes, Brain and Behavior*, 10, 345-353.

18 Van Praag, H., Shubert, T., Zhao, C., & Gage, F. H. (2005). Exercise enhances learning and hippocampal neurogenesis in aged mice. *Journal of Neuroscience*, 25, 8680-8685.

19 이 일화는 모셰 루빈스타인(Moshe Rubenstein)이 나에게 알려준 것이다. 그에게 감사를 전한다. 그가 이 연구 결과를 그의 친구에서 설명했을 때 그 친구가 그에게 농담 삼아 한 말이 바로, "그런 바퀴는 어디서 구할 수 있을까요?!"였다.

20 Kaplan, S. (2016, July). Does reading fiction make you a better person? *Washington Post*. Retrieved from https://www.washingtonpost.com/news/speaking-of-science/wp/2016/07/22/does-reading-fiction-make-you-a-better-person/?utm_term=.1f7a1f585596

21 Mar, R. A., Oatley, K., Hirsh, J., de la Paz, J., & Peterson, J. B. (2006). Bookworms versus nerds: Exposure to fiction versus non-fiction, divergent associations with social ability, and the simulation of fictional social worlds. *Journal of Research in Personality*, 40, 694-712.

22 Ward, M. (2016, November 16). Warren Buffett's reading routine could make you smarter, science suggests. CNBC. Retrieved from http://www.cnbc.com/2016/11/16/warren-buffetts-reading-routine-could-make-you-smarter-suggests-science.html

23 Wilson, R. S., Boyle, P. A., Yu, L., Barnes, L. L., Schneider, J. A., & Bennett, D. A. (2013). Life-span cognitive activity, neuropathologic burden, and cognitive aging. *Neurology*, 81, 314-321.

24 Evans, M. D., Kelley, J., Sikora, J., & Treiman, D. J. (2010). Family scholarly culture and educational success: Books and schooling in 27 nations. *Research in Social Stratification and Mobility*, 28, 171-197.

25 Almeida, O. P., Yeap, B. B., Alfonso, H., Hankey, G. J., Flicker, L., & Norman, P. E. (2012). Older men who use computers have lower risk of dementia. *PloS One*, 7, e44239.

26 Small, G. W., Moody, T. D., Siddarth, P., & Bookheimer, S. Y. (2009). Your brain on

Google: Patterns of cerebral activation during Internet searching. *American Journal of Geriatric Psychiatry*, 17, 116-126.

27 Smith, A. (2014, April). Older adults and technology use. Pew Research Center. Retrieved from http://www.pewinternet.org/2014/04/03/older-adults-and-technology-use/

28 Doward, J. (2015, May 16). Schools that ban mobile phones see better academic results. The Guardian. Retrieved from http://www.theguardian.com/education/2015/may/16/schools-mobile-phones-academic-results

29 나는 가끔 새 정수기를 설치하거나 세면대를 고치는 고군분투와 도전을 즐거운 마음으로 받아들이지만, 더 큰 배관 작업은 전문가에게 맡기는 것이 최선임을 깨닫기도 한다.

30 Hampton, D. (2014, September 10). Rethinking the brain benefits of wine. Retrieved from http://www.thebestbrainpossible.com/rethinking-red-wine/

31 Brickman, A. M., Khan, U. A., Provenzano, F. A., Yeung, L. K., Suzuki, W., Schroeter, H., ··· Small, S. A. (2014). Enhancing dentate gyrus function with dietary flavanols improves cognition in older adults. *Nature Neuroscience*, 17, 1798-1803.

32 Belluck, P. (2014, October). To improve a memory, consider chocolate. New York Times. Retrieved from https://www.nytimes.com/2014/10/27/us/a-bite-to-remember-chocolate-is-shown-to-aid-memory.html?_r=0

33 Bjork, E. L., & Bjork, R. A. (2014). Making things hard on yourself, but in a good way: Creating desirable difficulties to enhance learning. In M. A. Gernsbacher & J. Pomerantz (Eds.), *Psychology and the real world: Essays illustrating fundamental contributions to society* (2nd ed., pp. 59-68). New York: Worth.

34 Li, F., Fisher, K. J., & Harmer, P. (2005). Improving physical function and blood pressure in older adults through cobblestone mat walking: A randomized trial. *Journal of the American Geriatrics Society*, 53, 1305-1312.

35 Maillot, P., Perrot, A., & Hartley, A. (2012). Effects of interactive physical-activity video-game training on physical and cognitive function in older adults. *Psychology and Aging*, 27, 589-600.

36 Bredesen, D. E. (2014). Reversal of cognitive decline: A novel therapeutic program. *Aging*, 6, 707-717.

37 Greenberg, S. (2009, Jan 5). John Wooden: I'm not afraid of death. *Sporting News Magazine*. Retrieved from https://2thinkgood.com/2012/05/28/john-wooden-rip/

38 National Institute on Aging, Go4Life. (n.d.). Improve your balance. Retrieved from https://go4life.nia.nih.gov/exercises/balance

39 Cooper, R., Strand, B. H., Hardy, R., Patel, K. V., & Kuh, D. (2014). Physical capability in mid-life and survival over 13 years of follow-up: *British Birth Cohort Study*. British Medical Journal, 348, g2219.

| 07 |

1 Bergua, V., Fabrigoule, C., Barberger-Gateau, P., Dartigues, J. F., Swendsen, J., & Bouisson, J. (2006). Preferences for routines in older people: associations with cognitive and psychological vulnerability. *International Journal of Geriatric Psychiatry*, 21, 990-998.

2 Leisure in retirement. Beyond the bucket list. A Merrill-Lynch survey by Age Wave (2016). Retrieved from http://agewave.com/wp-content/uploads/2016/05/2016-Leisure-in-Reti rement_Beyond-the-Bucket-List.pdf

3 Cole, C., Laurent, G., Drolet, A., Ebert, J., Gutchess, A., ··· Peters, E. (2008). Decision making and brand choice by older consumers. *Marketing Letters*, 19, 355-365.

4 LaLanne, J. (2009). *Live young forever: 12 steps to optimum health, fitness & longevity*. Brampton, Ontario: Robert Kennedy.

5 Gill, T. M., Guralnik, J. M., Pahor, M., Church, T., Fielding, R. A., King, A. C., ··· Allore, H. G. (2016). Effect of structured physical activity on overall burden and transitions between states of major mobility disability in older persons: Secondary analysis of a randomized, controlled trial. *Annals of Internal Medicine*, 165, 883-840.

6 Go4Life. https://go4life.nia.nih.gov/

7 Notthoff, N., & Carstensen, L. L. (2014). Positive messaging promotes walking in older adults. *Psychology and Aging*, 29, 329-341.

8 Austin, S., Qu, H., & Shewchuk, R. M. (2013). Age bias in physicians' recommendations for physical activity: A behavioral model of healthcare utilization for adults with arthritis. *Journal of Physical Activity and Health*, 10, 222-231.

9 Koch, S., Holland, R. W., Hengstler, M., & van Knippenberg, A. (2009). Body locomotion as regulatory process: Stepping backward enhances cognitive control. *Psychological Science*, 20, 549-550.

10   Marcell, T. J., Hawkins, S. A., & Wiswell, R. A. (2014). Leg strength declines with advancing age despite habitual endurance exercise in active older adults. *Journal of Strength & Conditioning Research*, 28, 504-513.

11   O'Keefe, J. H., & Lavie, C. J. (2013). Run for your life ⋯ at a comfortable speed and not too far. *Heart*, 99, 516-519.

12   Hughes, L. (2017, May 22). Can you hold a plank as long as 71-year-old Cher? *Women's Health*. Retrieved from http://www.womenshealthmag.com/fitness/cher-workout-plank

13   Retrieved from http://bragg.com/about/lalanne_ gospel.html

14   Conason, J. (2013, Aug/ Sept). Bill Clinton explains why he became a vegan. *AARP Magazine*. Retrieved from http://www.aarp.org/health/healthyliving/info-082013/bill-clinton-vegan.html

15   Seller, P. (2015, February 25). Warren Buffets secret to staying young: "I eat like a six year old." *Fortune Magazine*. http://fortune.com/2015/02/25/warren-buffett-diet-coke/

16   이것은 그 자리에 함께 있었던 아라쉬 마르카지(Arash Markazi)라는 우든보다는 조금 어린 ESPN의 기자가 말해주었다. 자세한 내용은 다음을 참조하기 바란다. Markazi, A. (2010, October). Where everybody knew his name. Retrieved from http://www.espn.com/blog/los-angeles/ucla/post/_/id/3105/where-everyone-knew-his-name

17   나는 이 도넛이 얼마나 맛있는지 보증할 수 있고, 내가 가장 좋아하는 도넛이기 때문에, 나는 우든도 맛있게 먹었을 것으로 생각한다.

18   Teicholz, N. (2014). *The big fat surprise: Why butter, meat and cheese belong in a healthy diet*. New York: Simon and Schuster.

19   Cattel, J. (2016, February). The key to living longer could be eating like your grandparents. Retrieved from http://greatist.com/eat/eat-like-great-grandparents

20   U.S. National Library of Medicine. Sleep disorders in older adults. Medline Plus. Retrieved from https://medlineplus.gov/ency/article/000064.htm

21   Mander, B. A., Rao, V., Lu, B., Saletin, J. M., Lindquist, J. R., Ancoli-Israel, S., ⋯ Walker, M. P. (2013). Prefrontal atrophy, disrupted NREM slow waves and impaired hippocampal-dependent memory in aging. *Nature Neuroscience*, 16, 357-364.

22   Grigsby-Toussaint, D. S., Turi, K. N., Krupa, M., Williams, N. J., Pandi-Perumal, S. R., & Jean-Louis, G. (2015). Sleep insufficiency and the natural environment: Results

from the US behavioral risk factor surveillance system survey. *Preventive Medicine*, 78, 78-84.

23 Moss, T. G., Carney, C. E., Haynes, P., & Harris, A. L. (2015). Is daily routine important for sleep? An investigation of social rhythms in a clinical insomnia population. *Chronobiology International*, 32, 92-102.

24 Zisberg, A., Gur-Yaish, N., & Shochat, T. (2010). Contribution of routine to sleep quality in community elderly. *Sleep*, 33, 509-514.

25 Mednick, S. C., & Ehrman, M. (2006). *Take a nap!: Change your life*. New York: Workman Publishing.

26 Foley, D., Ancoli-Israel, S., Britz, P., & Walsh, J. (2004). Sleep disturbances and chronic disease in older adults. *Journal of Psychosomatic Research*, 56, 497-502.

27 Trompeter, S. E., Bettencourt, R., & Barrett-Connor, E. (2012). Sexual activity and satisfaction in healthy community-dwelling older women. *American Journal of Medicine*, 125, 37-43.

28 Erber, J. T., & Szuchman, L. T. (2015). *Great myths of aging*. Hoboken, NJ: Wiley Blackwell.

29 Westheimer, R. K. (2005). *Sex after 50: Revving up the romance, passion and excitement!* Fresno, CA: Linden Publishing.

30 Krug, N. (2015, June 3). Dr. Ruth, 87, still shocking us with her sex talk. Washington Post. Retrieved from https://www.washingtonpost.com/news/arts-and-entertainment/wp/2015/06/03/dr-ruth-87-still-shocking-us-with-her-sex-talk/?utm_term=.6037e9e7918d

31 Joanisse, M., Gagnon, S., & Voloaca, M. (2012). Overly cautious and dangerous: An empirical evidence of the older driver stereotypes. *Accident Analysis & Prevention*, 45, 802-810.

32 Erber, J. T., & Szuchman, L. T. (2015). *Great myths of aging*. Hoboken, NJ: Wiley Blackwell.

33 Karlawish, J. (2014, September 20). Too young to die, too old to worry. *New York Times Sunday Review*. Retrieved from http://www.nytimes.com/2014/09/21/opinion/sunday/too-young-to-die-too-old-to-worry.html?_r=0

34 Nepal, A. (2010, November 29). Winning Langley gave up smoking at 102 and died within a year. Retrieved from http://xnepali.net/winnielangley-gave-up-smoking-at-

102 and-died-within-a-year/

35 UC Irvine Institute for Memory Impairments and Neurological Disorders (UCI MIND). The 90+ Study. Retrieved from https://www.mind.uci.edu/research/90plus-study/

36 Penninx, B. W., Van Tilburg, T., Kriegsman, D. M., Deeg, D. J., Boeke, A. J. P., & van Eijk, J. T. M. (1997). Effects of social support and personal coping resources on mortality in older age. *American Journal of Epidemiology*, 146, 510-519.

37 Fratiglioni, L., Paillard-Borg, S., & Winblad, B. (2004). An active and socially integrated lifestyle in late life might protect against dementia. *Lancet Neurology*, 3, 343-353.

38 Zauberman, G., Ratner, R. K., & Kyu Kim, B. (2008). Memories as assets: Strategic memory protection in choice over time. *Journal of Consumer Research*, 35, 715-728.

39 Meske, C., Sanders, G. F., Meredith, W. H., & Abbott, D. A. (1994). Perceptions of rituals and traditions among elderly persons. *Activities, Adaptation & Aging*, 18, 13-26.

40 Fiese, B. H. (2006). *Family routines and rituals*. New Haven, CT: Yale University Press.

41 Rosenthal, C. J., & Marshall, V. W. (1988). Generational transmission of family ritual. *American Behavioral Scientist*, 31, 669-684.

42 Wahlheim, C. N., Dunlosky, J., & Jacoby, L. L. (2011). Spacing enhances the learning of natural concepts: An investigation of mechanisms, metacognition, and aging. *Memory & Cognition*, 39, 750-763.

| 08 |

1 Pew Research Center. (2009). Growing old in America: Expectations vs reality. Retrieved from http://www.pewsocialtrends.org/2009/06/29/growing-old-in-america-expectation s-vs-reality/

2 바로 앞의 책.

3 Wu, C., Odden, M. C., Fisher, G. G., & Stawski, R. S. (2016). Association of retirement age with mortality: A population-based longitudinal study among older adults in the USA. *Journal of Epidemiology and Community Health*, 70, 917-923.

4   Merrill Lynch & Age Wave. (2016). Leisure in retirement: Beyond the bucket list. A Merrill Lynch Retirement Study conducted in partnership with Age Wave. Retrieved from https://agewave.com/wp-content/uploads/2016/05/2016-Leisure-in-Retirement_Beyond-the-Bucket-List.pdf

5   Castel, A. D. (2007). Aging and memory for numerical information: The role of specificity and expertise in associative memory. *Journals of Gerontology*, 62, 194-196.

6   Spreng, R. N., Rosen, H. J., Strother, S., Chow, T. W., Diehl-Schmid, J., Freedman, M., ⋯ Morelli, S. A. (2010). Occupation attributes relate to location of atrophy in frontotemporal lobar degeneration. *Neuropsychologia*, 48, 3634-3641.

7   Sterns, H. L., & Gray, J. H. (1999). Work, leisure, and retirement. *Gerontology*, 355-389.

8   이 책에서는 사람들이 죽음을 어떻게 생각하는지는 다루지 않는다. 그러나 이 중요한 주제를 개관한 훌륭한 책들이 많다. 죽음에 대한 수용의 정도와 관점은 노인과 젊은 성인들 사이에 확연한 차이가 있다.

9   Dave, D., Rashad, I., & Spasojevic, J. (2006). *The effects of retirement on physical and mental health outcomes* (No. w12123). National Bureau of Economic Research.

10   Perreira, K. M., & Sloan, F. A. (2001). Life events and alcohol consumption among mature adults: A longitudinal analysis. *Journal of Studies on Alcohol*, 62, 501-508.

11   Merrill Lynch & Age Wave. (2016). Leisure in retirement: Beyond the bucket list. A Merrill Lynch Retirement Study conducted in partnership with Age Wave. Retrieved from https://agewave.com/wp-content/uploads/2016/05/2016-Leisure-in-Retirement_Beyond-the-Bucket-List.pdf

12   Reitzes, D. C., Mutran, E. J., & Fernandez, M. E. (1998). The decision to retire: A career perspective. *Social Science Quarterly*, 79(3), 607-619.

13   Vaillant, G. E., DiRago, A. C., & Mukamal, K. (2006). Natural history of male psychological health: Retirement satisfaction. *American Journal of Psychiatry*, 163, 682-688.

14   Dion, J. (2014, November). The healing nature of friendship. Retrieved from https://www.stitch.net/blog/2014/11/healing-nature-friendship/

15   Moen, P., Kim, J. E., & Hofmeister, H. (2001). Couples' work/ retirement transitions, gender, and marital quality. *Social Psychology Quarterly*, 64(1), 55-71.

16   Stock, R. (2011, January). Lunch date with ROMEO gives guys a chance to connect.

AARP. Retrieved from http://www.aarp.org/relationships/friends/info-01-2011/romeo_retired_men_club.html

17 Heid, M. (2015, March). You asked: How many friends do I need? *Time Magazine.* Retrieved from http://time.com/3748090/friends-social-health/

18 Doyle, A. C. (1930). *The Complete Sherlock Holmes* (Vol. 2). New York: Doubleday Books.

19 Ekerdt, D. J. (1986). The busy ethic: Moral continuity between work and retirement. *The Gerontologist,* 26, 239-244.

20 Festini, S. B., McDonough, I. M., & Park, D. C. (2016). The busier the better: Greater busyness is associated with better cognition. *Frontiers in Aging Neuroscience,* 8.

21 Ironside, V. (2007). *No! I don't want to join a book club: Diary of a 60th year.* London: Penguin UK. 내가 우리 동네 도서관에서 이 책을 찾았을 때 글씨가 크게 인쇄된 다섯 권의 책이 모두 대출 중이었다. 아마도 노인들이 빌렸을 것이다. 그러나 보통 크기의 글씨로 쓰인 책은 한 권 남아 있었다. 독서 동아리에 가입하고 싶지 않은 노인들은 왜 자신들이 가입하고 싶지 않은지에 대한 책을 읽어보고 싶어 하는 것 같다!

22 Captain Sully retiring from US Airlines. CBS News, March 3, 2010. Retrieved from http://www.cbsnews.com/news/captain-sully-retiring-from-us-airways/

23 Quote from the Brubeck Institute, University of the Pacific Support Message. Retrieved from http://www.pacific.edu/Brubeck-Home/Support.html

24 밥 뉴하트(Bob Newhart)와의 개인적인 인터뷰, March 3, 2011.

25 Berrin, D. (2017, May). An interview with Sherry Lansing. *The Jewish Journal.*

26 Dance, sing, just "keep moving," Dick Van Dyke tells seniors. An interview with Dyke Van Dyke. Weekend Edition Sunday, NPR. Retrieved from http://www.npr.org/2015/10/11/447591736/dance-sing-just-keep-moving-dick-van-dyke-tells-seniors

27 Diamond, J. (2012). *The world until yesterday: What can we learn from traditional societies?* New York: Penguin.

28 Freudenheim, M. (2005, March). More help wanted: Older works please apply. *New York Times.* Retrieved from http://www.nytimes.com/2005/03/23/business/more-help-wanted-older-workers-please-apply.html?_r=0#story-continues-1

29 Volz, J. (2000). Successful aging: The second 50. *American Psychology Association*

Monitor, Volume 31.

30 Plaschke, B. (2017, April 4). Behind the scenes with Vin Scully on opening day of his retirement. *Los Angeles Times*. Retrieved from http://www.latimes.com/sports/dodgers/la-sp-vin-scully-plaschke-20170404-story.html

31 Schott, B. (2015, December 16). Getting to the heart of David Letterman. *Whitefish Review*. Retrieved from http://www.whitefishreview.org/archives/2015/12/david-letterman-interview/

32 Battaglio, S. (2017, August 8). David Letterman will do a six episode talk show for Netflix. *Los Angeles Times*. Retrieved from http://www.latimes.com/business/hollywood/la-fi-ct-letterman-netflix-20170808-story.html

33 Gillett, E. (2015, July). Meet the 93-year-old woman who still works 5 days a week and never wants to retire. Retrieved from http://www.businessinsider.com/betty-reid-soskin-interview-2015-7

34 Abdul-Jabbar, K. (2014, February). Kareem Abdul-Jabbar's three rules of retirement. *The Rotarian*. Retrieved from http://therotarianmagazine.com/three-rules-of-retirement

35 Williams, C. (2016, April). Why it pays to work less. *The Economist 1843 Magazine*. Retrieved from https://www.1843magazine.com/ideas/the-daily/why-it-pays-to-work-less

36 Smith, A., & McCulloch, J. R. (1838). *An Inquiry into the Nature and Causes of the Wealth of Nations*. Edinburgh: A. and C. Black and W. Tait.

37 Gruenewald, T. L., Tanner, E. K., Fried, L. P., Carlson, M. C., Xue, Q. L., Parisi, J. M., ⋯ Seeman, T. E. (2016). The Baltimore Experience Corps Trial: Enhancing generativity via intergenerational activity engagement in later life. *Journals of Gerontology*, 71, 661-670.

38 Patrick, D. (2016, November 7). Just my type. *Sports Illustrated*.

39 Tergesen, A. (2014, March 30). The long (long) wait to be a grandparent. *Wall Street Journal*. Retrieved from https://www.wsj.com/articles/SB10001424052702303775504579395501172676002

40 Kaufman, G., & Elder, G. H. (2003). Grandparenting and age identity. *Journal of Aging Studies*, 17, 269-282.

41 Baker, L. A., Silverstein, M., & Putney, N. M. (2008). Grandparents raising grandchildren in the United States: Changing family forms, stagnant social policies.

Journal of Societal & Social Policy, 7, 53-69.

42 Merrill Lynch & Age Wave. (2016). Leisure in retirement: Beyond the bucket list. A Merrill Lynch Retirement Study conducted in partnership with Age Wave. Retrieved from https://agewave.com/wp-content/uploads/2016/05/2016-Leisure-in-Retirement_ Beyond-the-Bucket-List.pdf

43 Burn, K. F., Henderson, V. W., Ames, D., Dennerstein, L., & Szoeke, C. (2014). Role of grandparenting in postmenopausal women's cognitive health. *Menopause*, 21, 1069-1074.

44 Bates, J. S., & Taylor, A. C. (2012). Grandfather involvement and aging men's mental health. *American Journal of Men's Health*, 6, 229-239.

| 09 |

1 존 글렌(John Glenn)과의 개인적인 인터뷰, December 13, 2012.

2 Abdul-Jabbar, K. (2014, February). Kareem Abdul-Jabbar's three rules of retirement. *The Rotarian*. Retrieved from http://therotarianmagazine.com/three-rules-of-retirement

3 Abdul-Jabbar, K. (2017). *Coach Wooden and me: Our 50-year friendship on and off the court*. New York: Grand Central Publishing.

4 Mroczek, D. K., & Kolarz, C. M. (1998). The effect of age on positive and negative affect: A developmental perspective on happiness. *Journal of Personality and Social Psychology*, 75, 1333-1349.

5 Pew Research Center (2009). Growing old in America: Expectations vs reality. Retrieved from http://www.pewsocialtrends.org/2009/06/29/growing-old-in-america-expectations-vs-reality/

6 Sarkisian, C. A., Steers, W. N., Hays, R. D., & Mangione, C. M. (2005). Development of the 12-item expectations regarding aging survey. *The Gerontologist*, 45, 240-248.

7 Davis, M. M., Bond, L. A., Howard, A., & Sarkisian, C. A. (2011). Primary care clinician expectations regarding aging. *The Gerontologist*, 51, 856-866.

8 Bowen, C. E., & Skirbekk, V. (2017). Old age expectations are related to how long people want to live. *Ageing and Society*, 37(9), 1898-1923.

9 Haslam, C., Morton, T. A., Haslam, S. A., Varnes, L., Graham, R., & Gamaz, L. (2012).

When the age is in, the wit is out: Age-related self-categorization and deficit expectations reduce performance on clinical tests used in dementia assessment. *Psychology and Aging*, 27, 778-784.

10 Levy, B. R., Pilver, C., Chung, P. H., & Slade, M. D. (2014). Subliminal strengthening improving older individuals' physical function over time with an implicit-age-stereotype intervention. *Psychological Science*, 25, 2127-2135.

11 Levy, B. R., Slade, M. D., Murphy, T. E., & Gill, T. M. (2012). Association between positive age stereotypes and recovery from disability in older persons. *Journal of the American Medical Association*, 308, 1972-1973.

12 Locke, E. A., & Latham, G. P. (2006). New directions in goal-setting theory. *Current Directions in Psychological Science*, 15, 265-268.

13 Depp, C. A., & Jeste, D. V. (2006). Definitions and predictors of successful aging: A comprehensive review of larger quantitative studies. *American Journal of Geriatric Psychiatry*, 14, 6-20.

14 Thornton, J. E., Collins, J. B., Birren, J. E., & Svensson, C. (2011). Guided autobiography's developmental exchange: What's in it for me? *International Journal of Aging and Human Development*, 73, 227-251.

15 Kenyon, G., Bohlmeijer, E., & Randall, W. L. (Eds.). (2010). *Storying later life: Issues, investigations, and interventions in narrative gerontology*. New York: Oxford University Press.

16 Perkins, L. (2014, August). Why grandma might not be the best babysitter. *Huffington Post*. Retrieved from http://www.huffingtonpost.com/lynn-perkins/why-grandma-might-not-be-_b_5682844.html

17 Greenstein, M., & Holland, J. (2014). *Lighter as we go: Virtues, character strengths, and aging*. New York: Oxford University Press.

18 Smith-Sloman, C. (2016, November 20). NYU plans to house local senior citizens with students. *New York Post*. Retrieved from http://nypost.com/2016/11/20/nyu-plans-to-house-local-senior-citizens-with-students/

19 Painter, J. A., Elliott, S. J., & Hudson, S. (2009). Falls in community-dwelling adults aged 50 years and older prevalence and contributing factors. *Journal of Allied Health*, 38, 201-207.

20 일생의 사랑을 위한 노인들의 조언에 관한 훌륭한 책을 찾는다면 Pillemer, K. A.

(2012). *30 lessons for loving: Advice from the wisest Americans on love, relationships, and marriage*. New York: Penguin을 보기 바란다.

21 Berrin, D. (2017, May). An interview with Sherry Lansing. *The Jewish Journal*.

22 Pillemer, K. (2011). *30 lessons for living: Tried and true advice from the wisest Americans*. New York: Penguin.

23 Pillemer, K. A. (2016, September). Stop. Worrying. Now. *Psychology Today*. Retrieved from https://www.psychologytoday.com/articles/201609/16-life-lessons?collection= 1093092

24 DeLiema, M., Yon, Y., & Wilber, K. H. (2016). Tricks of the trade: Motivating sales agents to con older adults. *The Gerontologist*, 56, 335-344.

25 Ross, M., Grossmann, I., & Schryer, E. (2014). Contrary to psychological and popular opinion, there is no compelling evidence that older adults are disproportionately victimized by consumer fraud. *Perspectives on Psychological Science*, 9, 427-442.

26 Federal Bureau of Investigation. (n.d.) Scams and safety: Fraud against seniors. Retrieved from https://www.fbi.gov/scams-and-safety/common-fraud-schemes/seniors

27 Castle, E., Eisenberger, N. I., Seeman, T. E., Moons, W. G., Boggero, I. A., Grinblatt, M. S., & Taylor, S. E. (2012). Neural and behavioral bases of age differences in perceptions of trust. *Proceedings of the National Academy of Sciences of the United States of America*, 109, 20848-20852.

28 Bailey, P. E., Slessor, G., Rieger, M., Rendell, P. G., Moustafa, A. A., & Ruffman, T. (2015). Trust and trustworthiness in young and older adults. Psychology and Aging, 30, 977-986.

29 Criss, D. (2016, August 24). 91-year-old flips the script on a man who tried to rob him. CNN. Retrieved from http://www.cnn.com/2016/08/24/health/old-man-shoots-would-be-robber-trnd/?iid=ob_article_footer_expansion

30 Dweck, C. S. (2008). *Mindset: The new psychology of success*. New York: Random House Digital, Inc.

31 Plaks, J. E., & Chasteen, A. L. (2013). Entity versus incremental theories predict older adults' memory performance. *Psychology and Aging*, 28, 948-957.

32 Stephan, Y., Chalabaev, A., Kotter-Grühn, D., & Jaconelli, A. (2013). "Feeling younger, being stronger": An experimental study of subjective age and physical functioning among older adults. *Journals of Gerontology*, 68, 1-7.

33 Fung, H. H., & Carstensen, L. L. (2006). Goals change when life's fragility is primed: Lessons learned from older adults, the September 11 attacks and SARS. Social Cognition, 24, 248-278.

34 Brokaw, T. (2000). *The greatest generation*. New York: Random House.

찾아보기

옮긴이가 독자들께 드리는 글

노화에 따른 인지 기능의 감퇴는 심리학자인 저(이 책의 저자 역시도 심리학자입니다)의 관심 연구 분야입니다. 연구자로서 옮긴이가 인간의 인지 및 언어정보처리에 관한 연구를 수행할 때 70대 이상의 어르신들과 20대 초반의 대학생들을 비교해보면 한 가지 재미난 현상을 관찰할 수 있습니다. 70대 이상의 실험 참여자들의 수행 정도는 20대와는 비교할 수 없을 정도로 낮지만 실험에 임하는 자세나 전반적인 태도는 20대보다 훨씬 긍정적이고 진지한 경우가 많다는 것입니다. 이러한 간단한 관찰 속에서도 '나이 듦이란 무엇인가'라는 다소 철학적이고 근본적인 질문이 마음속에 생깁니다. 이런 질문에 대한 답을 고민하던 와중에 노인 인지를 연구하는 연구자이자 UCLA의 심리학과 교수인 앨런 카스텔 박사가 쓴 『Better with Age』라는 책이 출판된 것을 알았습니다. 저는 이 책을 읽으면서 카스텔 박사 역시 저와 유사한 고민을 하고 있는 것을 느낄 수 있었습니다. 책 속에는 심리학을 비롯한 과학적 연구를 통해 밝혀진 내용뿐만 아니라 건강한 노년기를 보내고 있는 훌륭한 노인들과의 인터뷰를 통해 이러한 고민들에 대한 답을 구하려는 시도가 잘 담겨 있었습니다. 그래서 이 책을 번역하겠다고 마음을 정하는 데에는 그리 오랜 시간이 걸리지 않았습니다.

이 책의 저자는 나이가 들면서 여러 가지 기능이 감퇴되는 것을 부정하지 않습니다. 하지만 아직 노인이 되지 않은 젊은 세대들조차 노화에 관해 과장되고 왜곡된 고정관념들을 가지고 있는 것은 분명한 사실이고, 이는 노화의 본질에 대한 객관적인 성찰이나 성공적인 노년의 삶에 대한 차분한 준비를 방해합니다.

이 책은 노화에 대하여 과학적 근거에 입각한 정보를 제공하고, 노인들이 어떻게 적응적이며 건강한 삶을 영위할 수 있는지에 대한 관점을 제시하며, 성공적인 노화를 준비하기 위한 통찰을 제공합니다.

책의 내용을 간단히 요약하면, 1장에서는 성공적인 노화란 무엇인가에 대해서 이야기하며 노화란 비관적인 것만은 아니라는 것을 흥미롭게 서술하고 있습니다. 2장에서는 나이가 들면서 신체적으로나 인지적으로 다양한 문제들이 생기지만 노인들은 높은 수준의 행복감과 삶의 만족도를 경험하는데, 이러한 역설적 정서 상태에 대해서 설명하면서 행복의 본질에 대해 묻습니다. 3장은 노인들의 기억에 관한 내용으로, 감퇴되는 기억력에 대응하여 노인들이 어떤 책략을 사용하는지, 나이가 들면서 효율적으로 사용할 수 있는 기억법은 무엇인지, 그리고 노화에 대한 고정관념이나 신념이 기억에 어떤 영향을 미치는지 등을 서술하고 있습니다. 4장은 지혜에 대한 내용을 담고 있는데, 노인들이 자신의 삶의 경험을 통해 어떻게 지혜와 창의적인 통찰을 얻는지를 이야기합니다. 5장과 6장에서는 나이가 들어서도 여전히 인지적 명민함을 유지할 수 있는 비결을 이야기합니다. 과연 이를 위한 묘책이 존재할까요? 궁금하다면 5장을 읽어보시기 바랍니다. 6장에서 저자는 컴퓨터를 이용한 두뇌 훈련의 효과에 대해서 날카로운 분석을 제공합니다. 컴퓨터를 이용해서 치매 예방을 하기 원하는 분이 계시다면 먼저 6장을 읽어보고 결정하시기 바랍니다. 7장은 습관에 대한 오해에 대해 설명하며 습관의 중요성에 대해 이야기합니다. 8장에서 저자는 은퇴 후의 삶을 어떻게 보람 있게 보낼 수 있을지에 관해 말하며 은퇴에 관한 흥미로운 주장을 펼칩니다. 마지막으로 9장에서는 책의 내용을 정리하면서, 성공적인 노화를 위해 우리가 바로 지금 그리고 여기에서 준비할 수 있는 일들이 무엇인지 이야기하고 있습니다.

책을 읽고 번역하면서 이런 훌륭한 어르신들과 정담을 나누며 노화에 대한 그리고 인생에 대한 통찰과 지혜를 배운 저자가 부럽지 않았다면 거짓말일 것입니다. 물론 아쉬웠던 점은 책에 소개된 훌륭한 어른들이 모두 미국인이었다는 점입니다. 물론 저자가 미국인이기에 이는 어쩔 수 없는 일이지만, 조금 더 다양한 인종과 민족의 어르신들의 삶을 책 속에서나마 만날 수 있었다면 어땠을까 하는 작은 투정도 있었습니다. 이런 잠시 잠깐의 불평에 대한 제 성급한 대답은 독자들께서 책을 읽으며 이런 어르신들을 떠올려보는 것도 괜찮겠다는 것입니다. 저 역시도 책 속에서 언급된 인물들의 삶을 보며 제 주변에서 훌륭한 삶을 살고 계신, 그리고 사셨던 어르신들의 모습을 자연스레 떠올리는 경우가 종종 있었습니다. 또한 노인 연구를 수행하는 연구자로서 우리 대한민국에서 건강한 노년의 삶을 살아가고 계신 어르신들의 삶을 듣고 배울 기회가 있다면 얼마나 좋을까 생각하기도 하였답니다.

이 책을 번역하는 데 도움을 주신 분들 그리고 기관들이 있습니다. 먼저 제가 노인 연구에 관심을 갖고 첫발을 디딜 수 있게 길을 열어주신 John M. Henderson 교수님께 감사드립니다. 한글을 읽으실 수 없지만, 책이 나온 뒤 제 마음을 담아 한 권 드릴 작정입니다. 제가 번역한 책의 내용이 궁금하시면 원서를 읽으시면 될 테니까요. 그리고 사회과학연구지원사업 노인행동과학연구팀에서 함께 연구하고 있는 선후배 연구자 분들께도 감사드립니다. 함께 연구하며 얻은 지적 자극들이 이 책을 옮기는 데 큰 자양분이 되었습니다. 또한 이러한 연구를 수행할 수 있도록 연구비를 지원한 대한민국 교육부와 한국연구재단^{NRF-2017S1A3A2066319} 에도 감사의 말씀을 드립니다. 마지막으로 이 책의 출판을 지원해주신 지스트 김기선 총장님 이하 경영진께 감사드리고, 출판과정에 함께 힘써 주신 GIST PRESS 박세미 선생님과 도서출판 씨아이알의 박승애 실장님 그리고 관계자분들께도 감사를 전합니다.

부 록

이 책에서 건강한 노년의 삶을 위한 저자의 주장과 제안은 크게 두 가지 종류의 논거에 의해 뒷받침된다. 첫째는 다양한 과학적·심리학적 연구 결과이다. 그리고 또 다른 중요한 축은 주관적·객관적 기준에서 건강한 노년의 삶을 보내고 있는 (혹은 최근까지 보냈던) 미국의 여러 노인들과의 인터뷰 결과이다. 물론 책의 내용을 잘 읽어보면, 이분들의 삶의 면면을 충분히 상상해볼 수 있겠지만, 간단하게 책에서 많이 언급된 몇 분의 삶을 소개하고자 한다.

존 우든 • *John Wooden, 1910~2010*

미국의 농구 선수이자 UCLA의 농구 감독이었다. 퍼듀 대학교에서 선수로 활약하던 시절에도 물론 명성이 있었지만, UCLA 감독 재직 시절의 명성은 정말 화려하다. 전미 대학 농구 리그의 우승컵을 10번이나 들어 올렸고, 1966년부터 1973년까지는 7년 연속 우승을 일궈내는 기염을 토했다. 7년 연속 우승의 기록은 아직도 미국 대학 스포츠 연합 NCAA, National Collegiate Athletic Association 역사에서 깨지지 않는 기록이다. 27년간 UCLA의 감독직을 수행하면서 80%가 넘는 승률을 거뒀다. 참고로 미국 대학 농구 리그의 인기는 가히 상상을 초월하며, 농구 명문 대학교의 농구팀 감독은 프로 구단의 감독 이상의 부와 명예 그리고 인기를 누리고 있다. 특히 매년 3월에 열리는 NCAA 남자 농구 토너먼트는 미국 전역의 관심사이며, 미국 프로 농구만큼의 혹은 지역에 따라 그 이상의 인기가 있다.

나이 듦의 이로움

프랭크 게리 • *Frank Gehry, 1929~*

캐나다 출신으로 세계적 명성이 있는 건축가이며
UCLA의 교수이다. 건축학계에서 최고의 상인 프리츠
커상을 받았다. 월트 디즈니 콘서트 홀, 스페인 빌바오
에 있는 구겐하임 미술관, 체코의 댄싱 하우스 등 세계
적으로 유명한 건축물을 디자인하였다. 한국과도
인연이 있어 한국을 방문하기도 하였으며, 2019년
에는 한국에 그가 설계한 건축물이 세워지기도 하였다.
특히 빌바오의 구겐하임 미술관은 이 건축물 하나로 인하여 쇠락해가던 도시에 엄
청난 활력을 불어 넣어 '빌바오 효과'라는 용어가 만들어지기도 하였다.

재레드 다이아몬드 • *Jared Diamond, 1937~*

1997년 출판한 『총, 균, 쇠』라는 책으로 한국에 잘 알려진
작가이자 대학교수이다. 『총, 균, 쇠』는 한국에서만 50만
부 이상이 판매되었고, 서울대학교 도서관 대출 순위에서
10년간 1위를 차지했던 것으로 유명하다. 이 책을 출간한
이후에도 인류 문명에 관한 선 굵은 책들을 왕성하게 집
필하고 있다. 한국에도 몇 차례 방문하였으며, 한글 예
찬론자로도 잘 알려져 있다.

존 글렌 • *John Glenn, 1921~2016*

미국 해병 항공대의 조종사이자, 공학자이고, 상원의원이다. 가장 잘 알려진 경력은 바로 1962년 지구 바깥에서 지구 궤도를 세 바퀴 돈 첫 번째 미국인이었다는 것이다. 전 세계에서 우주를 여행한 다섯 번째 우주인이기도 하다. 미 항공우주국에서 은퇴한 후에는 정치계에 입문하였는데, 1974년 민주당의 상원의원으로 선출되어 24년 동안 의원직을 수행하였다. 이 책에서도 저자가 언급하였지만, 77세의 나이로 다시 우주 비행에 성공하였고, 최고령의 우주인이기도 하다. 젊은 시절에는 전투기 조종사로 한국전쟁에 참전하기도 하였다.

마야 안젤로우 • *Maya Angelou, 1928~2014*

미국의 시인이자, 가수이며, 인권운동가이다. 그녀의 질곡 많은 어린 시절은 그녀의 자서전, 특히 자신의 태어나서 17살이 될 때까지의 삶을 그린 『새장에 갇힌 새가 왜 노래하는지 나는 아네I know why the caged bird sings』에 잘 나타나 있다. 이 책으로 그녀는 국제적 명성을 얻게 된다. 1960년대에는 말콤 엑스나 마틴 루터 킹 주니어 목사 등과 함께 흑인 인권운동에 매진하기도 하였으며, 이후 수많은 강연을 통해 많은 사람들에게 영향을 미쳤다.

밥 뉴하트 • *Bob Newhart, 1929~*

미국의 전설적인 코미디언이다. 1960년대부터 코미디언으로 명성을 쌓았는데, 약간은 무미건조하고 느린 스타일의 코미디를 구사하는 것으로 유명하다. 1960년대 그의 코미디를 담은 앨범 두 장은 모두 빌보드 차트를 석권했으며, 70년대에는 텔레비전 시트콤에도 오래 출연하였다. 수차례 그래미상, 에미상, 골든글러브상을 수상하였으며, 최근에는 여든이 넘은 나이에도 '빅뱅이론'이라는 시트콤에도 여러 차례 단역으로 출연해 많은 시청자들에게도 웃음을 선사하였고, 2013년에는 이 작품으로 에미상을 수상하기도 하였다.

필리스 딜러 • *Phyllis Diller, 1917~2012*

미국의 희극배우이자 코미디언이다. 30대 중반까지는 결혼하여 다섯 명의 자녀를 키우며 코미디와 전혀 상관없는 삶을 살다가 그녀의 나이 37세 때에 스탠드업 코미디계에 입문하여 80세가 넘은 나이까지 현역 배우로 활동하였다. 수많은 영화와 텔레비전 프로그램에 출연하였으며, 미국 여성 희극배우의 개척자이자 역사 중 한 사람이라고 할 수 있다.

데이브 브루벡 • *Dave Brubeck, 1920~2012*

미국의 작곡가이자 재즈 피아니스트이다. 데이브 브루벡은 1951년 알토 색소포니스트인 폴 데스몬드를 비롯한 동료들과 '데이브 브루벡 콰르텟'을 결성하여 미국 전역의 대학교를 순회하며 공연을 하여 재즈의 대중화에 기여하였다. 1959년 발매된 Time Out 앨범은 당시 백만 장 이상 판매고를 올렸고, 이 앨범에 실린 'Take Five'란 곡은 각종 영화나 광고의 배경음악으로도 많이 쓰여서 우리 한국인들에게도 친숙한 유명한 곡이다. 이는 음악에서 4분의 5박자의 당시 미국인들에게는 생소했던 유럽풍의 리듬을 채용한 곡인데, 미국에서는 5월 4일을 데이브 브루벡의 날로 기념하기도 하는데, 5/4가 4분의 5박자를 뜻하기 때문이다.

잭 라레인 • *Jack LaLanne, 1914~2011*

건강의 유지 혹은 증진을 목적으로 하는 운동을 총칭하는 피트니스라는 단어를 가장 잘 대표하는 인물이자 피트니스의 첫 번째 영웅으로 알려진 잭 라레인은 샌프란시스코에서 태어났다. 이 책에서도 언급되었듯이, 어린 시절은 정크 푸드에 중독되어 있었지만, 이후 피트니스 전도사로, 방송인으로, 또한 대중연설가로 왕성한 활동을 하며 많은 사람들에게 영향을 미쳤다. 방송을 통해서 다양한 피트니스 프로그램을 대중들에게 소개하였고, 자신도 매일 운동을 통해서 건강을 관리하였다. 가족들에 따르면 96세의 일기로 죽기 바로 전날에도 자신의 운동 루틴에 따라 운동을 했다고 한다.

스탠 버만 • *Stan Berman, 1929~*

캘리포니아 웨스트우드 빌리지 지역의 도넛 가게 경영자이다. 1963년 Stan's Donuts라는 도넛 가게를 연 뒤 50년 이상 꾸준히 경영하고 있다. 이 가게는 LA지역의 수많은 유명 인사들의 단골 가게이기도 하고, 지역의 역사이기도 하다. 현재는 시카고에도 지점을 열며 전국적으로 영역을 확장하고 있다. 매년 창업자의 생일에는 그의 나이만큼 도넛 가격을 책정^{80세엔 도넛} 하나에 80센트 하여 파는 이벤트를 연다.

알버트 반두라 • *Albert Bandura, 1925~*

현재 스탠퍼드대학교 심리학과의 명예교수이다. 심리학과 교육학에 막대한 영향을 끼친 연구를 다수 수행하였다. 반두라 교수의 사회학습이론, 사회인지이론, 자기효능감이론 등은 현재까지도 심리학을 비롯한 다양한 학문 분야에서 아직도 많이 인용되고 있으며, 많은 조사에서 현존하는 가장 위대한 심리학자 명단에 항상 이름을 올린다. 그가 1977년 발간한 사회인지이론이란 책은 지금까지 무려 5만 회 이상 인용되었고, 1997년 발간한 자기효능감이란 책은 인용횟수가 8만 회에 육박한다. 또한 객관적이고 종합적인 기준을 적용하여 20세기 가장 뛰어난 100의 심리학자들을 꼽은 한 논문에서는 스키너, 피아제 그리고 프로이트에 이어 4위에 올랐으며, 현재 살아 있는 심리학자들 중에서는 1위에 올랐다.

루스 웨스트하이머 • *Ruth Westheimer, 1928~*

닥터 루스로 더 잘 알려진 성 상담가, 심리치료가이다. 많은 책을 집필했으며, 라디오나 텔레비전의 토크쇼 진행자이기도 하였다. 독일에서 태어난 유대인이며, 나치의 폭압을 피해 스위스 고아원에서 자라났다. 젊은 시절에는 팔레스타인의 유대인 지하 민병조직인 하가나에서 저격수로 훈련받기도 하였다. 20대 초반에 프랑스로 건너와 심리학을 공부하고 20대 후반에 미국 뉴욕으로 이민을 와서 미국에서 활동하고 있다. 1980년 라디오 토크쇼인 'Sexually Speaking'을 진행하면서 유명세를 탔으며 이후 수많은 방송 프로그램에 출연하였다. 그녀는 2019년에 'Ask Dr. Ruth'라는 다큐멘터리 영화의 주인공으로 출연하여 자신의 인생을 영화에 담기도 하였다.

나이 듦의 이로움

성공적인 노화 심리학

나이 듦의
이로움

초 판 발 행 2020년 5월 25일
초 판 2 쇄 2020년 12월 4일
초 판 3 쇄 2021년 7월 1일

저　　　　자 Alan D. Castel
역　　　　자 최원일
발　 행　 인 김기선
발　 행　 처 GIST PRESS

등 록 번 호 제2013-000021호
주　　　　소 광주광역시 북구 첨단과기로 123(오룡동)
대 표 전 화 062-715-2960
팩 스 번 호 062-715-2069
홈 페 이 지 https://press.gist.ac.kr/
인쇄 및 보급처 도서출판 씨아이알(Tel. 02-2275-8603)

I S B N 979-11-964243-8-1 (03180)
정　　　　가 18,000원

이 도서의 국립중앙도서관 출판시도서목록(CIP)은 서지정보유통지원시스템 홈페이지(http://seoji.nl.go.kr)와
국가자료공동목록시스템(http://www.nl.go.kr/kolisnet)에서 이용하실 수 있습니다.
(CIP제어번호: CIP2020016677)